高校"五育并举"人才培养体系建设研究

许盛瑜 范 扬 邓 可◎著

中国纺织出版社有限公司

内 容 提 要

本书以"五育并举"为指导思想，对高校"五育并举"人才培养取得的成效、机遇和挑战进行了阐述和分析。在此基础上分别对高校在德、智、体、美、劳五个方面的人才培养措施进行了深入研究，主要内容包括突出德育实效，培养学生内化力；提升智育水平，增强学生内驱力；加强体育教育，注重学生体质健康；聚焦美育熏陶，提高学生审美能力；加强劳动教育，培养学生的责任心。

本书结构严谨，脉络清晰，层层递进，具有较强的实用性，可作为高等院校的思政教材或参考书使用。

图书在版编目（CIP）数据

高校"五育并举"人才培养体系建设研究 / 许盛瑜，范扬，邓可著. -- 北京：中国纺织出版社有限公司，2024.6

ISBN 978-7-5229-1793-1

Ⅰ.①高… Ⅱ.①许… ②范… ③邓… Ⅲ.①高等学校－人才培养－研究－中国 Ⅳ.①G649.2

中国国家版本馆 CIP 数据核字（2024）第 104196 号

GAOXIAO "WUYUBINGJU" RENCAI PEIYANG TIXI JIANSHE YANJIU

责任编辑：苗　苗　　责任校对：寇晨晨　　责任印制：王艳丽

中国纺织出版社有限公司出版发行
地址：北京市朝阳区百子湾东里A407号楼　邮政编码：100124
销售电话：010—67004422　传真：010—87155801
http://www.c-textilep.com
中国纺织出版社天猫旗舰店
官方微博http://weibo.com/2119887771
三河市宏盛印务有限公司印刷　各地新华书店经销
2024年6月第1版第1次印刷
开本：710×1000　1/16　印张：14
字数：214千字　定价：88.00元

凡购本书，如有缺页、倒页、脱页，由本社图书营销中心调换

前　言

为认真贯彻党的教育方针，全面落实立德树人根本任务，围绕"培养什么人、怎样培养人、为谁培养人"这个教育的根本问题，高校始终坚守"为党育人、为国育才"的初心使命，持续深化教育教学改革，加快完善德育、智育、美育、体育和劳动教育"五育并举"的人才培养体系，培养德、智、体、美、劳全面发展的社会主义建设者和接班人。

新时代，高校应持续推进"五育并举"教育综合改革，不断完善人才培养体系，把立德树人融入思想道德教育、文化知识教育、社会实践教育各环节，努力办好人民满意的高等教育。

为了帮助高校更好地建设"五育并举"人才培养体系，笔者结合自己多年的工作实践，撰写了《高校"五育并举"人才培养体系建设研究》一书。本书以"五育并举"为指导思想，对高校"五育并举"人才培养取得的成效、机遇和挑战进行了阐述和分析。在此基础上分别对高校在德、智、体、美、劳五个方面的人才培养措施进行了深入研究，主要内容包括：突出德育实效，培养学生内化力；提升智育水平，增强学生内驱力；加强体育教育，注重学生体质健康；聚焦美育熏陶，提高学生审美能力；加强劳动教育，培养学生的责任心。本书结构严谨，脉络清晰，层层递进，具有较强的实用性和学术性。

本书由许盛瑜、范扬、邓可三人共同撰写完成，具体分工为：许盛瑜负责本书第一章、第三章第一节至第三节、第三章第六节、第五章第一节、第五章第四节至第五节、第七章的撰写工作，共计 10 万字；范扬负责本书前言、第二章第三节、第三章第四节至第五节、第四章的撰写工作，共计 6 万字；邓可负责本书第二章第一节至第二节、第五章第二节至第三节、第六章、参考文献的撰写工作，共计 5.4 万字。

在本书的撰写过程中，作者参考了大量的相关书籍和科研论文，在此对相关作者表示深深的谢意！

高校"五育并举"人才培养体系的建设需要不断地探索与丰富，尽管作者已经力求完善，但本书中可能还有一些疏漏与不足之处，恳请广大读者积极给予指正，以便作者进一步完善。

著　者

2024 年 1 月

目　录

第一章　绪论 …………………………………………………………… 1
　第一节　"五育"教育观提出的背景 ………………………………… 1
　第二节　"五育并举"的时代内涵与特点 …………………………… 2
　第三节　"五育并举"的理论基础与内在关系 ……………………… 4
　第四节　"五育并举"的时代价值与意义 …………………………… 15
　第五节　高校"五育并举"人才培养的指导思想和总体目标 …… 17

第二章　高校"五育并举"人才培养现状和挑战 ………………… 19
　第一节　高校"五育并举"人才培养取得的成效 ………………… 19
　第二节　高校"五育并举"人才培养的机遇 ……………………… 22
　第三节　高校"五育并举"人才培养存在的挑战 ………………… 25

第三章　突出德育实效，培养学生内化力 ………………………… 29
　第一节　重视高校德育的理论依据 ………………………………… 29
　第二节　坚持高校德育的基本原则 ………………………………… 31
　第三节　创新高校德育教学机制 …………………………………… 34
　第四节　创新高校德育宣传模式 …………………………………… 49
　第五节　优化高校德育教师队伍 …………………………………… 52
　第六节　探索高校德育的其他路径 ………………………………… 57

第四章　提升智育水平，增强学生内驱力 ………………………… 78
　第一节　确立高校智育的总体目标 ………………………………… 78
　第二节　创新高校教学模式 ………………………………………… 79
　第三节　创设高校教学环境 ………………………………………… 80

第四节　探索高校智育的其他路径…………………………… 90

第五章　加强体育教育，注重学生体质健康……………………… 125
　　第一节　重视体育教学的相关理论…………………………… 125
　　第二节　做好高校体育教学目标设计和策略设计…………… 132
　　第三节　创新高校体育教学方法……………………………… 138
　　第四节　开发高校体育课程资源……………………………… 143
　　第五节　探索高校体育教育的其他途径……………………… 154

第六章　聚焦美育熏陶，提高学生审美能力……………………… 162
　　第一节　重视高校美育的功能………………………………… 162
　　第二节　深化高校美育教育理念……………………………… 168
　　第三节　完善高校美育的主要机制…………………………… 171
　　第四节　探索高校美育的其他路径…………………………… 185

第七章　加强劳动教育，培养学生的责任心……………………… 194
　　第一节　重视高校劳动教育的相关理论……………………… 194
　　第二节　加强高校劳动教育的目标定位……………………… 196
　　第三节　构建"四位一体"的劳动教育体系………………… 198
　　第四节　探索高校劳动教育的其他路径……………………… 201

参考文献……………………………………………………………… 210

第一章 绪论

第一节 "五育"教育观提出的背景

中西方的经济发展水平的差异在工业革命以前表现得不是特别明显。在第一次工业革命时期,"蒸汽时代"给传统手工业带来了冲击,机械化的生产方式带来的是生产效率的大幅提升,但此时的中国还以传统的手工业为主要生产方式。

鸦片战争后,虽然我国的机器工业生产水平有明显的提高,但民族工业尚未成为主导,重工业依旧被列强垄断。

1861年,为维护清政府的统治,以张之洞、李鸿章等人为代表的洋务派发起了洋务运动,开始学习西方先进的生产技术、科技文化等。清政府在"中学为体,西学为用"的基础上,建立了一系列的军工产业,主要有安庆内军械所等;创办了一批新式学校,开办了翻译和通信等课程;送学生到国外进修,系统地学习西方的科技、政治和文化,培养出大批接受西方文化熏陶的新式人才,促进中国在政治、经济、教育等方面的现代化进程。然而,那时,中西方之间的差距还是比较大,国家内忧外患,经济一直不景气,民生日渐凋敝。因此,蔡元培提出了"五育"教育,他认为,国家的转型改革之本就是"人才",希望借助培育具有高度综合能力的人才,提升国家的经济、文化、科技等,使国家立于世界之林。❶

---

❶ 李素敏,张思远. 我国"五育"思想的历史脉络、基本特征与未来展望[J]. 北京教育学院学报,2023,37(5):37-43.

第二节 "五育并举"的时代内涵与特点

全面发展教育的内容由全面发展的教育目标决定，其基础是德育、智育、体育、美育和劳动教育。在深刻认识"五育"时代内涵和"五育"关系的基础上，将人的全面发展理论、全人教育理论和系统论理论有机地结合起来，我们可以将"五育并举"理解为"五育"共同发展、全面发展、协调发展。具体而言，即"五育"虽然具有不同的功能与特点，但是"五育"是一个整体，需要"五育"融合发展，在落实时，要同等重视"五育"，坚持德为先、智为本、体为径、美为核、劳为重。

一、"五育并举"的时代内涵

从语义上解读"五育并举"，首先要把握好"五育""并"和"并举"的内涵。"五育"是德育、智育、体育、美育、劳动教育。根据商务印书馆印发的《现代汉语词典（第7版）》对"并"以及"并举"的解释，"并"有两层含义：作为动词，表示并排，如把两种或两种以上的事物并排着；作为副词，表示不同的事物同时存在，不同的事情同时进行。"并举"指的是不分先后，同时举办。因此，可从以下几个方面理解"五育并举"：第一，在态度上，要将"五育"同等看待，不可有意地侧重其中一方；第二，"五育"是一个整体，不可分离地看待某单一成分；第三，"五育"的功能与作用各不相同，因此不能彼此代替；第四，"五育"为实现同一目标，在同一时间和空间中，彼此融合、协调发展。❶

二、"五育并举"的特征

从以上"五育并举"的时代内涵出发，可以看出"五育并举"的

---

❶ 浦爱华."五育并举"视域下高校应用型人才培养问题与对策研究［D］.大庆：东北石油大学，2021：12.

特点主要表现在功能性、整体性和融合性等方面，为了更好地认识和把握"五育并举"的时代内涵，下面将对这三方面的特征进行细致的阐释。

第一，"五育"的作用和功能是不同的。"五育"各自具有各自的特点，但它们之间又相互作用，为培养出德、智、体、美、劳全面发展的社会主义建设者和接班人共同发挥重要作用。德育是以人的全面发展为中心，包括思想、政治和道德等方面，它具有社会功能、个性功能和教育功能。其中教育功能是指德育对其他四育的推动作用，其作用体现在动机作用、方向作用和习惯、方法的支撑作用三个方面。智育是以人的智力和智慧的建构为目标，它具有社会功能、个人功能和教育功能。智育的教育功能是指它可以使其他四育获得与之相适应的知识与技能，是实现人的全面发展的不可或缺的步骤。体育是以人的身体和心理健康为目标，它具有两个方面的功能，即个体功能和社会功能。它的功能体现在健康的心理功能、生命的美学功能和社会功能等方面。美育涉及的领域包括人的审美能力和人文素养，美育既有直接功能，也有间接功能。直接功能，也就是育美；美育的间接功能是一种潜在功能，是指它在发挥直接功能的过程中产生的一种附带功能，且不易被人发现，美育对其他四育都有促进作用。劳动教育是以人的劳动观念、劳动精神、劳动能力为中心，它具有培养劳动价值观、培养劳动技能、塑造劳动品质的特殊作用。同时，它也是促进其他四育协调发展的一个重要方式。可见，各育的规律和要求不同，彼此的任务不能相互代替。但同时互相作用，共同培养全面发展的人。

第二，"五育"是一个整体。整体与局部是相对而言的。在教育实践中，全人教育是指以"整体"或"整体"的方式实现人的全面发展。教育从总体上看，单独的"智育""德育""劳动教育"都不是独立存在的。"五育并举"强调"五育"是一个有机整体，在教育这个大体系中共存，在互相渗透中实现育人，体现出整体性的特点。具体表现为：一是"五育"是指一个整体的人的发展的各个方面，存在于一个统一的结构中；二是"五育"之间相互渗透，相互包含，这从上述"五育"的功能与作用可见一斑；三是"五育"之间互相促进，互相制约。

第三，"五育"融合性发展。从"五育"的功能来看，"五育"教育不仅有自己的功能，对其他四育同样具有推动作用。一切以"一育"为中心的教学活动都是违背教育规律的，因此，每个"育"都要在自己的发展过程中发现、渗透和贯彻"五育"。无论是人的全面发展，还是系统科学理论，都突出了"五育"教育的密切联系，相互联系、相互影响的关系。

目前，我国"五育"融合性发展有四个方面的内涵：一是教育目标的融合。将分立的目标统筹到德、智、体、美、劳全面发展的范畴中，"五育"的任何一个维度都是不可分割的，它是把各个独立的目标整合在一起，形成一个完整的、相互联系的教育目标体系。具体到高校培养应用型人才方面，实现教育目标、学校培养目标、专业培养目标、课程目标和教学目标之间的有机统一和衔接。二是内容上的融合。从"一育"入手，将其他各育融入，它由"育间融合""育内融合""跨育融合"三种形态构成。三是过程的整合。强调要选择适宜的课程，并提出促进课程整合的策略、途径和方法。四是评价的融合。在评价主体、评价内容、评价方法和评价机制上，都应充分反映出"五育"一体化发展的理念。

第三节 "五育并举"的理论基础与内在关系

一、"五育并举"的理论基础

（一）马克思主义关于"人的全面发展"理论

自古以来，思想家都将以人为本当作一直追求的思想理念。在当今这个时代，人类社会更加注重对生命个体的尊重，以人为本的思想理念已经成为一种共同意识存在于社会之中。高校"五育并举"也应该遵循以人为本的思想理念，在尊重学生的前提下开展思想教育，只有这样才能让学生接受，才能深层次地对学生产生影响，从而使学生的思想上升到一定的高度。

马克思一生都在研究人类的自由解放，其中，人的全面发展是这种思想的核心。马克思对人的自由全面发展方面做了很多相关理论研究，进行了深入的探讨，我们可以将这些理论加以利用，渗透到大学生的德育教育中去。

社会问题根本上是人的问题，社会的发展根本上是人的发展，只有人类的全面发展才可以带动社会的发展。马克思的人学理论提出，教育是一种提高社会生产的办法，也是促进人的全面发展的唯一途径。在当今高校的思想政治教育中，马克思的人学理论不仅是促进人的全面发展的重要内容，同时对于大学生的德育发展有十分重要的推动作用。

马克思的人学理论具有丰富的理论内涵，其中关于人的全面发展学说是核心理论。充分、正确地对马克思关于人的全面发展学说进行学习和研究，对推动社会主义初级阶段的发展具有重要的战略意义。马克思关于人的全面发展学说的内涵主要包括以下三个方面。

1. 人的全面发展是人的能力的全面发展

社会发展的本质是人的发展，人的发展逐步向全面发展进行是一个必然的历史演变过程。社会是人的生活场所，人在社会中生存一定会与人、与社会产生各种联系。社会发展必然引起社会分工，社会分工的发展需要通过人的全面发展进行，为了实现人的全面发展，就要求人在体力和智力、能力和志趣、道德精神和审美情趣等方面进行全面的发展、多方面的发展，从而实现智力和体力的统一，精神劳动、物质劳动和享受的统一，生存和发展的统一。马克思在关于人的全面发展学说中提出，人以一种全面的方式，作为一个完整的人，最终占有自己的全面本质。这种人的全面发展必须建立在大工业生产和科技高度发展基础之上。大工业具有先进性和革命性，大工业的生产活动对劳动者的要求有本质的转变，同时具备几种技术或能力的劳动者会替代片面发展只掌握一种技术或能力的劳动者，以这种方式促进大工业的大发展，同时促进只掌握一种技术或能力的劳动者进行学习，发挥自己的内在潜能，以人的全面发展推动社会的全面发展。所以从上述可以看出，全民发展的主体是社会全体成员，而最终的发展结果将转化为社会成员的权利。

按照马克思人学理论的指导，可以把人的全面发展理解为人的能力的全面发展，这种能力不单指体力和智力，还指人的一切可以发展的能力，不论是外在的还是内在的。马克思认为人类的职责和使命就是全面发展自身的能力。将人类被赋予的一切能力通过劳动加以开发，最终将人的潜在可能性最大限度地开发与落实，使人成为全面的人，推动社会向前发展。

在马克思关于人的全面发展的理论中提到的能力主要可以分为两类。一类是显性能力，这种能力是可以从外部看到的，如体力、智力、德行等；另一类是隐性能力，这种能力不能从外部直接看出，是一种运用自身的知识和技能去解决问题的内在能力，如思维能力、判断能力、逻辑能力等。不论是显性能力还是隐性能力都是人的全面发展的重要内容，想要成为完整的人就要充分激发自己的全部潜能，全面发展各方面能力。并且，这些能力不是相互独立的，它们之间有错综复杂的关系，相互依托、共同作用。例如，人的智力与理解能力、思维能力等就有一定的联系；人的体力、意志力等包含着一定的自然力；人的社交能力需要依靠思维能力、逻辑能力、表达能力等。

人的全面发展需要一系列具体条件才可以开展。教育是实现人的全面发展的必然途径，通过教育，可以提高人本身就具有的能力，同时可以引导和激发人的内在能力。在马克思关于人的全面发展学说的理论指导下，人能够充分地认识自然、认识社会，并且作为主人推动历史前进和社会发展。

2. 人的全面发展是人的个性全面发展

人的个性是指一个人在思想、性格、品质等方面的独特性，表现在一个人的行为方式、情感方式等上。人们在生活中体现的外在能力、性格特质、心理倾向等都属于个性，根据不同的个体，这种个性是不同的，而且具有独特性和差异性。个性的最高表现形式是人的创造能力，它的本质是主体对现实的超越。

个性发展是马克思主义关于人的全面发展理论的核心内容。马克思在研究中十分注重人的发展研究，因为人的存在才可能有人类历史的存在。马克思主义提到的个人发展，是指人的全面、自由、和谐的发展；他所指的个人，是社会中的人，而不是单独存在的个体。人的个性发展是一种本质发展，因为人的个性是人的本质体现。发展个性，就是人的内在构成要素的协调发展，同时是各种心理要素的完善。因为每个个体具有特殊性，所以人的全面发展要尊重这种个体差异性，根据不同个体的个性、心理、兴趣等进行不同的发展。

（1）人的个性首先体现在个体的独特性：人存在个体差异，如果无视这种独特性进行无差别的发展会影响人的自由发展，这反而对人的全面发展是极为不利的。采用无差别的固定发展模式会限制人的自由发展空间，会影响人的个性发展，会影响人的创造力发展。马克思提倡的全面发展是一种尊重个体、注重个性的发展方法。马克思认为在确定人的全面发展的大目标后，要进行尊重个体、个性的发展方式，虽然最终目标是每个人实现全面发展，但在实现目标的路径上应该根据个体差异而进行。因为，马克思认为，人的个性是推动社会发展的重要动力，不可忽视。

（2）个性发展体现为个体的自主性发展：自主性发展建立在人的全面发展的基础上，是指人按照自己的意愿进行个性化的发展。以马克思的思想观作为基础，可以认为独立、自主、自由是一个连续的发展过程，只有个体达到独立才能形成个体的自主，只有个体自主才能达成个体自由，而只有在自由这一基础条件下，才会形成个性。真正意义上的全面发展是以尊重个体为基础的，保证个体的独特个性，进行有个体差异的多样化发展，而不是固定模式的单调发展。只有充分地发挥出个体的差异性，才有可能激发出个体的全部潜能。为了使人们的个性得以彰显，就要为每个个体在社会中提供空间，并为个体提供充足的发展时间。因为想要促进全人类的全面发展，就要尊重每个个体的个性，让他们的独特个性有机会得以充分展示，只有这样，才能充分激发个体的活力和生命力，才可能实现个体内在潜能的发展，从而实现全面发展。

（3）个性发展是人的主体性水平的全面提高和发展：主体性是指凭借自身综合能力与实践活动而处于支配地位，成为个体所具有的特殊属性。人的主体性是人在实践活动中表现出来的能力、作用、地位等，也就是人的目的性、自主性、能动性、创造性等特性。人的主体性的全面发展一方面是指使其特殊性得以充分发挥，另一方面是指人成为自然、社会以及自身的主体。按照马克思的理论，可以理解为通过发展人的主体性，人会成为社会的主人，成为自然的主人，成为自身的主人，进而成为一个完整的、自由的人。

（4）个性发展是人的价值的全面实现：这里提到的价值是指两个方面：一方面是人对社会的价值；另一方面是社会对人的价值。人本身既是价值的主体，又是价值的客体。人在社会中是价值的受众，同时自身也会创造价值。人的价值主要体现在个人价值和社会价值，两者相辅相成、紧密联系，个体通过社会实现自我价值，在这个过程中也体现了个体的社会价值。个体是具有差异性的，所以个体的价值也各不相同，人的价值不可能被模式化，也不可能由外界进行设计和打造。人的价值是在尊重个体个性的前提下，表现出来的一种形态。

在过去很长一段时间，教育者在对学生进行思想教育时，往往把重点放在人的社会价值上，而忽略了人的自我价值。虽然社会价值是人的价值的主要体现，但是人的自我价值也是通过社会得以体现的，随着社会的不断发展和进步，不难看出人的自我价值在推动社会发展中也占据着重要地位、起着重要的作用。按照目前的社会发展来看，人的全面发展，人的自我价值实现，将会成为推进社会发展的重要力量。所以，高校在进行德育教育时要尊重学生的个性，要为他们实现自我价值提供时间和空间，让他们的个性得以彰显，帮助他们实现全面发展。人的个性发展是符合社会价值的，是一种人性化的、自由化的发展。

人的全面发展的性质决定了人的任何状态都是历史性和暂时性的，并没有哪个具体的状态意味着发展达到了最终程度，它永远是个阶段性的状态。全面发展并不会到达某一个阶段就停止，它没有一个具体的最终形态，这种发展是人的一生都在进行的。所以，不能让学生认为毕业就代表着发展的终结，毕业只是一个阶段的结束，马上就应该开启下一个阶段，能力的发展是没有终点的，全面发展是一个持续的、长期的过程。目前还存在很多对全面发展的不正确认识，如对教育目标进行过度设计、对自身价值体现的忽视、对文凭等证书的过度看重等。我们应该让学生理解，全面发展是一项终身事业，是需要不断努力、循序渐进去实现的目标。

3.人的全面发展是人的需要的全面发展

从马克思的思想理论来看，人是追求全面发展的，但总会有一些社会因素对其进行干扰，让人不能自由地进行全面发展。在过去很长一段时间内，人们的需要总被社会压抑，想要促进人的发展，就要建立使人能够解放的社会形态，社会的发展方向要以人的解放为指导，力争建立符合人性发展的社会。

人的需要是想要获得客观事物的心理倾向，是根据内外客观环境做出的反应，它源于自然性要求和社会性要求，同时它还可以从内部推进人的全面活动。人在开展全面活动时，可能形成多层次的需要体系。例如，挖掘出个体的潜在能力并最大限度地予以发挥；个体的精神世界更加全面而深刻；道德观念和自我意识的相对全面性。

马克思提出，人的需要就是人的本性的反应，这就说明个体按照意愿开展活动以获取自己的需要，是个体的权利，同时这种发展可以促进人的全面发展。

人的需要具有丰富性和普遍性，发展这种人的需要是人的全面发展的条件，只有满足人的需要才可能达成人的全面发展。人的需要不是模式化、固定化的，而是根据人的独特性有不同的需要，个体通过对这种独特性的需要进行探索和发展，最终达到人的全面发展。而且，需要是持续的，会不断有新的需要产生，不停地探索和追求就是发展的过程，所以人的需要的发展可以促进人的全面发展。

（二）马克思主义中国化理论中关于"五育并举"的思想

1. 中华人民共和国成立初期开创"五育并举"的先河

1949年，中华人民共和国成立，这预示着一直被压迫的中华民族，在新的历史条件下，终于站起来了，而此时国家经济和教育事业都面临着前所未有的挑战。为了提高国民教育的整体水准，于是学习苏联的先进经验成为国民教育发展的中心议题。鉴于此，1951年，教育部召开了第一次全国中等教育大会，当时的教育部部长马叙伦指出，年轻一辈，必须从智、德、体、美等全面发展。1952年，教育部发布《中学暂行规程（草案）》，其中规定中学应对学生实施智、德、体、美等全面发展的教育，这是中华人民共和国成立后首次正式提出全面发展教育的历史性重大命题。1956年，中国由新民主主义社会迈入社会主义社会，教育事业也因此为社会主义的建设服务。尽管在一定程度上，这一时期仍然以智育为主，德育与智育也是一项重要教学内容，并且，拥有一个健全的体魄对于生产建设来说也是必不可少的，体育也是文化教育的重要组成部分，它还为确立"五育并举"打下了坚实的基础。这一时期的教育发展主要是为国家建设而服务的，从那时起，德、智、体"三育"的重要性才得以确立，开启了新时期"五育并举"的先河。

2. 改革开放时期推进"五育并举"的步伐

1978年,中国实施了改革开放,恢复了高考,也促进了教育的发展,并在法律上作出了相应的规定:"教育必须为无产阶级政治服务,同生产劳动相结合,使受教育者在德育、智育、体育几方面都得到发展,成为有社会主义觉悟的有文化的劳动者"❶,对德、智、体"三育"的发展起到了极大的推动作用。直到1999年,为提升国民素质和培养学生的综合能力,中央颁布了《中共中央、国务院关于深化教育改革全面推进素质教育的决定》,提出培育"四有"新人,促进德、智、体、美全面发展。

这是中华人民共和国成立后首次把美育列为国民教育的一项重要内容,在注重德、智、体的基础上,突出了美育的重要性,让德、智、体、美相互渗透,协调发展,从而推动学生的综合素质和全面健康发展。这一表述在继承了中国教育方针的精华的同时,也结合了新时代背景下的新理念,对改革开放以来中国的教育工作起到了积极的促进作用,为进一步实现"五育并举"的教育目标打下良好的基础。

3. 进入新时代"五育并举"的重要发展

党的十八大以来,中国步入一个新的历史时期,此时不仅是政治、经济、文化、社会、生态发展的新时代,更是中国教育发展的新时代。进入"十四五"关键时期,"深化教育领域综合改革,贯彻党的教育方针,落实立德树人根本任务,构建全面培养的教育体系",对培养新时代高素质人才作出了更具有指导性的建议,同时给予了"五育并举"新的时代内涵,具有伟大的现实意义。在新时期,国家对未来教育的发展思想和建设模式进行了新的思考,把"五育并举"作为我国教育强国的重要任务,顺应国际形势和国家建设的需求。

(三)蔡元培"五育并举"的主张

蔡元培于1912年在《对于教育方针之意见》中提出了"五育并举"

---

❶ 彭晓琳,陈钧.创新驱动下的高校服务育人模式研究:成都学院学生事务管理改革的理论与实践[M].北京:光明日报出版社,2018:3.

的教育思想，以求"养成共和国民健全之人格"。

蔡元培指出："五者，皆今日之教育所不可偏废者也。军国民主义、实利主义、德育主义三者，为隶属于政治之教育。世界观、美育主义二者，为超轶政治之教育"❶。以上所说的"五育"，其中军国民主义教育是以体育运动为主，要求学生既要以身体强壮为基，又要接受军事训练和武力培训，以达到在必要时保卫祖国的目的；实利主义教育是智力教育中的一个重要内容，它既体现了科学、文化知识，又体现了与生活密切相关的职业教育知识；德育主义教育是公民道德教育，是对中国传统教育理念的继承与发扬，然后学习和吸收是西方的德性教育；美育主义是德育的辅助者；世界观教育是以德育、智育和体育为一体的最高层次的教育。蔡元培提出的"五育并举"思想，打破了"中体西用"的人才教育模式，是对中国传统教育观念、西方教育观念的继承与超越，是对人的自由、协调发展的教育思想的充分吸收，是一种社会价值与人的发展价值相结合的产物。

二、"五育并举"的内在关系

"五育"并不是单独的存在，彼此间是相互影响和促进的，而每一种教育都有其自身的特殊性，这就为"五育"融合创造了条件。"五育并举"是一个有机的整体，每个构成元素都发挥着不同的作用，在这一过程中，德育是根本，智育是关键，体育是基础，美育是灵魂，劳动教育是保障。要正确认识"五育"教育各个环节的内在联系，才更有助于系统地对新时代高校"五育并举"进行研究。❷

（一）德育是根本

人无德不立，育人在于立德。从根本上来说就是德在前，然后实现品质教育和能力教育的高度融合。立德树人是中国特色社会主义发展的新要求，必须切实解决"培养什么人""怎样培养人""为谁培养人"的问题，这不仅是一个实践问题，也是一个理论问题，更是一个历史问

---

❶ 高平叔. 蔡元培教育论集 [M]. 长沙：湖南教育出版社，1987：42.
❷ 浦爱华. "五育并举"视域下高校应用型人才培养问题与对策研究 [D]. 大庆：东北石油大学，2021.

题。"国无德不兴，人无德不立"，道德教育是"五育"工作的根本，为"五育融合"工作指明了方向，是立德树人的重要环节。道德教育的实质就是以道德教育的方式教育人，使人向善，并对其进行正确的指导。因此，建立完善的立德树人机制是培养时代新人的重中之重，也是发挥德育效能的有效途径。道德教育具有双重属性，既指向人的社会属性，也指向公民的个人属性。在社会层面上，德育可以提升社会整体的道德水平，促进社会的和谐发展；在个体层面上，德育可以促进个人的全面发展，满足人们的心理需要，为个人与外界的和谐发展架起一座"桥梁"，为个人的学业、工作的顺利进行提供保障。德育的目的是培育与社会存在和发展相适应的德行。一方面，德行的形成可以激发学生的认知动机与激情，一个有理想、有良好素质、热爱社会科学的人，在探求知识的过程中，必然会展现出积极的动机和激情。另一方面，良好的德行要求学生在学习中用一种求真至善的态度对待人与人、人与自然之间的关系，以人为本，与自然和谐相处，从而达到德育育人的真正目的。德育为先，既要求其他各育服从和服务于德育，又要统筹兼顾其他各育的工作，只有尊重德育的根本地位，才能为"五育融合"奠定坚实的基础。总之，加强新时期高等学校"五育融合"的途径，必须以突出德育的基本地位为前提，以"五育融合"的总体目标为指导，进行全面、协调的工作。

（二）智育是关键

学校不仅是教育教学的主阵地，也是各种教育关系的聚集场所，只有加强各种教育关系之间的联结，才能充分调动各方的积极性，营造有利于"五育融合"的良好氛围。智育的首要任务是促进学生获得系统的文化科学理论知识，形成基本的实际操作能力，增长知识与见识，使学生的智力水平得到综合提升。智育以知识传递为核心，始于知识传递但又不止步于知识传递。智育是"五育"中的一项重要内容，它是与其他各育相结合的，它为各项教育活动的成功实施提供了理论基础，同时，智育的发展也不可避免地包含了道德认知、审美能力、身体素质、劳动精神和能力等方面的提升。在智育的过程中，学生借助教育者的科学指导，通过课堂教学和课外活动等各种方式，积极主动地完成智育的任务。作为一个庞大而又繁杂的理论知识体系，教育工作者要注意培养学生的逻辑理性与实证理性思维，勇于"客观评判"各类准则，以保证所获得的知识的科学性与合理性。由于智育具有全方位的教化作用，所以，学生不会思维定式，更不会拘泥于书本，敢于对所有的文化知识进行理性的审查，并敢于对错误的知识进行批评和驳斥。总之，智育注重逻辑能力的提升，是实现"五育融合"育人目标的重要一步，智育的发展为其他"四育"的进步提供相应的科学知识，成为"五育"共同进步的关键因素。

科学发展是一种持续的创新与发展的进程，智育是"五育融合"的重要方面，它在各育过程中都有体现，它是各育的教育结果，并且持续地向学生传授着科学知识，提高学生的创新意识和创造力，培养学生的批判性思维，提高学生的才能，从而促进学生的全面发展。

（三）体育是基础

体育不仅关乎人民幸福和民族未来，更是"实现立德树人根本任务、提升学生综合素质的基础性工程"[1]。体育是推动"五育融合"的重要内容之一，它是一种以体能训练为手段，传授健身知识与技术，以培育学生的体育精神为目标，促进学生的身心发展。体育蕴含着丰富的教育要素与资源，具有重大的育人作用与价值，对促进学生的身心发展具有促进作用，是推进"五育融合"的重要工程。既然教育的目的是育人，就不仅是育德或者育智，健康的身体，饱满的精神状态，是认识世界、战胜困难的最主要的前提，也是体育的最终目标。体育的内容体系主要包括心理、生理及社会三个层面，其主要目标是通过体能知识教育和训练，一方面，促进学生心理和身体健康发展，发扬体育精神；另一方面，通过团体性的体育活动培养学生团体合作与规则意识，自觉养成按照规则办事的社会惯性思维。体育是"五育"的基础，它不仅包含在德育、智育、美育、劳动教育的各个要素中，而且还包含了各育的元素，从而实现了以体育德、育智、育劳的目标，是促进"五育"协调发展的基本要素和关键所在。正确的体育观，就是要认识体育对德育、智育、美育和劳动教育的正向推动作用，实现以体育智、以体育心，根据

---

[1] 中共中央办公厅，国务院办公厅.关于全面加强和改进新时代学校美育工作的意见 [N]. 人民日报，2020-10-16（4）.

实际情况开设不同的体育教学和训练项目，提高学生身体素质和意志品质。所以，我们必须把体育作为基础项目来夯实，这样我们就可以培育出身心协调发展的新时代的建设者。

（四）美育是灵魂

美育从本质上来说属于精神教育，是以"美"为研究对象，通过教育以达到情感上的共鸣，是"五育融合"教育目标下与其他"四育"相结合的一种教育元素，是我国教育制度改革与发展的体现。美育的实质就是通过恰当的教育活动，使学生认识美、发现美，并形成健全的审美意识，从而提升创造美的能力。作为"五育"中必不可少的一部分，美育具有不可替代的独特性：一是意识形态性和审美独立性的统一。马克思曾指出，人类在长期社会实践中历史地形成了掌握世界的方式，包括科学的、艺术的、宗教的和实践精神四种。美育的过程，就是通过提高学生的审美意识、审美能力和审美水平，从而达到认识美、鉴赏美、领悟美、创造美的目的，最终实现对人的心灵的全方位改造。从哲学目标的角度来说，德育所要实现的目的，在于寻找伦理之"善"；智育的目标在于追求事物之"真"；美育的目的，在于发现生命之"美"。美育是一种通过审美欣赏、艺术熏陶、技能训练等方式，借助艺术的自由思维性、情感愉悦性、形象创造性和熏陶渗透等，对人的心灵进行美化，从而养成一种健全的审美观，培育出高尚的品德。二是"情"与"智"的统一。根据马克思主义的观点，美是主观和客观的统一。欣赏事物的美，就必须有能够感知美的心灵，而要使这种感知能力具有高度的理性和主动性，就必须经过理论的学习和知识的熏陶。三是发展性与补偿性的统一。美育既能陶冶人的道德情操，丰富人的心灵，帮助人树立正确的世界观、人生观和价值观，还能以美引善，以美益智，全面发掘各种教育中包含的精神美、语言美、科学美、健康美、勤劳美等丰富的教育资源。可见，美育具有其他各育所不具有的功能，通过融合使美育深入其他各育中，净化人的心灵，丰富人的灵魂，为教育过程增添活力，使"五育融合"变得更加完整和系统。

（五）劳动教育是保障

马克思曾指出"生产劳动同智育和体育相结合，不仅是提高社会生产的一种方法，而且是造就全面发展的人的唯一方法。"❶ 马克思把劳动看作人的一种特性，因为人的价值是通过人的劳动过程和劳动产品体现出来的。劳动教育是学校"五育"的重要内容之一，具有育人的意义，是对各育的实施途径的一种补充，是一种劳动技术教育。劳动教育不仅是传授综合技术知识，还强调其在教育和社会之间的联系功能，让学生在面对非传统就业形势时，通过在劳动过程中获得的科学精神、创造性解决问题的方法和能力轻松地应对工作方面的挑战。新时期，我国把劳动教育列入"五育融合"体系，将其视为人才培养体系的一个重要方面，并赋予它新的时代任务，其肩负着完善教育制度，提高教育质量的使命。以劳动唤醒学生的劳动热情，恢复劳动文化，培育劳动精神，防止由于倡导新自由主义而造成的劳动匮乏现象的产生。对学生进行正确的劳动价值观和劳动态度的培养，是新时期劳动教育的价值和意义所在，从而使学生能够辛勤劳动、诚实劳动、创造性劳动，在劳动磨砺中受到精神的洗礼，从而养成坚韧不拔的意志品质。劳动教育是动手和动脑的紧密结合，以促进作为"四育"身体物质基础的不断发展，通过以劳树德、以劳增智、以劳强体、以劳育美，为各育的开展提供保障，为"五育融合"奠定坚实的基础。

"五育"是"五育融合"教育系统中的一个逻辑统一体，其中，德育体现"善"，智育体现"真"，体育体现"健"，美育体现"美"，劳动教育体现"实"。五者既有自身的规律和特点，又互相渗透、互相影响，互为条件。基于此，"五育"必须同步推进，以实现五者的有机融合。

第四节 "五育并举"的时代价值与意义

一、有助于构建新时代德、智、体、美、劳全面发展的培育新体系

中国特色社会主义发展到了一个新的时期，以平衡和充分发展为主要特征，突出表现为社会重大矛盾的转化。如今，我国的主要社会

---

❶ 中共中央马克思恩格斯列宁斯大林著作编译局. 马克思恩格斯全集（第四十四卷）[M]. 北京：人民出版社，2016：208.

矛盾已经从人们日益增长的物质和文化需求与落后的社会生产之间的矛盾，转变为人们日益增长的美好生活需要和不平衡不充分的发展之间的矛盾。为此，教育要把平衡、全面发展作为一个重要的方面，把立德树人作为核心，建立一个新型的、具有德智体美劳多方面的教育新体系。

"五育"的全面发展，既是对人最根本的素质要求，也是人类社会教育的终极目标。"五育"之间互为补充和融合，是一个不可分割的有机整体。只有在"五育并举"的基础上切实落实，才能更好地推动"立德树人"这一教育的基本任务。在目标定位方面，"五位一体"的培育内容包括塑造人文精神和指引方向的"德育"，培养才能的"智育"、健美的"体育"、塑造思想的"美育"，实现梦想的"劳动教育"。建立一个德、智、体、美、劳综合培养的教育体系，是对马克思主义有关人的全面发展理念的继承与深化，是为了适应人的成长发展需求，促进人的个性化与社会化相结合。各个时代对于全面发展都有相应的解读与要求，从德、智、体"三育"到德、智、体、美"四育"，再到德、智、体、美、劳"五育并举"，全面发展，教育内涵逐渐丰富，其教育功能"真、善、美、健、实"也日益凸显，为新时代构建全面培养教育体系提供了内容与要求。

二、有助于培养全面发展的高质量人才

教育的首要问题就在于"培养怎样的人"，在不同的时代、不同的国家、不同的学者之间答案都是不同的，并且常常引发争论，但同时也达成一个共识——教育要培养社会发展所需要的人，即培养社会发展、知识积累、文化传承、国家存续、体制运作所需的人。

事实证明，我国的政治制度决定了我们国家所要培养的人，是社会主义的建设者和接班人。中国特色社会主义教育以培养德、智、体、美、劳为核心的社会主义建设者和接班人为核心。它主要包括两个部分：一是，社会主义的建设者和接班人清楚地表达了教育需要培养的人才的政治属性和总体规划要求，并阐明了人才培养的基本价值方向，这充分体现了我党需要培育又红又专且德才兼备的具有政治觉悟的人才的要求；二是，新时代人才培育的质量结构的要求是需要学生在德、智、体、美、劳上全面发展。这两者之间存在内在的一致性且关系密切，它不仅体现出了社会价值与教育培养功能的协调统一，也反映了人才的政治素养与德、智、体、美、劳综合发展素养之间的辩证统一。为此，"五育并举"是为培养

高素质、高质量、全方位、适应时代发展需要人才的一项重要措施。

三、有助于推进幸福社会的实现

推动幸福教育，为人类、社会、后代谋福祉，是实现教育初心与使命的一项重要措施，为幸福人生、幸福社会、幸福中国打下坚实的基石。新时期的幸福教育简称为新幸福教育，又称立德树人的幸福教育新体系。

从一定程度而言，幸福可以被认为是一种主观感受，或是一种知识系统、价值系统、行为系统、习惯系统、能力系统和体验系统，具有可塑性、可教性、可学性。

所以，只要教育做得好，人民就能拥有获取幸福的能力，也就能真正实现一个幸福的社会。新时期好的教育与"五育并举、立德树人"的教育密不可分，这是一种满足人民美好生活需求、促进均衡、全面发展获得感的教育。让人民满意的教育，是幸福人生的基石。新时期对"五育并举"的深入实施提出了新的要求。2019年以来，教育部多次下发文件强调要坚持"五育并举"，凸显德育的实际效能，提升学生的智力水平，强健学生的体魄，增强学生的美育感染，重视劳动教育，以共同促进学生全面和谐发展。从"五育并举"的社会功效的角度来看，德育具有培育公民道德、促进和谐社会建设的作用；智育可以提高人们的智慧程度，有助于建设科学社会；体育可以提高人民的身体素质，对健康知识高度普及，促进社会的健康可持续发展；美育可以提高人民的审美情趣，有助于建设美丽社会；劳动教育有利于培养人民的动手实践能力。这对提高人们的实际应用能力具有重要意义。从这一点可以看出，在新时期促进幸福社会建设中，"五育并举"的深入实施，是一项伟大而光荣的任务。

第五节 高校"五育并举"人才培养的指导思想和总体目标

一、指导思想

以习近平新时代中国特色社会主义思想为指导，全面贯彻党的教育方针，落实全国教育大会精神，坚持立德树人根本任务，坚持培育和践行社会主义核心价值观，把德育、智育、体育、美育和劳动教育全面纳入人才培养全过程。主动适应新常态、新需求，充分发挥区域特点与学校的办学优势，密切遵循学生的发展规律，以提升人才的素质为中心，围绕凝聚人心、健全人格、开发人力、培育人才等，以学生的全面发展、提升他们的综合素质为重点，通过完善的条件和政策的支持，推动德、智、体、美、劳的深度融合，使学生树立正确的世界观、人生观、价值观，加快培养德、智、体、美、劳全面发展的时代新人，为建设高等教育强国，建设新时代的中国特色社会主义做出新的贡献。

二、总体目标

（1）立德树人成效显著提高：各门课程育人功能有效发挥，与思想政治理论课同向同行，推进思想政治教育以喜闻乐见、润物无声的形式融入每位老师、每节课堂，帮助学生塑造正确的世界观、人生观、价值观。使学生的心灵得以升华、精神得以塑造，进而转化为人生前进的力量。

（2）学生的专业素养得到大幅提升：建立"五育并举"的人才培养机制，加强学科建设的内涵，提升学科的核心竞争能力，是我国高等教育发展的必然趋势。加强对教育教学的管理，完善制度和机制，改善教学质量，建立良好的校风和学风，指导教师全身心地投入教育事业中，促使学生努力学习，提高学生的专业素质，从而大大地提高人才的培养效果。

（3）体育全面加强和改进：推进体育教育教学改革，健全学校体育工作制度机制，全面提高体育教学质量，学生身体素质和综合素养明显提升，推进学生在体育锻炼中享受乐趣、增强体质、健全人格、锤炼意志。

（4）美育得到了进一步的创新与发展：要对学校的美育场地设施进行进一步的完善，对资源进行合理的分配，对美育的评估制度和管理制度进行完善，从而建立一种充满活力、多方协作、开放高效的新型的学校美育模式，达到提高学生的审美与人文素质的目的。

（5）劳育持续加强和深化：要改进课程体系，充实课程资源，扩大劳动实践的内容，完善劳动管理制度，培养学生正确的劳动观念，掌握必要的劳动知识与技能，可以辛勤劳动、诚实劳动、创造性劳动，培养学生积极向上的劳动精神，培养学生良好的劳动习惯和素质。

第二章 高校"五育并举"人才培养现状和挑战

第一节 高校"五育并举"人才培养取得的成效

党的十九大报告对高等学校提出了"全面落实立德树人根本任务""培养时代新人"的教育要求。面对高等教育对人才培养的新需求，我国各高等院校相继开展了"五育并举"的教育与教学改革，并且收到了明显的效果。主要体现在以下几个方面。

一、全面落实立德树人根本任务取得重大进展

立德树人重在"育人"，以德为本，对重智轻德的传统教学方式进行了纠偏。高等院校要以立德树人为中心，充分落实学校的各项政策，实现对学生的全方位、多层次的综合管理。当前，我国高等院校应用型人才培养在立德树人的相关制度和育人成效方面取得了较大进步。突出表现为以下几点：

第一，全面启动思政工作质量提高项目。高等院校在培养应用型人才的过程中，十分重视对学校各个领域的教育资源进行综合整合，把育人效果作为指导方针，把思政工作融入人才培养目标、培养方案、教育教学模式、课程教学、评估等各个环节。健全工作责任制实施机制。全面加强思政课教师、专业课教师、管理服务人员队伍建设。着力构建和完善课程、科研、实践、文化、网络、心理、管理、服务、组织、资助"十大育人体系"。

第二，持续强化高等院校思政理论课的建设。大部分高等院校都在积极开展自己的马克思主义学院建设工作，并取得了一定的成绩。高等院校在培养应用型人才过程中，要把党建工作做得更好，把思想政治工作放在全体学生身上，提高他们对中国特色社会主义的认同，继续深入推进中华民族伟大复兴中国梦的宣传工作。深化思政课教学改革，形成了理论课、实践课、网络课"三位一体"的教学模式，完成了习近平新时代中国特色社会主义思想"四进四信"专题教学全覆盖。为推动"课程思政"的试点工作，专门设置了"思政课公共课程"专题讲座。开通了富有地方和学校特色的在线开放课程。

第三，学校的思政课程和专业的思政教育正在向纵深发展。针对"五育并举"背景下的应用型人才专业的培养目标，在课程目标、教学目的、教学内容、教学方法和评价等方面进行有针对性的设计，使思政教育与专业教育相融合，从而促进各专业课程思政的交叉、渗透和融合。同时，评选了课程思政示范课、优秀老师、精品课程等。坚持思想政治教育贯穿本科教育全过程、全领域，实现了全员育、育全员。

二、"五育并举"理念得到高度重视

综观我国"五育并举"的教育理念，我们可以发现"五育并举"不是一个新的产物。"五育并举"也并不独属于中国。世界经济合作与发展组织（OECD）提出的核心素养以及欧盟（EU）提出的"新基本能力"都体现了"五育并举"的思想。

面对国内外的新形势、新要求，高等院校在培养应用型人才时需高度重视"五育并举"理念。这主要体现在以下几个方面。

第一，把"五育并举"的思想贯穿于人才培养目标、人才培养方案和高等院校振兴计划等一系列文件中。例如，东北石油大学在《东北石油大学本科教育振兴行动计划（2020—2025年）》文件中就加强体育美育、加强劳动教育、加强社会责任感教育、加强心理健康教育作出了系列部署。以德育为例，强化国家安全教育，广泛开展社会调查和"三下乡"等社会实践，培养学生对时代使命的责任感，关心祖国的未来，有家国情怀，勇于开拓，勇于创新。

第二，国家有关"五育并举"的政策相继出台，为高等院校培养应用型人才提供了良好的制度保障。其中既有美育、劳动教育、体育等补短板的实施意见，也有"五育并举"的实施方案。例如，安徽财经大学在其劳动教育实施方案中对劳动教育做出了安排。在课程体系中增设劳动教育必修课程。在劳动实践中，将劳动实践分为专业性劳动实践、生活劳动实践和服务性劳动实践三大类。结合专业能力素质、职业发展需求，积极开展专业服务、实习实训等专业性劳动；从学校开展的各项活动出发，引导学生开展劳动技能训练。既包括打扫校园、教室、实验室、宿舍卫生等生活方面的劳动实践，也包括帮助敬老院老人、支教等校外服务性方面的劳动实践。

第三，随着"五育并举"相关会议的不断召开，高等院校在"五育并举"的教育方针下，培养出更多的高素质应用型人才已经形成一种共识。例如，内蒙古财经大学召开"五育并举"推进会，解读了学校颁布的关于美育、劳动教育的实施办法，强调"五育并举"工作要从实际出发，做到守正创新。从课程设置、考核方式等方面，增加了大学生实际操作的比重。全面整合教育资源，建立综合教育体系。

第四，"五育并举"试点工作的开展。例如，西北师范大学开展了"美育""劳动教育""体育""智育"试点。参加试点的院校和机构有统计学院、外国语学院、体育学院、艺术教育中心、党委学生工作部、教务处等。艺术教育中心加入数学与统计学院的"美育"试点；党委学生工作部加入经济学院开展的"劳动教育"试点；教务处加入外国语学院的"智育"试点；体育学院加入商学院开展的"体育"试点。为了保证试点项目的顺利开展，还组织了一次关于项目实施方案的座谈会，并召开了一系列关于试点项目建设的调研会议。

三、教育教学改革不断深化

在"五育并举"思想日益深入人心的今天，我国高等院校在培养应用型人才方面也在不断地进行着教育与教学的改革，经过调查发现，大部分高校都是以"五育"为切入点，进行了德育、体育、美育和劳动教育等方面的改革，且效果显著。

第一，在德育方面，不断加强"家国情怀"的通识教育、思政课程、课程思政、专业思政、日常思政建设等。以思政课程为例，出台了思政课程的实施方案，开展了思政课程的大讨论和教学设计活动，打造了一批思政课程的示范课堂，遴选了一批思政课程的优秀教师，建设了一批思政课程的研究中心，进而完善了德育工作体系。

第二，就体育而言，要开设公共体育课程，开设课外锻炼必修课，加强学校体育文化的建设，把思政教育和体育有机融合起来。制订建立运动俱乐部的实施方案。例如，在体育课堂上，要充分利用学校现有的体育教育资源，开展多种运动项目的教学，更新课程内容；在体育教学中，体育类社团可以按照班级的特点，采取成员制。同时，加强学生的心理健康教育。

第三，在美育方面，高校主要通过加强美育顶层设计，构建美育工作保障体系机制，加强美育教学、强化美育实践、开展校园文化活动、蕴育美育环境等开展美育工作。将美育纳入人才培养方案。出台了文学艺术俱乐部实施方案。

第四，就劳动教育而言，各高校都设置了有关劳动教育的课程，并将其列入学分管理中，然后根据各学科的特点，将劳动教育与教学内容结合起来；将劳动教育的实践性内容融入第二课堂教学中，增加劳动教育实践内容，使学校的劳动文化得到进一步发展。通过将劳动课与学生的日常生活相结合，从而达到劳动生活化的目的。

第二节　高校"五育并举"人才培养的机遇

一、新时代助推高校"五育并举"

新的时期又出现了一些新的特征。在世界百年未有之大变局的变化加快以及国际和国内环境发生了错综复杂变化的境遇下，高校教育要积极地适应社会的需求，遵循教育的规律，发挥最大的效益。

第一，经济发展推动教育取得实效。教育与经济能否完美契合是反映国家竞争力强弱和国家教育发展方向是否正确的重要指标，教育水平越高代表教育的普及化程度越高，对社会经济发展的促进作用就越明显。"五育并举"不仅是新时代经济社会发展对教育跟进的需求，而且是人民群众对提升高等教育水平的新诉求，经济社会的高质量发展也为高校"五育并举"创造了客观的现实环境。

第二，从根本上保证了我国教育现代化的进程。在高校教育发展的规律下，一方面，要按照教育的共同发展规律，促进组成高校教育体系的各个要素、各个环节之间形成最优条件，使它们之间的关系更加和谐，从而使它们的功能最大化。另一方面，要坚持理论和实践的双向交互的原则，在实践和理论相结合的过程中推进高校治理系统的现代化进程。推进新时期"五育并举"的教育，既是为了适应高等学校发展的需求，也是为了适应教育强国的要求，"五育并举"既是对新时期大学"培养怎样的人"问题的深刻思考，也是对教育发展规律的一种内在反映。

第三，一个体系整体效益的发挥依靠的是整体所包含的各个部分能量的发挥。"五育并举"是在发展"五育"各育之间和各育内部基础上提出的新理念和新实践，是高校立德树人育人工作的重要一环。新时期的高校教育，要以现代化思维为基础，培养出一批既能适应社会变革，又能引导未来社会发展的现代化人才，这既是新时期高校教育的核心，也是推动大学"五育并举"实现的重要前提。

二、新思想引领高校"五育并举"

习近平新时代中国特色社会主义思想是高校教学改革的基本指导，在此基础上，运用这种新的思维方式，解决好"一"和"多"之间的关系，指导中国高校教育的发展是我国建设教育强国必须考虑的一个基本问题。新时代所要培养的是德、智、体、美、劳全面发展的人才，这在本质上是对新教育发展理念的一种具体体现，并且在内涵、外延和路径等方面都要得到充分贯彻。

习近平新时代中国特色社会主义思想是马克思主义中国化的最新理论创新成果，内含鲜明的先进性和科学性，可将"人民至上、问题导向、中国特色"❶三个基本方面概括为其"活的灵魂"。首先，以"人民至上"为指导是对马克思主义历史唯物主义、群众路线理论的继承和发展，是中国共产党的科学管理思想的基础。"深刻认识人民群众对优质教育的需求日益强烈，决定了今后教育发展的主要内容。"❷坚持"人民

---

❶ 梁超，张荣华. 论习近平新时代中国特色社会主义思想活的灵魂[J]. 广西社会科学，2021（7）：44-51.
❷ 中共中央宣传部. 习近平新时代中国特色社会主义思想三十讲[M]. 北京：学习出版社，2018：330.

至上",主要以满足人民需求为奋斗目标,体现鲜明人民立场和彰显真挚人民情怀。要达到这个目标,必须要有党和人民的大力支持,而高素质的人才又是社会发展的主要力量,所以,要做到这一点,就必须培养具备"五育"全面发展的新时期人才。在新的历史方位中,对"人民至上"的价值观念进行全面的认识,将有利于高校在新时期担负起党的初心与使命,推进伟大事业的发展。其次,"只有树立强烈的问题意识,才能实事求是地对待问题"❶。坚持问题导向,是贯彻落实新思想的根本表现,同时也是习近平新时代中国特色社会主义思想的理论基础和源泉。党的十八大以来,党中央根据我国高校的实际情况,始终把问题导向贯彻于教育现代化的全过程之中,用敢于面对问题的勇气、指出问题的智慧、解决问题的能力,提出培养"德智体美劳全面发展"的国家栋梁的建议,解决高校"五育"不融不深等诸多现实问题,为新时期的高校建设提供了思路。最后,"中国特色社会主义,既坚持了科学社会主义基本原则,又根据时代条件赋予其鲜明的中国特色"❷。党的十八大以来,提出一系列富有见解的"中国智慧"和"中国方案",从理论和实践各方面丰富和拓展了中国特色社会主义的科学内涵。在新的历史条件下,坚持马克思主义是新思想的一个显著特点。当前高校教育中存在诸多问题,"五育并举"有利于增强大学生的文化自信,促进学生的全面发展,为新时代的伟大事业谱写新的辉煌篇章。

三、新目标指引高校"五育并举"

新时期高校立德树人的重大任务是"培养德智体美劳全面发展的社会主义建设者和接班人",这是新思想、新理念对高校教育发展的新要求,是承前启后、继往开来,立足高校"立德树人"的根本,是一个既有中国特色,又有重大实践意义的新目标。面对高校教育资源分配不均、东西区域发展水平差距较大、人才培养模式亟须改革等问题,"五育并举"作为高校教育发展的新理念和实现学生德、智、体、美、劳全面发展的新路径,从"政治需求、量的需求、质的需求、文化需求、结

---

❶ 习近平新时代中国特色社会主义思想三十讲[M].北京:学习出版社,2018:330.
❷ 中共中央宣传部.习近平新时代中国特色社会主义思想学习纲要[M].北京:人民出版社,2019:11.

构需求"五个方面体现了新阶段教育目标的全面性。"教育是在国家教育方针指导下培养人的一种社会活动,是将'自然人'转化为'社会人'的过程。"❶ "政治需求"作为"为谁培养人"这一问题的基本属性,折射出中国教育最根本的特点,为新时期的教育发展提供了基本的指导方针和基本原则。"五育并举"是高等学校立德树人的一项重要措施,要真正达到培养学生德、智、体、美、劳的目的,必须以"五育并举"为指导,在新时期,高校教育的政治任务是服务于教育强国,这也是"五育并举"的政治属性的具体体现。"五育并举"的发展历程,不仅内含了从"三育"到"五育"量的充实,更实现了由"并举"到"融合"质的飞跃,是新时代背景下实现国家教育目标的必要条件。"五育并举"是新阶段实现教育强国和培养高质量人才的重要途径,只有不断补充和完善,才能提升高校教育的质量和水平。恩格斯指出,人因为具有无限性、广泛性的需求而与其他动物相区别。把劳动教育列入国民教育政策,是从人的发展角度出发,提出了一项新的,具有全局性、战略性的措施。"五育并举"以其包罗万象的特点,把"五育"各个方面的教学内容有机地结合起来,呈现出综合性、进步性的特点,同时也反映出国家适时地对各个方面的素质与结构进行的调整。

第三节　高校"五育并举"人才培养存在的挑战

一、"五育并举"协同性不足,孤岛化现象犹存

在新的历史时期,我国的教育目的是培养合格的社会主义接班人,建立"五育"全面发展的教育制度。"五育并举"是我国教育目标的具体落实,然而,在实际工作中,由于种种错误的人才观念,以及西方自由主义、民主主义等不良思想的渗透,我国高校"五育并举"在课程体系的规划、教师的培养、育人理念的落实上仍然呈现出孤岛的状态,"五育并举"的协同效应明显不足。

第一,课程体系是高校人才培养体系中的一个重要环节,它是学

---

❶ 王振鹏,刘凤彪. 新时代职业教育教师的政治思维和育人使命[J]. 中国职业技术教育,2021(18):51-54.

生获得专业知识的一种主要手段，是课程目标、内容、结构和教学方法的有机结合，是高校办学的指导理念的直接体现，它是学校为培养具有全方位发展能力的时代新人而设立的一个主要的载体，同时也是确保和提高高校教学质量的重要保证。"五育并举"要求德、智、体、美、劳各育互相配合，但高校在"五育并举"课程设置方面仍存在"单打独斗""各家自扫门前雪"等现象，"五育"课程设置存在衔接度不高、配合度不够的问题，更多的是将"五育并举"停留在理论层面，这就造成了高校"五育"实施层次不能深度整合、不能形成合力的局面。

第二，建设一支高素质的专业化师资队伍，对促进我国高等教育的高质量发展具有重要意义。"五育并举"是新时期的一种新思想，它要把新时期党的教育政策落到实处，抛弃不科学、不合理的部分，这就对高校老师提出了更高的要求。实施"五育并举"，要求广大高等院校教师增强教育观念、提升自身能力，把"五育并举"贯彻到教育工作的每一个环节，突出融合育人的价值性。"五育并举"不仅是新的教育理念，更是新的育人实践，不仅要求高校教师具有深厚的理论素养，更需要具备实践能力，但目前高校教师能力素质结构不科学现象依然存在，一方面，青年教师应届毕业直接进入高校，缺少任职经历，长于理论而短于实践，对于"五育并举"大多只能停留在理论层面而无法深入实践，导致高校"五育并举"无法深入实施；另一方面，多数教师只重视学生智力的发展，而忽略了德育、美育、体育、劳动教育在教学活动中的作用，造成了"五育"一体化在融合过程中断裂，从而使"五育并举"不能有效地发挥作用。

第三，育人理念是高校教育的核心，它体现了高校教育的特点，体现了大学教育的实质。"五育并举"的育人思想是新时期高校融合育人实践的理论指引，是我国教育政策实质性的体现，然而，目前我国高校对这一思想还存在片面性和概括性的认识，从而造成了高校育人理念的协同性缺乏和育人思维多元性缺失的局面。目前高校在"五育融合"教育理念的认识上，不论是学生还是老师都对知识传授与价值引领的辩证统一关系认识得不够深刻，导致在课程教学中对蕴含在"五育"学科领域中的融合理念挖掘不够充分，"五育并举"思路不够明确，说得多而做得少，融合育人实践中全方位育人效应发挥得不够。"五育并举"的教育思想，是立德树人的必由之路，"五育并举"的学术价值与话语权应当得到充分的体现,并且应落实在育人实践中,从而化解高校"五育并举"过程中各育"孤岛化"难题。

二、"五育并举"耦合性欠佳,整体性尚不完善

当前,我国高等教育对高质量人才的需求越来越大,"五育并举"中的专业化、知识化和科学化水平也越来越高,但总体上看,造成"五育并举"的耦合性不足的原因还很多。

第一,从纵向来看,"五育并举"在总体规划和资源协调上缺乏深度和连贯性,有待进一步的统筹和协调。由于高校"五育并举"工作暂未形成制度化、规范化表述,实际情况中更多以学术界的理论描述和国家原则性文件意见等抽象形式存在,致使高校"五育并举"育人工作中仍存在要求不够清晰、评价标准不够合理、工作程序方式模糊、课程资源分配不均等问题。

第二,从横向来看,高校与政府、社会和家庭等主体之间存在权利和责任上的明确分工,工作流程还有待进一步的全面优化。当前,"五育并举"在高校中已基本覆盖了大学教育的各个层面和各个阶段,但是,"五育"的不平衡性和不协调性等问题仍然迫切需要解决。高校担负着立德树人的重任,然而,作为学生"第一任""第三任"教师的家庭、社会同样负有教育人的职责与义务,而学校又是联系家长与社会的纽带,若不能理顺两者之间的联系,必然会造成高等教育质量低下,进而影响"五育并举"的整体效果。

第三,高校"五育并举"尚未实现体系化。在教育主体层面,"五育并举"主体责任需要明确,教育主体规模还需扩大,合理化程度还需增强,满足"五育并举"发展的全面性;在教育内容上,还存在针对性不强、拓展性不够的问题,一些高校教育内容依然固守传统,不善于与时俱进,不适应新时代高等教育发展需要,削弱"五育并举"的整体性;在教学方法方面,仍然存在传统的教育方式与大学生开放的意识需要之间的矛盾。当代大学生成长于新时期,他们有很强的好奇心和求知欲,相对来说更容易接受新的理念和新生事物,希望能够将自己的专业知识和其他的课程融合发展起来。然而,在现实生活中,有些大学教育工作者的"五育"知识架构比较单一,单纯的理论灌输让学生得不到知识的启发,导致"五育并举"工作只停留在理论层面,不能真正做到理

论和实际相结合。

三、"五育并举"实效甚微，融合度有待加强

"五育"涵盖了人的精神、心理和生理发展的各个方面，它能够以一种综合的方式，为人的全面发展提供正确的价值引导，这也是衡量高校立德树人工作水平的一个主要尺度。"五育并举"的主要目的是要以"五育"有机结合的方式，达到"五育"教育的最佳效果，充分发挥其教育效能。"五育并举"的实效，就是要在"五育"的各个层面、各个角度上，对学生进行系统性的"五育并举"教育，使其从思想层面上的认识转化为行动，完成外化于行的最终目标。但审视当前高校"五育并举"现状，无论是"五育并举"目标培养体系之下的人才素质指向，还是承载"五育并举"路径体系的人才培养模式，都尚未建构起良好的"五育并举"有机育人生态，从而制约了新时代其工作的实效性。一方面，目前我国高校"五育并举"工作中还存在某些不正之风，以"五唯"作为考核指标的风气还没有完全消除，还没有形成科学的评估标准；另一方面，"五育并举"工作评价考核体系存在局限性，评价的科学性有待提高。在育人目标上，"重德智、轻体美劳"的现象仍然存在，一些课程流于形式，不注重实效；在育人途径方面，存在对"五育并举"逻辑关系认识不清、"五育并举"内涵与实质认识不足，甚至错位的情况，对"五育"的了解还停留在进行简单的重叠与并列的层面，从而造成在"五育并举"建设中出现理论支持不足、实践探索不够深入等局面；从育人内容层面来看，"五育并举"的教学内容还存在条块分割、各成板块、互相融合不畅等问题，阻碍了"五育"的有效融合与发展。

第三章 突出德育实效，培养学生内化力

第一节 重视高校德育的理论依据

一、马克思主义的认识论

马克思主义哲学是无产阶级及其马克思主义政党的世界观和方法论，是自然科学、社会科学、思维科学的概括和总结，是完整严密的科学体系。在马克思主义哲学体系中，世界观、方法论、认识论是统一的。马克思主义认识论是马克思主义哲学的重要方面。学习马克思主义哲学必须重视对马克思主义认识论的学习。

辩证唯物主义认识论是辩证唯物主义的重要组成部分，是关于人类的认识来源、认识能力、认识形式、认识过程和认识真理性问题的科学认识理论。它首先是可知论。认为客观物质世界是可知的。人们不仅能够认识物质世界的现象，而且可以透过现象认识其本质。人类的认识能力是无限的，世界上只有尚未认识的事物，没有不可认识的事物，从而与不可知论划清了界限。它的基本前提是反映论。认为物质世界是不依人的主观意志而独立存在的，人的意识是物质长期发展的产物，是人脑的机能，是对物质世界的反映。坚持从物到感觉和思想的唯物主义认识路线，和从思想、感觉到物的唯心主义认识路线划清了界限。它是实践论。在人类认识史上，第一次把科学的实践观引入认识论，认为实践是认识的基础、认识的来源、认识发展的动力、认识的目的和检验认识真理性的唯一标准。它把辩证法应用于认识论，强调人的认识是一个不断深化的、能动的辩证发展过程。认识的辩证法，表现在认识和实践的关

系上，认识来自实践，又反过来指导实践，为实践服务。表现在认识过程中，人对世界的认识不是一次完成的，而是一个多次反复、无限深化的过程。

实践教学要以马克思主义认识论作为最基本的理论指导思想。因为实践活动对形成个体道德素质具有关键作用。所以，应该重视实践活动，并通过实践教学的方式进行道德教育。

二、马克思主义关于人的本质理论

关于人的本质问题，是马克思首次明确提出来的。❶ 他认为，人的本质的社会性是从人的社会存在来看的，既包括体现动物本能活动的自然属性，又包括建立在物质资料生产基础之上的人们在相互交往中形成的社会属性。而人始终是处在社会实践活动中的，实践性也是人的本质的十分重要的一个方面。❷ 同时，社会关系从整体上可被分成物质性关系、精神性关系两大类，它们在不同的阶级社会中、不同的社会历史条件下都会随之相应地发生变化，使人的本质呈现出变动性、阶段性等诸多特征。

马克思主义关于人的本质理论表明，人是不能脱离实践活动而生存与发展的。当代大学生在成长的过程中同样不能离开实践活动，这就要求将学生的学习过程看成不断实践的过程。只有这样，大学生才能把所学的书本知识转化为自己的能力，构建和谐融洽的社会关系，实现个体的社会化，成为社会意义上的人。

从以上论述可以看出，马克思主义基本理论充分强调了理论与实践相结合的必要性、实践活动对人的成长的重要作用、人的全面而自由的发展、人的本质的社会性和实践性等，为高校道德教育教学中进行实践教学提供了重要的马克思主义理论依据。

---

❶ 马克思认为："人的本质不是单个人所固有的抽象物，在其现实性上，它是一切社会关系的总和。"

❷ 我们不是从人们所说的、所想象的、所设想的东西出发，也不是从只存在于口头上所说的、思考出来的、想象出来的、设想出来的人出发，去理解真正的人。我们的出发点是从事实际活动的人。

第二节　坚持高校德育的基本原则

高校道德教育有其内在的发展规律，在组织和实施的过程中需要遵循一定的基本原则。

一、正面教育原则

正面教育的原则具体来说就是坚持循循善诱，以理服人，注意运用正面形象、先进典型和正面道理教育学生，鼓励学生发扬长处，克服缺点，积极向上。培养健康的集体舆论，促使学生自己教育自己。正面教育这一原则符合大学生思想品德的形成和发展规律，这一原则是根据我国社会主义思想政治教育的目的、我国道德教育的性质以及思想品德形成和发展的规律提出来的。所以，高校在进行道德教育的过程中一定要注意正面引导，说服教育，启发自觉，调动受教育者的积极性。

正面教育原则对道德教育者提出了四个方面的要求：第一，积极发挥榜样的作用。通过树立典型，发挥"榜样"的作用，进行正能量的传播，从正面引导学生模范做人，开拓进取。第二，道德教育者要善于摆事实、讲道理，通过事实和道理开拓学生的道德学习的思路，启发学生的道德自觉性，促进学生道德、思想、政治水平的提升。第三，发挥学生的主动性和积极性，通过正面引导和正面奖励，达到长善救失，尽量避免以惩罚的方式进行教育，动不动地批评处罚、"一棒子打死"是正面教育原则的大忌。第四，道德教育者还要懂得利用网络平台的优势，通过运用不同的多媒体形式，向学生传递正能量。

二、稳定性原则

政治思想教育的稳定性针对的就是道德教育内容及其形式、方法和手段。道德教育的内容及其形式、方法和手段极为丰富，是代表统治阶级根本利益与体现统治阶级基本意志的。稳定的道德教育内容及其形式、方法和手段成为其进行稳定统治的重要基础。

我国正处在社会主义的初级阶段,在一段相当长的历史时期内,我国高校道德教育基本的内容及其形式、方法和手段是不变的,为大学生提供德育支持,促进学生成长、成才和为社会主义现代化建设培养人才的使命也是不变的,而道德教育的指导思想和核心内容——马列主义、毛泽东思想、邓小平理论、"三个代表"重要思想、科学发展观以及习近平新时代中国特色社会主义思想是永恒的教育主题。当然,道德教育的这种稳定性是一种相对的稳定性,根据马克思主义哲学观点,运动和发展是绝对的,静止是相对的,因此基于该内容及其形式、方法和手段的高校道德教育的稳定性是随着时代的变化而发展变化的,其稳定性具有时代性,体现了时代的特征。在网络时代下,各种条件纷繁复杂,同时学生的思想情况也千差万别,道德教育的内容及其形式、方法、手段只有随机应变,才能适应各种千变万化的客观实际。

三、针对性原则

针对性原则是对所有高校都适用的一项基本原则。大学生随着阅历的增加,接触的人和事也越来越多,交际范围不断扩大,交际能力也不断提升,与此同时,他们遇到的困难也越来越多,解决问题的能力逐渐增强,并且有了自己看待问题的态度。

针对性原则要求德育工作者从个体出发,兼顾影响其思想品德形成的诸多方面的实际情况,有针对性地根据个体心理发展特点进行制定。个体的个性心理特点包括个体的思想、心理、个性等诸多方面,所以,针对性原则实施的前提是"摸准"大学生的想法和思维方式,了解学生的处事个性,有的放矢地对大学生实施有针对性的道德教育和指导。

在这个飞速发展的时代,要实施好针对性原则,前提是做好有关学生的以下三方面的工作。一是要热爱学生,教育是以热爱为出发点的。因此,可以说热爱学生不但是某个学科教育的指导思想,更是全面教育的指导思想。二是要尊重学生,保护学生的自尊心。尊重是与人交往的基本素质,作为教育者,教师在教书育人时更要学会尊重学生的人格,保护学生的自尊心不受侵害,以尊重为前提的教学更容易收到事半功倍的教学成果。三是要善于鼓励和表扬学生。鼓励和表扬能使学生增强学习的动力,增加学生学习的兴趣,教育工作者在对学生进行道德教育的过程中更要善于利用这种教学手段,以激发学生对道德课程学习的积极性。

四、法制性原则

随着互联网全球范围内的迅速发展,网络的开放性、数字化、虚拟性、交互性的特点使网络安全问题日益突出,网络传播的便捷性以及网络传播的无节制性使不良信息借助网络得以大规模泛滥。高校进行法治教育的原因有二。一是学生法律意识淡薄,近年来,学生违法犯罪是一个严重的社会问题,青少年犯罪率上升的首要原因便是其法律意识淡薄,加之网络环境下,学生的社会经验缺乏,理当且必须重视法治教育的开展。二是法治教育是保证学生道德教育的基石。加强法治教育是稳固高校教学质量的有力保障,更是确保学生学习掌握技能的基石,只有当学生树立了正确的世界观、人生观、价值观,才能保持健康的心理状态、明确的学习态度和正确的学习方法,从而学有所用、学有所得,才能实现高校人才的教育培养目标。

法制性原则要求高校道德教育者在进行道德教育过程中渗透法治教育,这就要求高校道德教育者必须具备很好的法律素养,只有这样才能够在课堂教学中信手拈来,不事雕琢,与课堂浑然一体,否则,很容易生搬硬套,失去教育意义甚至适得其反。法制性原则还要求高校道德教育者在具备良好的法律素养和丰富的法律知识的前提下,同时具备对媒体不良信息的识别能力。

五、理论与实际相结合原则

理论和实际相结合,有两层基本意思:一是要掌握科学理论;二是要从实际出发,实事求是。对于高校的德育教育而言,在教学过程中,要遵循思想道德教育的普遍规律,联系国内外政治经济文化的发展变化,尊重学生自我教育的主体性,适应学生身心成长的特点,贴近实际、贴近生活、贴近学生;要重视知识传授、观念树立,重视情感体验和行为养成,引导学生形成知行统一、言行一致的优良品质。要求实务实,注重引导学生深入社会、了解社会、服务社会,增强教育实效,防止形式主义。

第三节　创新高校德育教学机制

一、树立引领思想行动的"总开关"

高校德育机制属于一项具备一定长期性、持续性和系统性等外在特征的工程。高校德育机制在往前运行时是否可以保持快速、健康、协调、和谐等，在这当中最为核心的部分在于在机制方面开展的创建和创新，亟须以主动、积极的方式来完成整个探索工作并尝试凭借持续的创新来创建比较高效、合理、全面的导向德育机制。

（一）高校德育机制的构建要坚持党对高校的领导

大到一个国家和民族，小到一个政党，它自身的生存和发展往往是由内在的意识形态决定的，也是国家文化当中的真正内核。从本质来说，文化所体现的是一种力量，而知识的实质也是一种力量。从意识形态范畴中的话语权来看，文化本身是一种可以直接进行应用的资源，作为一种内在动力，它一直在推动着整个德育机制的构建。

对思想工作进行的宣传就是对马克思主义在意识形态当中所处的领导地位，对全党全国人民奋斗过程中所形成的思想基础加以巩固。为了使新一代青年人的意识形态培养工作得到进一步强化，高校首先需要做的是不断地强调在意识形态工作中加强党的领导地位，好使它能够在意识形态工作中牢牢掌握领导权。高校当中的教育工作者要引导新一代青年学生分别在理想信念、价值理念和道德观念方面达成一致。同时，高校在构建德育机制时，可尝试使用各种不同的方式与方法，并把这些以合理的方式渗透到培育意识形态的工作中。针对高校当中对意识形态进行的教育而言，不但成为高校中开展课堂教学时会用到的主要内容，更是会把意识形态教育悄无声息地渗透到校园文化当中、日常的主流媒体当中以及繁杂的生活当中，正是选用该种逐步渗入的方式来对位于新时代背景当中的青年学生进行教育，要一步步带领他们真实体验整个意识形态教育在教化当中所发挥的重要作用。现代高校在尽力搭建德育机制之时，始终表现出对于加强意识形态主导权给予的重视，这些都是无可替代的。

（二）高校德育机制的构建要以马克思主义为指导

在高校当中做德育相关的工作，本质上就是在带领学生走过一个答疑解惑的历程，主要围绕把青年学生培育为怎样的一个人、具体有哪些品德的人以及究竟是在为谁培养人等问题展开工作。若是从一个狭隘的角度来看，特别像是一个对学生何以为人处事、做学问进行教导的历程。如今，在校的大学生大部分是"00后"，他们在日常学习生活中展现出积极向上、乐观进取、思维活跃、朝气蓬勃的个性特征。与此同时，当他们真正走出校门步入社会后，就容易暴露出无所适从、不够成熟的状态。因此，当学生内在的人生观、世界观和价值观还没有真正搭建起来时，作为培育意识形态主战场——高校不容推卸责任和义务。为了促使高校德育工作更好地发挥导向作用，甚至能够触碰与思想行动相关的"总开关"，这当中最为基础的条件在于一直要高举马克思主义思想，实践习近平新时代中国特色社会主义思想，促使推进以大学生个人思想为核心的各项带领工作，进而为新时代环境当中在学校里面的学生奠定一个极为扎实的基础。

伟大的革命导师恩格斯说过："马克思所搭建起来的世界观并非是某种教义，而是一种切实可行的方法。它所呈现的也非具体的教条，而是在深入研究当中所确定的出发点和研究的时候采用的具体方法。"❶ 通过这些很轻易能够看出，马克思主义自身所具有的特征当中，实践性则属于当中最为显著的特征，它当中最为核心的组成部分不是"解释世界"，而是想要更加积极、更加努力地去"改变世界"。俯瞰中国整个发展的过程，中国共产党一直采用的就是把先进的马克思主义与国内最基本的国情加以融合，随后就开始陆续衍生出毛泽东思想、邓小平理论"三个代表"重要思想、科学发展观以及习近平新时代中国特色社会主义思想重要理论成果，正是在这些思想理论的带领下，推动着党和人民取得一个又一个令世人为之侧目的成就。走进新时代，身为参与高校德育工作的工作者，一定要把党和学校发展过程中的根本思想作为组建党和学校最根本的思想，使高校增添一抹全新的时代底色。我们在开

---

❶ 中共中央马克思恩格斯列宁斯大林著作编译局.马克思恩格斯选集（第四卷）[M].北京：人民出版社，1995：742.

展高校德育工作时，要把马克思主义作为贯穿始终的指导思想，使用科学的德育方法来践行马克思主义思想并在日常的学习、生活中进行具体的应用，要努力让自己要学懂、弄懂和在落实方面多花时间。新时代背景下，高校务必要坚定不移地推动马克思主义思想逐渐渗入中国特色社会主义当中，进而搭建出一套完全新颖的德育理论，促使该德育方式实现创新。同一时间里，对于切实创建马克思主义理论学科要有足够的重视，尽可能地去培养更多在立场方面极为坚定、具有深厚功底、丰富经验的完全高举马克思主义的学者，来为深入启动高校德育工作供给良好的学科方面的保证、理论方面的保证和团队方面的保证。处于新时代的高等院校需要在培育坚定信仰马克思主义思想者、践行者和传播者方面给予足够的重视，走一条正确的社会主义道路，进而为新时代的青年学生在其成长、成才方面埋下扎实的思想基础。

（三）高校德育机制的构建要坚持社会主义办学方向

高校是通过众多思想不一样、多元文化和思潮碰撞在一起搭建起来的阵地，自身具备相应的舆论导向的功能。因此，高校要坚定地沿着社会主义办学方向前行，在此过程中，分别围绕对人进行培养是为了谁、如何针对人进行系统培养的问题加以认真回答还是挺重要的。在经济快速发展的环境下，内在意识形态的不同，发出的声音也不一样，如何能在一个意识形态不断变化的环境里面，在面对诸如"培养的目标是什么、采用哪些方式来培养人、究竟是在为谁培养人""如何针对青年学生加以深入认识、如何以教育的方式实现对青年学生的引导、如何使青年学生的作用得到充分的发挥"等众多相关问题给予完整解答，这些已经不单单是高校组织德育工作时需要回答的问题，同时也是高校在构建德育机制时一定要坚守的基本方向。纵观我国高校的发展历程，坚定不移地走社会主义办学道路在各个年代都是无法取代的。所以高校无论身处哪个发展时期都要坚守社会主义办学方向，不论是人才培养和科技创新，还是文化传承和社会服务等方面，社会主义办学方向一直都是高校发展过程中的时代底色。走进新时代，众多高校都在努力达成人才培养目标，而首先需要完成的任务是在新时代的背景下始终沿着社会主义办学方向前行，要持续不断地应用马克思主义思想切实指导高校师生，坚持走社会主义办学方向，唯有进一步确定国内高校在教学方面的具体目标和任务，才算真正完成了对于"为了谁进行教育工作、培养众多人才的目的究竟是什么"等相关问题做出精准的解答,有助于在构建高校德育时展现出清晰的目标,随后的高校德育工作才能更有针对性和方向性地开展。

二、掌握德育方式的"主渠道"

高校要尽其所能地搭建一个相对较为多元化、全面化的涉及教学德育的机制,这不只是很好地满足德育工作开展过程中的不同要求,同时也会促使高校围绕教学德育机制进行深入的革新和优化,更好地彰显德育所特有的科学性和实效性。

(一)德育工作要始终以立德为目标予以展开

在与立德育人方式相关的许多要求当中最为关键的地方在于要跟高校德育的规定维持一样的步调。单从本质层面来说,高校德育是一个借助教化深挖学生的潜能,进而更好地展现他们的真实价值,一步步带领新时代的青年人完成自我的全面发展;若是从立德树人和高校德育的层面来探讨,它们之间的共同点是都需要凭借道德教化和精神提升的方式对个人多个方面的能力进行培养,若是将高校德育工作比作一个庞大的系统工程,那么这当中最为核心的部分在于通过围绕课程体系带动整个高校德育工作。新时代会有一些全新的任务,新时代对在高效开展工作方面提出了全新的使命和要求。从本质上看,高校德育工作的开展主要凭借国家的意识形态和价值教育共同构建的一个"有形载体",可用来作为高等院校达成某项目标和实现某些设定目标过程当中极为重要的渠道。因此,处于新时代的高校课程德育机制在开展一切工作时都要以立德树人为中心逐步推进。一方面,要坚定不移地采用党的德育方针政策对课程的设定标准、内容方面的选择、切实的落地实施、教学效果评测等方面进行有针对性的指导,在构建课程德育机制时必须要有显著的价值性,也就是说要与国家、社会以及人民大众的发展需求相吻合。另一方面,通过课程开展德育工作在整个高校德育工作,甚至在整个教育系统当中发挥着极为重要的作用,是开展"立德树人"当中最为基本的任务。高校当中在设计具体课程时要尝试把"德"与课程育人体系相结合,借助形式各异的课程作为其中的载体来完成对人的教育。最终,在新时代环境当中的高等院校在逐步建立课程德育机制的整个历程中,要切实带动位于体制当中的不同科目的课程互相进行有效的配合和连接。高校当中参与教育教学的工作者在具体进行分工和配置时要全面地呈现自身所特有的科学性和合理性,依照课程所具有的不同特点以及外在表现,把内容方面不一样的课程汇聚后形成一种合力,进而达成德育的总目标。

(二)构建"情感—交往"型课堂融入课程德育机制

在一些持守传统教育教学模式的学者看来,"情感—交往"型课堂能够展现出一定的人文情感关怀,主要是为了搭建一个具有一定温度的课堂。首先,针对"情感—交往"型课堂来说,在推进过程中所具备的内在特征和所要达成的基本目标都是情感,也是课堂教学当中的首要任务,是它内在教育功能的完整呈现。因为作为个人所产生的情感体验与个人所具有的价值观、道德品性和人格魅力有直接的关联,所以为了更好地推进学生的情感培养,意味着要为他们创建一个不但在安全方面有保证,同时内部还比较温暖的环境,高等院校在全面构建课程德育机制时,要尽其所能地把所上的每一堂课设定为一个践行全面发展个人的情感课堂,促使教育和教学可以实现有效融合,更好地达成课程德育的最终目标。其次,在整个课程德育过程中最为关键的地方在于交往,呈现出来的是"情感—交往"的外部具体形态,也是在开展高校德育工作时最为基本的方式。在高等院校启动德育工作的时候,若教师与学生之间无法开展有效的互动,那么就是再不丰富的情感也会得到有效的感知和传递,导致师生之间来推进情感培养的时候步步维艰,从而大大削弱它自身的实效性。尤其是处在这个高度信息化的时代,大部分人都受到过来自网络信息的轮番冲击,使人们对于传统课堂教育产生质疑,人们开始对学校和教师存在的必要性加以考虑,当前传统的课堂教学模式是否需要完全被网络化课堂代替?面对人们质疑的声音,参与高校教育的工作者应当进行深入的思考。比如若高校当中采用的传统教育模式无法被取代,这当中最为重要的地方在于多多调动课堂教学过程中师生之间的互动性,正是因为当前人工智能的智能化水平尚未达到取代人与人之间开展思想、情感交流的高速。所以,在新时代背景下创建"情感—交往"型课堂是对网络化冲击过程进行有效抵制的一种方式。所以,在设计"情感—交往"型课堂时要努力引导教育当中的两个参与方能够成为彼此的依靠和支持,这样才能够有效地拉近彼此的心理距离,才有助于高校德育课堂得以进入人心深处。

(三)构建各类课程与思政课程同向同行的德育教学机制

我们要尝试把思想政治工作巧妙地穿插到整个教学当中，为其他各门不同的课程守护"一段渠"、种好"责任田"，促使各类课程得以与思想政治理论同步前行，产生系统效应，从而顺利达成高校德育工作所设定的最终目标。为了达成这个目标就不能单把思政教育方面的发展作为依托，要尝试带动完全不同的课程保持与思想政治处于一个相同的方向同步前行，通过各个方面产生的育人合力进行高校德育机制的搭建是完成既定德育目标过程中极为有效的方式。

一方面，单从不同种类课程与思政课程有相同的方向而言，要想实现高校各类课程与思政课程共同向相同的方向前行，现实要引导各类课程与思政课程分别在指导方针和目标方向上有相同的思想方向。高校当中的各类课程与思想政治教育课程在育人理念方面要紧紧跟随马克思主义的指导方向，对于国内高校特有的社会主义办学性质加以确立，为社会主义培育优质人才一直都是国内高校培养的目标。高校当中的所有课程的教学都需要一直坚守正确的思想方向，不但要让个人的学习具有一定的专业性，也要以一种积极的心态完成践行思政教育科学核心的工作，坚持正确的政治方向，明确一个正确的德育方向，永不动摇。

另一方面，单从高校的各类课程与思政课程同行来说，要想实现高校德育当中的又红又专和德治并举，最为核心的地方在于如何通过合理的方式把思政教育课程融入各类不同的课程当中，促使思政课程与各类课程可以在育人的道路上同步前行，尽可能多地呈现出课程自身的优点，为新时代青年的个人发展夯实坚实的知识基础。同时，各类课程要与思想政治教育保持一致，也就是说，在意识形态方面要保持一致。身为新时代青年，不但要储备尽可能多的科学认识，还要在努力学习的基础上完全掌握较为系统的研究方式，深层次探究育人内里的真实内涵，以积极的方式践行习近平新时代中国特色社会主义思想，立志做一个不但有才艺在身，又有远大抱负的新时代青年。

三、提供练就本领的"大熔炉"

此处所说的高校德育机制，是指当中的理论部分与实践部分加以适当的融合，并在切实践行活动中提升个人的实践能力及综合素质。新时代之所以不断带动高校德育机制，是为了有效地帮助学生培养其爱国情感、创新意识和实践能力，从而成为个人全面发展的新时代青年。

（一）构建产学研协同创新的德育机制

高校当中在正式构建德育机制之时要格外关注由产学研三者组合而成的育人方式。首先，高校借助创建而成的德育机制来实现学校与企业之间的合作交流，使很多学生有了更多进入企业当中进行实习的机会，这样学生不但能够通过课堂学习相关知识，还能够进入企业当中切实实践所学的理论知识，实现理论与实践的融合和应用。比如在日本，高校非常看重学生的见习，每当学习一段时间后，学校就会组织学生进入当地的工厂实践所学的知识，为了使学生经历从起初的产品研发一直到开始着手制作的完整流程，引导学生意识到平时的学习和真实的生活是有密切联系的，同时也会促使德育的方式逐渐个性化和多样化。其次，建立学生产学研创新创业基金。高校可按照学生所学专业的不同，有针对性地开发一些很有前景、很有科研价值、有广阔发展空间的项目，通过之前所设立的创新创业基金吸引大量具备一定科研实力的团队或教师参与到具体的研究当中，甚至可以对学生当中在成绩方面较为优异的学生加以指导，大力引导学生在科学领域有序地开展新发明、创新工作，带领学生在科研水平得以成长的基础上进行更多的发明创新和取得专利证书。这样，不但能够吸引越来越多的学生进行研究工作，还可以更好地提升高校自身的科研水平。

（二）完善德育工作的运行保障机制

处于新时代环境当中的高校借助积极的方式带领校内的相关部门开展德育活动是当中最为关键的部分，而高校在以德育为中心所给予的完善机制是当中极为重要的组成部分。作为高校，要想让德育工作里的机制保障工作能够顺利运转，那就需要学校积极、主动地带领和组织德育活动，不断地加大监管力度。借助有条不紊的带领活动和合理的监管体系以更好地展现德育自身的实践性，进而更好地完成高校德育既定的目标。与此同时，对整个高校实践活动中整体的流程与德育理论知识之间的紧密联系给予一定的重视，从而为理论与实践之间的融合营造一个良好的条件与环境。其次，要加强高校德育过程中的师资力量，努力培育出一支"既红又专"的教师团队。要想真正实现德育工作所设定的目标，那么，教师在这个过程中的作用是至关重要的。在德育工作持续推进的过程中，在高校参与教育工作的教师不仅需要在德育方面具备一定的能力，还要具备一定的可以使很多现实问题得到解决的能力。此外，无论是个人所具备的教学能力，还是个人独自进行科研的能力，往往会在学生中间担负起指导者和向导的职责。最后，处于新时代环境当中的高校对已创建完毕的实践平台应当持续地加以完善和稳固，在德育工作有效开展之时，有一个很不错的实践环境和平台往往是整个德育工作顺畅进行的基本保证。

（三）创新德育考核评价与激励机制

高校德育所产生的效果往往是由一整套高效且合理的考核和评价机制决定的。高校在开展德育工作时，德育的两个主体分别为教育者和受教者。一方面，高校要时常带动那些参与一线教导工作的教师更多地在社会实践活动中有所参与，大力创建一系列与德育有关的各种考核制度和措施，进而经由多个层面、多个视角对德育工作的效果进行评价。在进行详细的考核评价过程中，不但要对整体的效果进行定量的评价，还要给予定性的分析，尤其是在目前这个信息技术蓬勃发展的环境当中，高校可以考虑使用"大数据"或"云计算"等先进科学技术对社会实践工作的质量进行考核，并从中评选出优秀的个人和团队，以合理的评定作为基础，对他们取得的成绩加以肯定和奖励，然而对个别做得不是很好的个人或团队要第一时间给予他们激励和指导。另一方面，高校在一步步开展德育工作之时，设定的社会实践部分属于极为关键的地方，高等院校切实参与其中的工作者，要尝试从现实生活中获取的热点实例、时事新闻里面筛选出来的较为科学、合理的部分传递给受教者，从而带着一定的针对性开展活动，对于在校学生来说，高校教育者可以考虑在学生综合评价机制当中增添志愿者支边支教、科技创新等实践活动，学生可以按照个人的喜好参与相应的实践活动，学校可采用合理的评价方式适当地引导和鼓励学生。

（四）加强实践创新力度提升德育能力

新时代环境下的高校德育工作持续往前推进的动力来自实践创新，针对实践工作里的创新力度进行全面的提升，在创建德育机制时要不间断地推出新成果，借助所处的环境、方法和体验的不同特点有效地带动德育工作的顺利前行。找寻出德育推动工作当中的创新动力源，促使越来越多的人敢于在德育工作当中践行创新、集思广益，创造出一个更加广阔的平台，从而更深入地推进高校德育的改革工作。

一方面，高校要对德育机制进行强化和完善，努力创建一个具备扎实的基础、精湛的技术、极具发展前景的产学研式的教学体系，尽最大可能地为学生搭建一个校企之间进行合作、工学相结合的发展模式以开展实践创新的平台，在参与教育工作中着重培育一部分具备特定创新性和应用性的优秀人才。

另一方面，高校需要尝试引导当地的政府、科研院所和相关企业充分地呈现他们在协同创新方面的独特能力。在由颇具名气的亨瑞·埃茨科威兹和罗伊特·雷德斯多夫共同创立的"三螺旋理论"看来：整个国家的创新体系和经济发展主要是由政府、企业和大学共同作用构成的，三者之间有着密切的关联，一起建造了一个各有重叠、彼此作用、密切合作和互惠互利的"三螺旋"合作模式。通过该种合作模式，政府可借助部分相关政策实现资源的有效整合，从而可以更加具有方向性地对高校当中的各样人才进行培养。正是因为有了在高校当中的科研院所与专业匹配的企业的合作，并且通过为人才的培养提供服务的方式建造了一个由学生在切实实践过程中用来学习知识的平台，依照政策当中给出的要求和市场的基础需求来开展德育的相关工作，为学生创建一个可有效发展一体化的工作环境。总体来看，与德育相关的各个不同要素之间彼此进行协作时，不仅能够促使新时代环境当中的高校分别在科技创新和资源共享方面让设定的目标得以顺利完成，在这个过程当中还能够极大地提高高校产学研方面的协同能力，进一步提高科技成果的转化率，从而以更加完善的方式体现与知识相关的创新能力和实用价值。

四、推动创新意识"新引擎"

在新时代环境中长大的青年，生活在一个全新的网络时代，在搭建用于高校教学的德育机制时，为了不间断地加强社会主义意识形态散发出的凝聚力，就必然要使用一种相对较为科学、较为合理的方式进行广泛传播，使网络世界当中存在的变数能够卓有成效地转化为高校德育运转当中最有力的助力。对于处于新时代的高校德育机制而言，要善加利用网络这样颇为关键的工具,真实构建一个比较科学的高校网络德育机制,进而使高校德育工作更加丰富多彩。

(一)构建"自主交流型"的网络德育互动机制

从"网络工具论"的理论来看,整个德育工作当中的载体——网络已经获得了很多教育工作者的肯定和认可,把网络平台作为支撑带动整个德育工作稳步前行,充分地彰显出德育工作所具有的平等性、灵活性、互动性,这样就可以很好地提高德育的效果。跟传统的德育方式进行比较,凭借网络德育的思维实则是对人人平等原则的强化,也就是说,在推进网络教育的进程中,教导者和受教者之间是平等的。这种格外看重平等性的德育思维,主要借鉴的是互联网的特点,因为自主的和扩散的是互联网的主要特点,使当中的参与者可以处在一个完全平等的位置进行互动交流。由于它是从互联网中生发出的一种具有平等、自由特点的人际交往模式,就会使它很容易渗透到教育工作的各个环节,并在针对德育机制进行创建时便诞生了一种名为"自由交流型"的社群德育体系,促使网络德育机制的搭建具备了一定的条件和可能性。

改革开放之后,伴随社会的快速发展和历史的持续前行,学生的思想观念有了翻天覆地的变化,在部分坚守马克思唯物史观的学者眼中:"人们内在形成的观念、观点和概念,归结为一句话就是,个人的意识,会伴随生活条件、人们的社会关系的具体改变而进行变动。"❶ 在某种意义上,借助改革开放使中国与全球范围内的众多国家建立了亲密的外交关系,也使当代学生在思想层面深受政治、经济、文化等方面的作用,而这样的变化也会逐步渗透到学生做事时的形态方面和行动方面,还有就是这部分"00后"学生时常会显现出张狂的个性、勇敢进行创新、独立自主、敢于接受挑战等特征。身为新时代背景下高校教育者一定要围绕"00后"学生内在思想和外在行为方面的特性加以全面了解,并借助该现象创建一种效果比较明显的工作模式。由于互联网的大发展、大流行,使开展高校德育工作在碰到各种问题时可以很好地得到解决,在校园里面的学生,借助"自主交流型"网络德育社群体系不仅可以全面学

---

❶ 中共中央马克思恩格斯列宁斯大林著作编译局. 马克思恩格斯文集(第九卷)[M]. 北京:人民出版社,2009:51.

习专业知识和技能、借鉴彼此的学习经验、分享学习当中的真实感受等,还能够凭借QQ、微信、微博、抖音等平台显示个人的真实意愿、参与到不同活动当中,从而获取各种有别于传统教育方式的、全新的互动感受。

需要注意的是,高校当中的教育体制在建造的过程中一定要坚定地遵循网络平等的原则,在教育工作当中要注重解决更多难点问题。例如,"一言堂"模式致使学生处于被动的学习状态,高校当中的教师和教育工作者一定要尽力调整此种教育方法。通过网络平等的原则,我们可以在教育者和受教者双方之间建立平等的互动方式,营造教育者和受育者之间平等的教育氛围。通过网络,鼓励学生结合自己的兴趣爱好,通过独立平等的交流方式,鼓励学生积极发挥自己的主观能动性和自主性,激发自身潜能,多学习、多参与实践和锻炼等。总之,新时期的高校必须完善网络机制,才能在新时期教育和影响学生。

(二)构建"自我教育"与"朋辈教育"相融合的网络德育机制

开展高校德育工作实则是一个在教育工作中参与的双方合力对教育精神进行共创、共享所呈现的一个彼此之间互动的过程。在这个过程中应注重教育工作中主客体所展现出的主动性和积极性,同时应该对主客体间呈现出的互动性要格外地予以重视。巧合的是,互联网也具备同样的特征——互动性,通过网络工具推动高校的教育工作,对在开展德育工作时顺利进行互动所产生的一定的共享、共鸣、共振等德育效果还是很有帮助的,使高校德育工作往往可以事半功倍。新时代环境下的学生正好生活在一个个人全面发展的关键时期,通过教育实践不难看出,在深入塑造学生的理想、人格以及价值观的历程当中,文化环境和教育方式扮演着极为重要的角色。互联网已成为新时期开展德育工作的一个重要载体,在整个教育当中发挥着重要作用,同时还会对教育者在个人、人格方面给予塑造,在树立价值观方面产生深远的影响。在大部分的学者看来:"网络确实可以为青年自发参与政治活动提供很好的平台,青年通过网络参与政治时,他的思想和行为往往深受'意见领袖'的影响。"[1] 由此可以得出,相对比较传统的以灌输作为主导来进行的说服教

---

[1] 陆士桢,郑玲,王丽英. 对当代青年网络政治参与的理论分析[J]. 中国青年研究,2012(7):29-33,14.

育,时常会使人产生一种压迫性和纯粹的鼓励号召作用,致使高校当中的德育工作没产生什么效果。所以,作为高校教育工作者,要尽可能地让教育当中的教育者和受教者实现平等,并借助网络平台使教育双方切实践行平等对话的模式,使参与教育的双方更多次地开展交流互动,同时也能够完整地呈现出"自我教育"和"朋辈教育"在融合过程当中产生的各种影响,对于传统教育当中主要以灌输方式进行的德育工作加以革新,借助现有的网络平台,更多地在其中起到"自我教育"和"朋辈教育"的作用。

高校在努力构建"自我教育"和"朋辈教育"融合后所产生的网络德育模式时,高校当中的教育工作者要努力捕捉学生比较感兴趣的热门话题,深层次地了解学生接受教育当中的各种反馈,并对互联网平台好好地加以利用,以主动接触的方式挖掘学生身上各自独有的价值和特点,为开展"朋辈教育"德育营造更多的机会。面对新时代互联网日新月异的大趋势,应当根据当前的形势,利用新技术手段进一步扩大传播面积,拉近教育当中双方之间的心灵距离,从而更有针对性地推进高校德育工作,带动主流舆论发挥更多积极的作用。

(三)打造良好的"德育生态"完善网络德育机制的新环境

在互联网里面的一个显著特征是开放性,在对所获取的信息资源进行整合的基础上借助网络进行传播和分享。互联网特有的开放性有效地加快了通过教育资源和信息资源进行共享德育的整体进度,借助这种多样化的方式使互联网当中的"开放性"渐渐地进入整个德育工作的各个流程,把已经获取的大部分资源历经整合以后衍生出一个全方位的、没有任何边界的德育平台,进而构建出一个毫无边界概念的"德育生态"。❶ 类似这种无具体边界进行限定的德育模式对于个人身份而言可以随时随地进行切换还是有一定帮助的,无论是作为教育者,还是作为受教者,他们都可以借助网络平台进行发布信息和接收信息,每个人不仅是生产信息的人,同时也可以作为传播信息的人。

如何更好地优化像这样毫无边界的网络"德育生态"环境,这里面颇为关键的部分在于要把位于校内和校外的较为优质的德育资源加以整

---

❶ 张振凤.互联网思维视域下的高校网络"对话"育人机制的建构[J].长春工业大学学报(高教研究版),2015,36(2):136.

合，彻底打破由于学科、专业的不同所构建的层层障碍，创建一整套协调的与高校网络德育有关联的德育新机制。面对当今德育工作的现状，可以看出，当前很多高校的组织机构之间依然留存着一定的界限，不同的学科专业之间不能很好地进行互动和包容，几乎都会呈现出一种"沉默的螺旋"现象。正是因为没有充足的互动和沟通，致使高校里面各个不同的组织、学科之间难以实现资源的共享，跨越不同学科进行研究的现象就更为少见。

因此，新时代背景下的高校要想真正打破"沉默的螺旋"怪圈，就一定要把构建德育机制看作用来发力的基本点，凭借互联网自身的优势而成为连接不同学科之间的桥梁，有效地打破了各个学科之间长时间处于沉默的现象。首先，高校要以主动的方式激发不同学科进行互动的积极性，针对学科的不同特点着手建立一个跨学科的研究中心，努力践行资源的开发和共享，凭借网络的方式完成对网络德育机制的创建，从而一步步地完成"德育生态"的优化和完善，创建一个用于网络德育的新环境。其次，高校当中的教育工作者要把学科自身的优势更好地发挥出来，并把平时掌握的理论知识慢慢地渗透到相关的企业和行业当中，通过利用互联网来搭建合作开放型德育平台，彻底打破高校与许多企业、行业之间所残留的资源壁垒，针对与德育相关的各种渠道和资源要尽可能地进行开发和使用，从而使网络协同德育的优化工作得以顺利完成。最后，高校要最大限度地使用互联网技术，使更多的教育资源通过互联网渗透到德育生态系统当中，让学生从中收获更为丰富的教育资源，从而更好地展现高校网络德育工作独特的实效性和影响力。

五、强化机制运行的"助推器"

为了使德育工作可以平稳推进，高校需要尽力做好保障工作，其中重要部分在于构建德育机制。在高校当中开展德育工作，最终是为国家、社会培育出大量的新时代优秀人才，要使这样的目标得以实现就需要借助高效运行的德育机制作为保障。因此，创建完整的德育保障机制是新时代环境下高校开展德育工作的关键。

（一）加强党的领导是构建保障德育机制的根本

构建保障德育机制的核心在于坚持党的绝对领导。不断地加强党对高校当中德育工作的全方位领导，是文化自信视域开展高校德育工作最根本的保障。高校各级党委要对构建德育机制给予足够的重视，高校当中的党政人员要把培育文化自信作为核心来开展，并要深入了解德育过程的各个环节。高校想要保障德育机制平稳运转一定要坚定不移地跟从党的领导，才能使保障德育工作有条不紊地往前推进。高校德育机制的构建还一定要有正确的德育方向，坚定不移地相信党的正确领导则是高校持续守护党的路线方针、践行相关政策的基础保障。同时它也可以成为新时代高校对社会主义事业的建设者和接班人进行培养时的强有力的支撑。高校要坚定拥护党的领导，坚持把党的领导作为前方向导，主动组织德育工作，为了使保障德育机制得到有效的优化，需要针对德育工作当中使用的方式、方法加以改进。新时代高校需要以积极主动的方式把党所制定的路线方针巧妙地应用到具体的教学德育工作当中，高校德育工作者不但要积极推动党员努力树立榜样，起到模范带头作用，更要在广大学生中间充分地调动党员学生，以使他们能够一直有清晰的政治定力和认识，还要一直保持强烈的文化自信和民族自豪感，引导生活在新时代的青年始终高举具备中国特色社会主义的伟大旗帜，不忘初心，坚定地跟随党组织，从而为实现中华民族伟大复兴而奋斗不息。

（二）物质与制度保障是高校德育机制构建的前提

搭建高校德育机制的过程中需要坚定不移地把物质方面提供的充足保障作为基本出发点。无论采用的是导向德育的模式、教学德育的模式，还是针对德育机制进行的构建，都要有一个坚实的物质基础作为搭建德育机制的前提条件，高校在持续开展德育工作时要借助人力、物力支撑整个德育机制。高校德育机制能够得以有效地运转体现的是对经费的依赖程度。当地政府的一些相关部门在正式创建高校德育机制时，一定要展现出对经费投入的重视，把办学经费用到该用的地方，把积累的教育资源应用到具体的某个方面，尽最大努力地满足学生的多方需求，切实做到实事求是，坚持采用截然不同的创新德育方式以完成保障德育工作所设定的目标。深厚的基础是带动德育工作时极为关键的前提，单从狭义方面而言，高校当中从事教育的工作者需要根据学生在个人发展过程中的特点满足其不同的需求，通过理论教学的角度，参考当前的真实情况努力为学生营造出更多用于教学的平台；在具体的实践和生活层面则要主动优化学生所在的生活环境，并需要针对学习生活环境当中所出现的不充分、不平衡现象加以改善，以使学生获取更多的幸福感。而从广义方面而言，高校要尽心竭力地优化校园的整体环境及规章制度，不但能切实保障学生在校期间的安全，还能使学生可以在一个舒心的环境中进行学习和生活。正是由于制度所蕴含的力量，才在人们日常的生活实践和社会关系当中起到一定的规范、制约作用，并在人们的社会关系层面起到极为重要的作用。构建高校德育机制时，需要把制度保障作为前提，作为一种特定的规范——高校管理制度，主要是为了维护高校教学与生活的秩序，为学生在接受教育过程中身心得以全面发展提供有力保障。首先，所制定的高校制度要充分展现新时代文化自信的精神和核心，要把高校当中的保障德育机制作为基本方向，制定适合开展保障德育工作的相关制度。把德育的整体目标加以分解后渗透到具体的制度里面，促使保障德育所产生的合力得到充分发挥。其次，在具体制定和执行高校制度的过程中亟须特定的张力和弹性。创建高校制度时需要针对学生的现状加以多方考虑，从而因材施教，进而更好地达到制度的创建效果。此外，参加高校德育工作的工作者真正应用相关制度时，要以学生为核心，把之前经常使用的刚性化管理方式循序渐进地转化为较为柔性化的德育方式，可使教育者与受教者更多地进行平等教育。借助科学、合理的德育制度，以便充分展现高校当中保障德育机制里面的教育取向，好使它特有的保障功能得到更充分的发挥。最后，高校为了给学生营造一个良好的制度环境，就需要凭借清晰的领导体制和组织管理制度，采用规范制度以更好地协调德育内部与外部之间的各种关系，唯有如此，方可带动整个高校德育机制在一个平稳的根基上持续运转。

（三）提升高校德育队伍的专业水平是德育的关键

百年大计，教育是根本。教师是建立教育的根本，也是复兴教育的源头。新时代的当今，参与教育工作的教师更是担负起培育新人的重担。新时代构建高校保障德育机制的核心点在于培育一批具备优良道德、较高教学水平的教师团队，并把习近平新时代中国特色社会主义思想作为向导，能够以亲身参与的方式践行社会主义核心价值观，不论在何时都不要忘记教书德育背后的荣誉感和责任感。俗话说："绳短不能汲深井，浅水难以负大舟。"高校德育工作是一项具有极强专业性的工作，高校德育效果的好坏往往是由参与高校德育队伍的专业化水平决定的，同时高校德育机制进行构建的关键在于打造出一个拥有"四力"的教师团队，也就是专业能力中所包含的脚力、眼力、脑力和笔力，尽力为新时代培养出一支有过硬的政治素养、过人的本领、求实创新、能打胜仗的德育队伍。

首先，高校在教师队伍建设方面要不断加强，并要把教师素质的提高作为重点。先有了好的教师，才会产生好的教育，在日常工作当中，高校要对教师的地位给予重视，尽力维护教师应得的权利，对于教师日常工作的条件不断地进行改善，以使教育工作者可以在一个良好的环境中进行教书德育。

其次，高校要在教师制度建设方面进行加强，不论是在课堂教学过程中还是在日常生活当中，都要对教师的思想素质、师德师风、行为准则方面的监督给予足够的重视。通过创建一个合理的评价机制，并把师德师风作为对教师进行评价的一项重要指标。在一个全新的时代会产生新的荣誉感和使命感，主动带领绝大多数的教师在教书德育当中不断操练以德立身、以德立学、以德施政、以德育德的本领。

最后，高校要把重点放在如何使教师的业务水平得以提高上。高校德育效果发挥过程中最为重要的在于完成对学生进行传道、授业、解惑的重要任务。高校带动教师团队积极参与研究培训、学术交流互动等，注重培养教师的科研能力，并通过各种专业化的培训设定培训规划，带领教师进行深入学习并切实践行习近平新时代中国特色社会主义思想，凭借所学的理论知识对实践进行指导，从而使教师的专业水平和道德修养都能得到提高，把社会主义核心价值观作为行事的准则，对自己进行严格要求，以身作则，成为努力传播新时代先进思想文化的传播者，从而为培育社会主义事业建设者和接班人贡献力量。

第四节　创新高校德育宣传模式

时代的迅猛发展给高校的德育宣传工作带来巨大的影响和冲击，使高校德育宣传工作在观念和方式、方法上都产生根本性的变革。为了主动适应这种变革，高校积极转变工作观念、创新工作机制、深化沟通交流，探索构建适应新时代的德育宣传工作新模式。

一、广泛动员、全面参与，着力强化宣传主体建设

高校传统的德育宣传观念认为，德育宣传部门是宣传工作的唯一主体。网络时代，由于媒介手段的增多，任何个体都可以通过博客、播客、QQ、微信等进行大众传播。任何人的言行经过新闻媒体的放大后，都可能产生巨大影响，甚至形成重大"新闻事件"。针对此种情况，为实现正面引导和充分发挥所有个体的德育宣传价值和意义，学校党委确定了"人人皆是宣传员"的工作理念，高度重视和充分挖掘学校师生员工、校友、合作伙伴等主体的德育宣传价值，通过开展有针对性的德育宣传培训和激发师生员工的自豪感和荣誉感的校史教育以及爱校、荣校教育，充分发挥"人人"宣传德育的作用，达到正面宣传德育教育的目的。

（一）层层参与，注重发挥各单位、各部门的德育宣传作用

学校设有思想宣传工作领导小组，组长为校党委书记，成员为各单位主要负责人，定期研究学校德育宣传工作中的重大问题，对全校宣传与思想工作进行协调部署。学校还不断优化各级部门之间的协作，注意协调各方面的力量，建立全员参与德育宣传的全校性的网络体系，各级党组织和单位负责人是宣传工作第一责任人。围绕德育宣传工作的热点和难点，积极组织各单位、各类德育宣传队伍开展各种形式的专题研讨和交流，增强德育宣传工作的针对性和实效性。

（二）人人参与，注重发挥师生主体价值

学校在发挥各单位作用的同时，注重加强以下四支队伍建设，以此为主导带动全员参与德育宣传的工作格局。

（1）德育宣传员队伍：各单位都设有专职宣传干事，并将二级党委书记和副书记纳入德育宣传员队伍主抓工作，定期培训研讨，进行双向交流和信息沟通。

（2）通信员队伍：各教工或学生记者担任，负责信息报送工作。

（3）网络管理员队伍：各类网络管理员、舆论引导员队伍，负责本单位网络工作的安全、高效运转。

（4）校友联络员队伍：通过合作发展处和国际交流处，发动海内

外校友成立的宣传队伍，负责校友和学校之间的交流沟通，并及时传达各方面资信。通过加强德育队伍建设，积极引导师生进行德育宣传和展示，以开设博客、建立各类工作交流群等方式进行德育宣传工作，共同建设学校的良好形象。

二、优势互补、深化融合，大力推行"1+1+N"模式

互联网传播方式的出现，进一步推动了高校媒体的融合发展。近年来，高校按照先进的传媒理念，创新工作机制体制，积极进行资源整合，实现优势互补，形成高校互联的整体合力。在工作中，我们坚持各个突破、"四个抓手"，即我们以深化新闻中心内部机构改革、加大德育宣传力度和加强德育媒体建设为突破口，坚持抓重大事件、抓重点环节、抓言论引导、抓深度报道的"四个抓手"工作思路，持续加强校内媒体的深度融合和机制改革，逐步实现德育事迹采、编、播的一体化和同步化，提高了工作效率和德育事迹报道的时效性，形成了"多种手段，一个声音"的动态立体德育宣传格局。

目前，在德育宣传工作中采用更多的是"1+1+N"模式：一是办好一张校报，引领舆论导向。校报体现内容的权威性和深度性，负责议程拟定，策划近期德育专栏报道重点，强化深度报道、深度解读，确定舆论引导方向，并成为深度新闻和观点新闻的内容制造者和观点提供者；二是办好一个反应迅速、内容丰富的德育门户网站，吸引服务师生。互联网充当的角色是发挥实效性和集纳性作用，一方面成为动态新闻的主要播报地，另一方面为其他媒体提供展示平台；三是发挥好广播台、电视台、手机报、电子屏幕以及其他传播媒介的作用，打好德育宣传工作的"组合拳"。

三、切合需求、强化引导，切实增强德育宣传内容吸引力

内容始终是媒体传播的生命力。在德育宣传和媒体内容建设上，以价值引导和价值共享为首要目标，注重提供能够传达价值理念的、影响学生思想的内容，大力宣扬社会主义核心价值观体系等。高校按照"贴近时代发展、贴近任务使命、贴近师生实际"的原则，积极改进方法，强化价值引导，增强德育宣传内容的针对性和吸引力。贴近时代发展，大力宣传师生关注的德育热点、焦点问题。在校内各类媒体上开启德育专栏专题，引导师生进行互动交流，定期邀请相关专家作形势报告，就

一些热点、焦点问题，进行现场解答，强化正面引导；贴近任务使命，大力宣传国家和学校的重大战略部署和政策法规，如积极宣传国家教育发展规划纲要、国家能源战略以及学校的规划等内容，详细解读学校的学生工作、教学、科研工作等方面的重要进展，增强师生员工的使命意识和责任感、自豪感；贴近师生实际，深入开展调查研究，详细了解师生关心、关注的问题，以及工作生活和思想领域的困惑和难题，强化沟通了解。学校要求，广大教师要积极利用现代传媒，放低姿态，以网友和博友身份与学生平等交流，开展正面引导和全方位沟通，深入解决思想问题。

第五节　优化高校德育教师队伍

一、优化学生工作队伍建设，提高育人能力，促进学生成长成才

人才培养是职业教育的本质要求和根本使命。提高质量是职业教育的生命线，是国家中长期教育改革和发展规划纲要确定的重要方针。衡量职业教育质量的第一标准就是看人才培养水平，核心是解决好培养什么人、怎么培养人的重大问题。多年来，大学生工作始终围绕人才培养这一中心，着力优化学生工作队伍建设，提高这支队伍教书育人、管理育人和服务育人的工作能力，引导学生"以学习为中心，走全面发展之路"，始终服从和服务于学生的成长成才。

（一）坚持关爱学生、以人为本、着眼未来的学生工作育人理念

关爱学生、以人为本、着眼未来的学生工作理念，就是要求每一名学生工作者在工作中以身作则，言传身教，做到感情上贴近学生，生活里深入学生，工作中服务学生，切实把对学生的关爱之心转化为工作的责任感、主动性和创造性。

（1）坚持关爱学生：一切为了学生。关爱学生，确立学生在人才培养中的主体地位，树立以学生为中心的工作理念，想问题、定办法、抓工作都要从学生发展的切身需求出发，将学生工作与帮助学生解决具体困难和问题结合起来，千方百计地为学生提供更多的选择、创造更多的机会。切实把学生的呼声当作紧急的命令，把学生的发展当作永恒的目

标,把学生的平安当作不变的牵挂,把学生的成功当作无上的光荣,真正体现"一切为了学生"。

(2)坚持以人为本:为了一切学生。以人为本,充分了解学生,充分尊重学生个性,尊重学生的个体选择和个性发展,因势利导,因材施教,以一颗宽容的心善待学生,多看他们身上的闪光点,多给他们一些温暖和鼓励,多激发他们进取的勇气和信心,调动他们自觉学习和自我提高的积极性和主动性。和而不同,在全面发展的前提下鼓励创新、在合格达标的基础上支持冒尖、在规范要求的同时发展个性,使学生工作的育人方式从标准化向多样化转变,真正实现"为了一切学生"。

(3)坚持着眼未来:为了学生一切。着眼未来,全面贯彻党的教育方针,着眼学生长远发展,以政策为导向,以教育为依托,以管理为抓手,以服务为保障,着力提高学生服务国家服务人民的社会责任感、勇于探索的创新精神、善于解决问题的实践能力,真正培养出德、智、体、美全面发展的社会主义合格建设者和可靠接班人。积极为学生的健康成长与和谐发展创造条件,促进学生的全面发展、协调发展、可持续发展,真正做到"为了学生一切"。

(二)培养德才兼备、乐于奉献、潜心育人的学生工作育人队伍

教育大计,教师为本。提高人才培养质量,关键在于教师队伍。高素质专业化的学生工作队伍是提高学生工作育人质量的基石。保证高素质的学生工作队伍,一是要有足够数量的学生工作者,具有合适的师生比;二是要千方百计地激励和动员学生工作者在工作中增加投入,增强关爱学生、培养学生的责任感和积极性;三是要采取各种措施,优化学生工作者的师德建设,努力提高学生工作队伍的育人能力。近年来,学校大力优化学生工作队伍建设,着力提高科学化水平,明确职业化要求,推进专业化发展,拓展国际化视野,培养了一支德才兼备、乐于奉献、潜心育人的学生工作队伍。

(1)建立健全育人队伍:校领导、管理干部、行政管理人员、专业教师、辅导员、班主任、学生干部等各类群体都参与学生工作。现在学校学生工作队伍主要由学生工作者和学生干部组成。学生工作者包括主管学生工作的校领导、学生工作职能部门管理干部、专兼职辅导员和班主任;学生干部队伍包括学生党支部、团支部和班委会的学生干部。各类人员从不

同角度发挥不同作用，以保证学生工作自始至终既有领导的高度重视与关心，又有学校有关职能部门和院部学生工作者的积极落实，还有由专业教师担任的班主任和学生干部的共同参与，努力形成合力育人的良好氛围。

（2）主动开展多元培训：培养与培训是优化学生工作队伍建设的重要抓手。学校把优化队伍的师德建设放在培养和培训的首要位置，突出社会主义核心价值观的统领作用，提升学生工作者的职业理想和职业道德，以其自身的学识魅力和人格魅力，潜移默化地影响和教育学生。学校正逐步建立和完善学生工作队伍岗前培训、日常培训、业务培训、专题培训和骨干培训相结合的分层次、多渠道、多形式、重实效的多元培训工作格局。并积极创造条件，选拔优秀学生工作者参加国内国际交流、考察和进修深造。同时选拔具有实际经验和研究能力的学生工作者，通过持续性的课题支持、经费资助和成果展示，帮助一批骨干人员成长为学生工作专家。

（3）努力搭建发展平台：学校高度关注学生工作队伍的发展。通过搭建职业化和专业化发展平台，让广大学生工作者扩展专业视野、丰富专业知识、提升理论水平、优化职业素养，积极引导学生工作者明确职业发展方向，鼓励他们努力学习，善于思考，勇于实践，不断完善和提高自己，走好职业化、专业化的道路，争做专家型的学生工作者，实现职业价值和人生价值的整合。

学校在优化多元培训的同时，积极搭建各类发展平台，如通过举办学生工作论坛、评选优秀辅导员、组织辅导员职业技能大赛、开展课题研究和交流考察等形式，让全体学生工作者有更多的展示、学习、交流的机会。学校还搭建研究创新平台，专门设立专项研究基金，加强学生工作研究。

（4）培养历练学生干部：多年来，学校高度重视学生干部队伍的组织建设，坚持按"高标准、严要求、强素质"的要求培养学生干部队伍。坚持把塑造学生干部的个人形象和组织形象有机结合起来，充分调动学生干部及学生干部队伍的积极性，发挥他们的主动性和创造性。

学校充分发挥各级团校的作用，加大对学生干部培训的力度。通过较为系统的培训，使学生干部增长见识，提高思想修养、业务素质和工作能力，改进工作艺术和技巧，培养一大批坚强有力、素质较高的学生干部。

二、塑造师德师风，不断增强教师队伍的责任使命感

育人是立校之本。高校历来重视学生工作和辅导员的队伍建设，近

年来，学校坚持特色发展、开放发展、和谐发展，在学生工作中积极探索新思路和新方法，取得了一系列显著成果。

（一）树典型，以精神塑造师德师风

依托党建和思想政治工作的优势，用榜样的示范作用带动和影响全体教师，引导教师树立正确的教育观、质量观、人才观，把立德树人的理念内化到教师灵魂深处。加强职业道德教育，强化教师对学术道德、敬业精神的认知；发挥老教师传帮带作用，在教学及日常工作中给予指导，以自身的言行影响新教师；树立典型，发挥模范带头作用。例如，召开教师节庆祝表彰大会，开展优秀教师、优秀教育工作者和优秀科研团队表彰活动；对从事教学工作满30年的教师进行表彰，增强教师的职业认同感和荣誉感。

（二）重建设，以制度规约师德师风

把师德作为教师职业准入门槛，完善师德建设规章制度，贯彻教师职业道德准则，建立师德考评制度与师德档案，营造良好的教风和学术氛围。建立师德建设长效机制，重视校园文化的熏陶作用，通过开展多层次、高品位的校园文化活动，如举办丰富多彩的教书育人主题活动、教育思想大讨论活动等，提升教师的道德素养。

（三）建机制，以考核落实师德师风

坚持推行年度考核、专家督导、学生评教、信息反馈制度，对教师的师德、职责履行情况及教学质量进行综合考评，考核结果与教师的评聘、晋级、津贴等挂钩；从严科研学术规范，健全学术不端行为惩治查处机制，有效提高教师的思想政治素质和职业道德水准；落实考核评价，对教师年度及聘期考核实行师德考评，一票否决。学校积极构建协同创新平台体系，深化政、校、企合作。

三、优化高校内部用人环境

学校兼具教师人力资本投资者和需求者的双重身份，能否为教师提供一个舒适、温馨的用人环境，在一定程度上会制约教师人力资本作用的发挥。充分发挥教师人力资本的作用，有待相关配套措施的进一步完善,因此,需要对高校现行的人事制度、激励机制、考核制度等进行改革,尽快打通社会优秀人才进入学校教师队伍的渠道。通过提高教师的经济地位和社会地位,吸引社会优秀人才从事教师工作。依据公平、竞争、择优的原则,建立起能进能出、能上能下的师资调控的开放系统。

良好的用人环境包括科学的政策和战略、人性化的激励机制、浓厚的学术氛围、和谐的校园文化、知识更新与能力提升的空间和机会等。此外,学校自身的发展,社会美誉度的提升,针对教师人力资本增值的教育培训质量等也会对教师人力资本的作用产生影响。学校营造能够留住人才,发挥人才作用,实现人才价值的良好环境,一方面可以减少教师人力资本投资风险;另一方面让教师人力资本置身良好的用人环境中,不会有过多的困扰和不满,这对他们形成对学校的认同感和归属感,安心教学科研工作,发挥教师人力资本的作用,都将起到极大的推动作用。

四、构建学习型组织

要实现提升高校办学质量和社会效益的目标,仅仅依靠个别教师的人力资本增值,其作用是微不足道的。只有当高校中大部分教师人力资本都能实现增值时,才能够达到人力资本增值的规模效应,进而大幅提升高校整体办学质量。要形成良好的重视教师人力资本增值的氛围,最好的方式之一就是将高校打造成学习型组织。只有在学习型组织中,从上到下才会致力于新知识的创造、新技能的提升,才会有条件实现人力资本快速而有针对性的增值。

学习型组织是一种在发展中形成的具有持续适应能力和变革能力的组织。这样的组织不仅可以依靠物质的改善提高组织价值,而且可以通过新的知识和信息提升组织中人的能力与作用。由于终身学习成为一种需要,人们在维持原有知识优势的基础上,不断努力学习和提高自己,力争取得自身价值的不断拓展。近年来,国外许多组织出现了创建学习型组织的热潮。这种组织能让其中每一位成员通过更多的学习,越来越感觉到自己的无知,让组织中的每一位教职工通过学习感悟人生的真谛。

建设学习型组织要从基层教学单位做起,需要组织内部形成积极的、不断学习的文化氛围。高校本身就应该是学习型组织,终身学习是社会快速发展对教师的必然要求。教学工作不仅需要深厚的理论功底,也是一项实践性较强、经常需要知识更新的工作。想要做好这项工作,单靠提高教师的学历层次是不够的，还必须不断加强教学实践经验的积累和总结，需要相互学习和交流。而信息的传输与扩散、知识的创造与共享、经验的交流与碰撞等，正是学习型组织的重要特征。由此可知，教师的专业成长、观念更新、教学科研水平的提升，离不开依托现代学习型高校这一平台。学习型高校通过教研室建立起集体学习和研讨交流制度，教师共同研究教学内容和教材，研究教学对象和教法，研究课程体系和培养模式等。这种学习型组织不仅为教师业务能力的提高创造了良好氛围，也为他们的理念更新、知识更新、信息获取途径更新、教学方法手段更新等提供了大量的机会。因此，高校要尽快转变观念，从注重规模扩张转型为创建学习型组织。

第六节　探索高校德育的其他路径

一、开展心理健康教育，促进学生健康成长

（一）大学生心理发展的特点

1. 自我意识逐渐走向成熟

认识自己是一个非常漫长的过程，也是一个人心理成熟的重要标志。大学生也正是在人与人的交往过程中，在完成一个个学习任务的过程中，不断地认识自己，逐渐走向成熟。

2. 情绪强烈而不稳定

进入高校后，随着生活空间的扩大和文化层次的逐渐提高，大学生的思维异常活跃，情感丰富而强烈。虽然大学生已经具有了一定的自控能力和情感驾驭能力，但由于其价值观尚不稳定和平衡，加之他们的社会阅历较少，所以他们的情绪控制能力和情感控制能力还不健全，也不稳定，具有极大的可变性。大学生的这种情绪和情感往往具有明显的两极性：他们高兴起来经常忘乎所以，也经常因为一点小事就痛苦万分。❶

---

❶ 王坚，谢康. 大学生心理健康教育［M］. 苏州：苏州大学出版社，2022：6.

大学生的这种情绪强烈且不稳定的特征是由大学生的年龄特点和社会阅历等决定的，属于正常现象，但大学生一定要及时意识到这种特点，并及时进行调整，以免影响心理健康。

3. 性意识的萌动和稳定

随着大学生生理的不断发展和成熟，他们的性意识也不断发展，第二性征进入性成熟期，这一时期的男女大学生不会因为自己第二性征的出现而感到羞涩，相反，他们会通过各种方式展示自己的魅力。同时，对于男女之间的性别差异，大学生也基本都有了正确的认识，他们的各种性知识和性观念等基本达到了成人的水平，对于性问题，他们基本能够妥善处理。

4. 形成自己稳定的心理结构和特点的过程中表现出强烈的冲突和矛盾

大学生心理发展过程中的矛盾和冲突主要表现在以下几个方面。

（1）独立性与依赖性的矛盾：由于大学生缺乏社会经验，他们往往是刚离开父母独立生活，还没有摆脱依赖的习惯，往往不能独立地处理好各种问题。他们一方面渴望能够独立，另一方面又无法独立，于是便产生了独立性和依赖性之间的矛盾。

（2）理想自我与现实自我的矛盾：进入高校后，大学生认识了许多新的优秀的朋友，他们经常在一起畅谈人生，规划自己的人生目标，他们在学习中也学到了各种文化知识，于是，他们认为高校是一个他们能够得到发展的地方，他们雄心勃勃，希望理想的自我能够越来越好，希望自己定的远大目标能够尽快实现。然而，基本每一名大学生都会遇到不同的挫折，这些挫折让很多大学生的美好理想破灭，他们很多人慢慢会发现理想在现实面前变得困难重重。他们在理想和现实的巨大落差中感到茫然，会对自己的理想产生动摇情绪。

（3）自负与自卑的矛盾：进入高校后，大学生渴望成功，特别是在取得了一定的成功后，有些人甚至会暗自得意，表现出自负的举动，但当他们看到其他同学取得了更大的成功后，往往又对自己建立起来的优越感持有否定的态度，尤其是在表现出一定的自负后受挫，他们更容易出现自卑的情绪，他们开始怀疑自己的能力，有的甚至自暴自弃。这些和大学生对自己的不完整认识有关。

（4）交往需要与孤独感的矛盾：大学生在进入高校后，由于环境比较陌生，他们往往希望通过认识更多的人来丰富自己的高校生活，于是，他们除了在自己的班级和学院开始人际交往外，他们还经常去参加一些社团以认识更多的朋友和丰富自己的高校生活。但在交往的过程中，由于很多大学生存在敏感、脆弱等特点，有时他们在交往的过程中缺乏主动性或者将自己的内心封闭起来，不轻易向别人吐露自己真实的想法，于是便产生了难以诉说的孤独感，这就导致大学生在发展过程中存在交往需要与孤独感的矛盾。

（二）大学生心理健康教育的原则

大学生心理健康教育的原则主要包括以下八个方面。

1. 面向全体学生原则

心理健康本身是一个动态的调适过程。大学生正处于从青少年向成人的过渡时期，面临一系列生理、心理、社会方面的适应问题。处在这一特定发展阶段的大学生，由于心理发展得不成熟、不稳定，心理冲突与矛盾时有发生，甚至产生心理障碍或心理疾病。因此，在心理健康教育过程中，要贴近实际、贴近生活、贴近学生，充分调动学生参与教育活动的积极性和主动性。离开了学生的主动参与和自觉努力，学校心理健康教育的种种努力都可能是枉费心机。人都有理解自己、不断走向成熟的心理潜能，心理健康教育就是要启发和鼓励学生发挥这种潜能，促使其心理健康成长，而不是面对少数学生群体进行被动的、消极的、诊治式的心理咨询和心态矫治。

2. 主体性原则

大学生是心理健康教育的主体。所以，学校在进行心理健康教育的过程中一定要注意充分调动大学生参与的积极性与主动性，只有大学生充分参与进来，大学生的心理健康教育才能取得理想的效果，否则做任何其他努力都是枉然。

3. 平等性原则

学校在进行心理健康教育的过程中，教师一定要遵循平等性原则，用平等的态度对待每一位学生。研究表明，在进行心理健康教育的过程中，教育者与受教育者之间建立一种相互信任的关系是营造和谐的心理教育氛围的前提，也是心理健康教育取得较好效果的关键之一。

4. 整体性原则

众所周知，大学生的心理活动是由多种因素构成的有机整体。因此，在心理健康教育中，必须树立系统观、整体观，考察大学生成长的各种相关因素，分析其成长中出现的各类问题。在心理健康教育中还要充分考虑大学生人格的整体性发展，重视大学生德、智、体、美、劳全面发展，注重大学生知、情、意、行四个方面的协调发展。

5. 尊重与理解原则

尊重，就是尊重大学生的人格与尊严，尊重每个学生的个人价值以及个别差异，以平等的态度对待每位大学生的个体差异性。尊重是理解的基础。所谓理解，即站在学生的角度看待问题，达到"感同身受"的效果。当学生做了有违纪律、有违公德的事情而感到苦恼来找辅导老师倾诉时，辅导老师一定不能采取单纯训斥的方式。如果站在学生的对立面，那么心理健康教育将无法正常有效地开展。

6. 保密性原则

保密可以说是对心理咨询与治疗工作者的一项基本而普遍的要求，也最能体现心理学工作者的职业道德。保密性原则同样适用于学校的心理健康教育，保密既是教育者与受教育者双方建立相互信赖的关系的基础，又关系到学校心理健康教育工作的声誉。

7. 多样性原则

心理健康问题是复杂而多样的，因此，心理健康教育在形式上应该是灵活多样的，在内容上应该是开放的。为此，在实施心理健康教育的过程中，教师除了注意形式上要富于变化以外，还应注意鼓励、引导学生表达不同的内心体验、感受和看法等，并充分肯定其合理性。

8. 非价值性评价原则

心理学中有一种"自我证实循环"理论,这种理论认为,当我们对某人形成某种看法时,我们就可能以某种态度来对待他。事实上,原来的"聪明"学生和"愚笨"学生的分类是随意选择的,他们在能力上并没有什么真正的差异。测试的目的,仅仅是联系学生实际心理,实施有效的心理健康教育。心理健康教育承认心理发展有先后之别。一切受教育者的心理状况都能得到良好的发展。

(三)大学生心理健康教育的方法

大学生心理健康教育是一项艰苦而长期的任务,只有立足现实,不断拓宽大学生心理健康教育的方法和途径,才能促进大学生身心的健康成长,使他们成为真正意义上的高素质人才。具体而言,当前大学生心理健康教育的方法主要有以下几种。

1. 设置系统化的课程

设置系统化的课程,让大学生系统地学习心理学知识,对自身发展变化的规律和特点有一个清楚的了解,做到合理调节和控制不良的心理情绪,进而实现心理的健康发展。

心理健康的课堂教育应充分考虑大学生身心发展的特点以及生活环境的现状,对大学生中普遍存在的心理问题进行集体心理指导。心理健康教育课堂教学应注重对学生健康的情绪、良好的生活态度等方面的培养,而不是侧重对心理障碍和疾病的分析。营造良好的课堂教学环境,对个别案例进行研讨,定期开展心理健康方面的讲座是大学生心理健康教育的常用手段。

2. 建立学校心理咨询中心

建立学校心理咨询中心是大学生心理健康教育的一个重要途径,具体包括以下几个方面。

(1)通过发展性辅导提高大学生的心理素质:

①利用团体辅导提高大学生的整体心理素质。团体辅导又称团体咨询,是一种在团体情境中提供心理学帮助与指导的重要方式,通过团体

内的人际交互作用，促使个体在交往中通过观察、学习、体验等，以达到认识自我、探讨自我、接纳自我的目的，调整和改善与他人的关系，学习新的态度方式和行为方式，以发展良好的生活适应能力。

咨询心理学家奈特认为，学生在团体咨询中可以学到以下十项内容：了解到真正存在的问题，并采取改进措施；逐渐掌握分析问题的能力；能够做到利用现有资源对问题进行研究和解决；对自我的内心有一定的认识；了解别人，并做到和谐共处；拟定长期的人生规划；平衡处理短期目标和长期目标；学习选择经验的标准；做到理论与实践结合；根据实际情况对目标和计划进行调整。可见，通过团体辅导能够有效提高大学生的自我认识、自我规划的能力，并不断提升自己的心理素质。

②利用个别心理咨询提高大学生个体心理素质。个别心理咨询是指，咨询员与大学生采取一对一的面谈形式，就大学生所面临的苦恼和困惑通过讨论、分析和指导等，改变原有的认知方式或行为方式，提高其社会适应能力和心理素质的辅导方式。

一些学者将大学生的个别心理咨询分为大学生心理发展性咨询、大学生心理适应性咨询、大学生心理障碍性咨询三种。其中，发展性咨询的学生心理是正常的，没有明显的心理冲突，能够基本适应环境，这类咨询主要是为了让学生更充分地认识自己，做到扬长避短，充分发挥自身的潜能，进而提高学习质量；适应性咨询的学生具有明显的心理矛盾和冲突，这类咨询主要是为学生排解心理上的烦恼，减轻其心理压力，以更好地适应环境；心理障碍性咨询的学生通常患有某种心理疾病，且已经影响到自己正常的学习和生活，这类心理咨询主要是对学生存在的心理问题进行矫正，并对其进行积极引导，排除其心理障碍，进而促进其心理健康发展。❶

个别心理咨询的内容涉及多个方面，具体包括新生的适应问题、学习辅导、人际关系、情绪性格、就业择业、恋爱问题等。个别心理咨询主要采取一对一的形式，在充分尊重学生个别差异的基础上，对学生进行有针对性的指导。要重点关注那些患有心理疾病或心理不健康的学生，保障他们的身心健康发展。

---

❶ 杨惠. 大学生心理健康教育：理论与实践［M］. 武汉：华中科技大学出版社，2022：54.

（2）通过拓展性心理训练提升大学生的心理能力：20世纪90年代，拓展性心理训练传入中国，并引起国人的普遍关注。从本质上来讲，拓展性心理训练是一种体验式培训，参加训练的大学生能够在活动中获得个人的体验和感悟，然后在培训者的指导下，进行相互交流，分享个人体验，从而提高自我认识。拓展性心理训练不同于传统的以"教"为主的教育模式，重视学生在实践中获得认识，让学生在活动过程中不断提升自己，充分发挥自己的潜能，培养其创新精神和实践能力，进而形成优良的品格。

（3）通过心理普查了解大学生的心理健康状况：随着社会的快速发展，社会环境对大学生心理健康的影响越来越大，当然，这种影响既有积极的，也有消极的。相关调查显示，近年来大学生的心理健康情况越来越复杂和多变，把握大学生心理变化情况和心理健康状况对于心理健康教育工作的开展发挥着重要的作用，这就需要积极落实心理普查工作。

落实心理普查工作，要做到全面、规范、深入、灵活。首先，心理普查工作要面对全体大学生，积极争取不愿意参加心理普查的学生。其次，心理普查应采用规范的心理测量量表，心理咨询师结合心理谈话、学生谈话、教师和同学的访谈等方式，通过质性评价和量化评价相结合，得出比较客观的结果。再次，心理普查工作不应停留在表面的普查结果上，还应根据学生个体的特殊情况，作进一步的咨询、调查，帮助检查出问题的学生进行心理辅导。最后，根据学生的心理问题及恢复情况，对其进行灵活的指导。

（4）通过校园文化建设营造良好的校园心理环境：广播、学报、校刊、网站等媒体对大学生的健康成长起着潜移默化的作用。高校可以充分利用这些媒体向大学生宣传各种心理调节的方法，使大学生自觉关注自身的心理健康水平，并能够主动开展自主性的心理健康教育。

3. 完善心理健康教育工作队伍

大学生心理健康教育工作的开展，还需要建立一支以专业人员为主体的工作队伍，根据师生比例配备专职人员，并注重对心理健康教育工作人员进行业务培训。专职人员要进行定期的专业培训及督导，确保其能够准确了解和把握大学生心理发展的特点和规律。

除此之外，应在高校建立一个完善的心理健康教育组织系统。在心理健康咨询机构中，以学生政治辅导员、学生班主任等为联系纽带，建立班级心理健康联络组，及时发现学生的心理问题和心理疾病，并及时帮其进行解决，促进学生身心的健康发展。

4. 建立健全大学生心理危机干预机制

心理危机是指，人在遇到各种各样的应激事件，自己不能解决和处理时产生的一种严重的心理失衡状态。当个体无法利用个人的资源和应对机制解决面临的困难时，就会产生紧张、焦虑的情绪，如果这种情绪得不到及时地缓解和控制，就会导致个体出现心理问题。

危机既可以造成危险，也可能变成一种机遇。这主要是因为危机能驱动个体积极寻找机遇化险为夷，进而使自己获得健康成长。因此，建立健全大学生心理危机干预机制是十分必要的。

二、加强学校文化建设，丰富德育教育载体

（一）高校校园文化的深入解读

进入 21 世纪以来，我国高等教育已经实现了从精英教育向大众教育的转变，不断推进改革，高校校园文化的相关理论也发生了相应的变化。想要顺利实现高校校园文化的构建，首先应该对高校校园文化的内涵有一个较为系统的认识。

在高校建设过程中，校园文化受到了越来越多的重视，但对于校园文化的理解却是多种多样的。有人认为，校园文化就是学校内部举办的文体活动，就是学校的形象设计；也有人认为，校园文化就是高校利用人才优势创办报刊、论坛等，为全校师生员工创建一个文化园地。整体而言，校园文化是一种亚文化，是一定时期内高校在发展过程中形成的价值观念、群体意识、办学思想、管理理念和行为规范的一种综合体，它是高校发展的精神源泉。

高校本身与文化有紧密的联系。从高校与文化的关系出发，高校校园文化的含义主要可以从以下三个方面进行理解。

第一，从高校的本质来看，校园文化是一种长期积淀的结果。高校校园文化是一所学校在长期发展过程中逐步形成和确立的。它得到全体

管理者和师生、员工的认可和维护，并为全体成员所共同拥有的非物质特征的总和，是增强高校内部凝聚力和向心力意识形态的总括。

第二，从高校的功能来看，校园文化建设与社会发展具有密切的关系。校园文化建设主要是为社会创造一个和谐的成才环境，为提高国民素质创造良好的条件，为教育者和受教育者创造一个满意的空间，为社会的协调发展提供强大的人力支持。因此，校园文化具有显著的社会需要属性。

第三，从高校校园文化的构成来看，校园文化包括物质文化、制度文化和精神文化三个层次。物质文化是表层文化，它是可变的部分，决定着全体师生成员物质利益的多少；制度文化是中层文化，它反映了一定时期人们遵循行为规范的程度和高校管理制度的完善程度；精神文化是深层文化，是高校校园文化的精髓。在现代高等教育事业的发展进程中，教学手段创新、管理制度创新、人才培养模式创新等都是可以相互学习、模仿的，但是文化的精髓却是高校自身所独有的，它的作用是间接的，对一所高校的长远发展具有强大的推动力。

（二）高校校园文化的功能

优秀的校园文化在高校建设方面发挥着巨大的推动作用，能够有效地促进高校的发展。具体而言，高校校园文化的功能主要体现在以下五个方面。

1. 育人功能

育人功能是高校校园文化最基本的功能。高校校园文化凝聚着社会、民族文化的精华，是人类社会进步与发展的推动力量。这种特定的亚文化对全校师生成员的心理、思想和行为具有重要的影响。优秀的高校校园文化通过一定的文化氛围、精神环境，能够使生活在其中的每一个人受到教育和熏陶，进而起到净化人的精神和心灵的作用。

2. 导向功能

高校是一个开放的系统，聚集了各种思想、理论和观念等，这些多元化的思想、观念让学生感到耳目一新的同时，也常常让他们感到迷茫。而高校校园文化所具有的导向功能，尤其是软性规范，能够使群体价值观和行为方式对学生产生重要的影响，引导他们走出重重误区，抵制住各种消极的影响，进而向着社会所期望的方向发展，最终成为社会发展所需要的人才。另外，通过构建先进的高校校园文化，将全体师生成员的思想行为统一到高等教育的发展目标上来，并用教育的价值体系引导全体师生员工的思想行为，使之逐渐完成既定的目标。

3. 激励功能

高校校园文化是高校的精神支柱，它能够使全体师生成员意识到工作和学习的重要性，从而激发他们工作和学习的热情。另外，高校校园文化建设，一方面，能培养和提升高校员工的全面工作能力，增强他们的职业责任感和荣誉感，并以从事高等教育工作为荣；另一方面，能有效提升学生的自我管理能力、自主学习能力以及获取知识的能力，进而承担起相应的社会责任。可以说，高校校园文化对人们的思想和行为具有重要的激励功能，它能够使每个人的潜能得到最大限度的发挥。

4. 整合规范功能

在建立社会主义市场经济体制的过程中，在各种文化思想相互碰撞的条件下，高校校园文化能够发挥其选择、借鉴的优势，对世界上一切优秀的文化成果进行批判吸收，通过对它们进行科学的整合，创造出符合时代要求的优秀文化，营造出良好的文化氛围，避免学生受到社会上不良文化的影响。

5. 凝聚功能

高校校园文化能够使不同年龄、不同志趣、不同爱好的校园人聚在一起，形成一种向心力，使学校师生、员工之间形成一种相互尊重、相互信赖、相互理解的情感氛围，统一思想，统一行动，向着共同的目标努力，使学校各项工作始终处于最佳的运行状态，将"内耗"减少到最低限度，有效地促进高校管理的运行，从而形成一个适应社会发展要求的教育系统。

（三）加强学校校园文化建设的措施

加强校园文化建设，推进学校内涵式发展，是当前我们面临的一项重大任务。我们高举中国特色社会主义伟大旗帜，坚持党建带团建，以大学建设为契机，立足思想引领和学生素质拓展，全面实施校园文化精品工程，不断推进校园文化建设。着重从大学文化的三个层面加以推进。

1. 举办形式多样的社团活动，推进特色校园文化建设

坚持寓教于人活动，举办社团文化节系列活动，开展社团精品项目评优、一团一品等活动，继续坚持体育类、文化类、实践类、学术类四大类学生社团共同发展，展示各社团的精神风貌，锻炼社团成员自身能力。根据学生的兴趣爱好和需求，有效整合资源，强化特色，提升水平，注重内涵，丰富学生社团品牌项目建设的内涵，指导各社团向专业化、品牌化发展。

2. 开展学术活动，营造浓厚校园学术氛围

注重学风建设，开展富有内涵的专业型、学术型文化活动和讲座，如举办"自强之星"评选活动、金牌司仪大赛、才女名师论坛、新生征文和书画竞赛等活动，提高社团的学术研究性与趣味性，激发广大学生的创新实践精神和学术钻研意识，培养优秀的有理想、有追求的学生科技人才。

积极拓宽学术交流渠道，着重加强引导学生将创新性、实用性与社会现实性、时代责任感紧密结合，促进学生知识、能力、人格三位一体共同发展，推动学术创新与人文教育协调发展。为不断激发高校学生参与科技创新的热情，通过科研实践锻炼培育和提高学生的原始创新能力。

3. 紧扣学科特点，提高学生文化素养

坚持以文化育人、寓教于人活动为根本目的，重质量、树精品，充分结合德育、智育、美育，营造浓厚的学习氛围，积极开展一系列学科、技能竞赛活动，激发学生投入专业学习的热情，提高学生自主学习的意识。紧扣各学院专业特色，采用多元化举办形式，让学生了解专业知识，提升专业素质。

三、创新高校德育教学手段，提升德育课堂人性化程度

（一）切实加强思想政治理论课建设

1. 明确思想政治理论课教育目标

思想政治教育育人的理念是"以人为本"，一切从学生的利益和发

展出发。因此,需要明确两大目标:突出学生主体地位和适应学生成长规律。

(1)突出学生主体地位:高校的学生身心渐趋成熟,人格渐趋完善,个性也愈加分明。因此,高校的育人体系对于学生应更加注重人性化、成人化培养。

为突出学生的主体意识,第一,应鼓励他们自尊自爱、自立自强。其中,自立自强又是自尊自爱的基础。所以,无论是组织学生成立自治组织,如宿管会,实现自我管理、自我规约、自我服务等;还是鼓励他们通过勤工俭学尽早实现经济独立,都是以自立自强为培养方向。德国教育家洪堡提到,教育不应是教人去适应传统世界,而是培养自我决断的能力;不应以知识和技能为先,而应以理解力、适应力和自学力为培养目的。通过"授人以渔"令他们在应对未知、多变的局势时能够自主抉择,不致迷失方向。第二,尊重学生的主体性还在于尊重他们的个性差异。在育人中,无论是引导学生根据兴趣爱好去创新创业,还是在多人项目团队中打造民主氛围,让他们敢于发表个人意见,并对个人的言行负责,都是包容个体差异,获得多元互补的效果。只有尊重他们的个性,才能激发他们最大的主观能动性,发挥出最大的潜力。第三,对学生主体的关怀还在于建立和谐的师生关系。师生在实践中互相信赖、互帮互助,缩小了距离,让学生感受被尊重和关心的同时,也能更清楚地分辨自己想要效法的对象和道路,让榜样成为强大的精神力量。社会前辈优良的工作习惯或职业操守能帮助他们树立正确的社会观和道德观,或许会成为他们终生的指引。

尊重学生的主体性,把学生当作成人一样对待、信赖,有利于提高他们的自信心和责任心,意识到自己是社会的一份子,有能力去改造自然、改造社会。

(2)适应学生成长规律:高校道德教育育人体系的目标体系和内容体系应当分层次、分阶段,以适应不同阶段学生的特点和接受程度。

为了帮助高校的学生更好地过渡到社会,高校在育人体系上要按年级做出不同的调整。按照学生的成长规律和需要,制订阶段性的培养任务,在整个大学时期循序渐进却又不间断地达成育人目标。此外,还要根据不同水平和适应性的学生采取不同的培育计划,如从合格公民,到特长人才,再到领军人物。

2. 高度重视思想政治理论课程建设

要从国家发展和民族未来的战略高度，充分认识加强和改进大学生思想政治理论课程的重要性和必要性，进一步增强紧迫感、责任感。要充分认识到政治理论是社会主义大学本质的体现，是对学生进行思想政治教育的主要途径。因此，高校要高度重视，把这项工作作为办好社会主义大学的一项重要政治任务，切实抓出成效。

3. 明确思想政治理论课程建设的任务

当前和今后一个时期，全球对思想政治理论学科建设的需求正在发展，用马克思主义武装大学生，保持课程的准确方向，形成比较完整的学术体系和课程体系，不断完善教育内容、教育形式和方法等教育教学的目的性，教育教学的目的性将不断加强有效的表现力、说服力和感染力。加强定位和组织，面向思想政治理论专题建设和发展，解决各学校思想政治理论专题建设的难点，维护各学校思想政治理论专题建设的利益。

要组织力量对思想政治理论课程建设中的有关问题进行深入调研并提出具体方案。特别在教学科研组织机构、学科建设、师资队伍建设、课程建设、教学改革、条件保障等方面要认真研究，以形成学校的具体实施意见。

4. 增强思想政治理论课程建设的信心

高校要坚定改进和做好思想政治理论课建设工作的信心。这种信心主要来自两个方面：一是高校有很好的工作基础。例如，多年来，笔者所在高校十分重视大学生思想政治理论课程的教育教学工作，人文学院的领导和广大教师紧密结合学校的实际积极探索，积累了许多宝贵的经验，为下一步高校进一步改进和加强这项工作奠定了坚实的基础。二是大学生精神面貌非常好，思想主流积极、健康向上，因此，高校有信心把这项工作做好。

5. 突出思想政治理论课程建设的重点

要做好这一点，高校要在以下三个方面抓好落实，开展工作。

（1）在思想政治理论课教师队伍建设上狠下功夫：这是问题的关键。从学校的情况来看，无论从教师的数量上、素质上，还是从教学科研的组织上，存在与上级的要求和面临的形势任务不相适应，离学生的需求也有很大的差距的情况。所以，一定要加大措施，建设一支高素质的思想政治理论课程教师队伍。只有抓好这个问题，教材、教法、学科等一系列问题才能更好地予以解决。

（2）在贴近实际、注重实效上狠下功夫：主要是贴近实际、贴近生活、贴近学生。突出针对性和时代感，增强实效性和感染力，特别是在开放的环境下，在网络信息技术快速发展的背景下，我们面临很大的挑战，不论是教师，还是学生，都要认真地思考和研究这个问题，探索出好的形式和办法，切实做到贴近实际、注重实效。

（3）在做好日常思想政治工作上狠下功夫：在抓好思想政治理论课这个主课堂、主渠道的同时，进一步加强日常思想政治工作这一主阵地建设，真正做到课堂内外互动、线上线下同步，进一步形成加强和改进思想政治理论课程的工作合力和良好氛围。

总之，做好学校思想政治理论课程建设工作责任重大，任务艰巨，使命光荣。高校要以高度的政治责任感，以改革创新的精神和求真务实的工作作风，开创高校思想政治理论课建设新局面，为培养中国特色社会主义事业的合格建设者和接班人做出更大的贡献！

（二）发挥共青团组织优势，推动共青团工作发展

以习近平新时代中国特色社会主义思想和党的二十大精神为指导，以围绕中心、服务大局为工作主线，发挥团组织的自身优势，引导青年勤于学习，善于创造、甘于奉献，在社会各方面发挥"生力军"作用，团结和带领团员开展共青团的各项工作，不断提高共青团的吸引力和凝聚力，扩大共青团的工作有效覆盖面，推动共青团工作创新发展。

1. 开展系列活动，引领青年思想

认真学习习近平新时代中国特色社会主义思想，教育引导团员找准新时代历史方位，在团员青年中深入开展思想政治教育活动，加强广大团员青年的思想道德建设。

2. 完善机构建设，做好团务工作

2020年12月，团中央正式发布《中国共产主义青年团团员教育管理工作条例（试行）》。为推动条例实施，共青团中央基层建设部结合条例和有关制度规定推出系列工作问答，指导基层团组织开展工作、方便团员学习掌握。

高校充分发挥团校的核心作用，按照团工作的新形势、新任务、新要求等，加强对学生干部的综合素质和整体实力的培训，进一步构建高效的学生干部队伍。以提高基层团组织服务能力为核心，着力建设、健全适合各基层组织需要的组织体系。

3. 积极做好团建工作，深入开展创优争先活动

高校要坚持党建带团建，积极做好以下几个方面的工作：

（1）做好团员团籍团证管理、团费收取、完善团员档案管理、规范团组织生活及筹备开展团日设计活动等团建工作，继续做好团员的教育管理工作，不断加强学生干部的组织建设和思想建设。

（2）为树立典型、表彰先进，坚持深入开展创优争先活动，通过"优秀团员""优秀团干部"的评选，激发广大共青团员的积极性和创造性，促进团员青年健康成长，全面提高学校团员干部的综合素质。

（3）开展团务检查，夯实学校团建工作，推动学校团员发展和教育管理工作规范化、常态化和长效化。

（三）开展志愿者行动，增强学生奉献精神

1. 强化品牌建设，创新活动形式

大学生在思想道德素质层面上具有天然的优势，在志愿服务中具有特有的活力，我们应当发挥好青年学生在志愿服务领域的正能量作用，加强学生志愿服务的组织化、规范化、品牌化建设，将志愿服务作为大学生思想政治教育的生动教育载体。

2. 注重知行合一，实践检验真理

实践活动既是一个自我锻炼的机会，又是一个服务社会的窗口，当代学生用无限的动力，为当地社会的经济、文化发展出谋划策，更好地

塑造一批德、智、体、美、劳全面发展的社会主义事业的接班人。

四、完善高校德育教学评价体系，做好德育教学总结与反思

（一）制订评价体系

评价体系是高校德育教学中重要的总结和反思部分。一方面，它是对育人目标的验证；另一方面，它是对育人效果的归纳。目标体系和制度体系比较理论和抽象，相对来说评价体系更具有可操作性。评价体系具有可测定、可比对、可核验的特征，对德育的效果有一个系统化的衡量，可作为进一步改进和调整的参考依据。此外，评价体系也是对德育主体、客体各方的一个约束和鞭策，是推动德育工作的客观动力。因此，评价体系是结合主体的需要和利益，以及客体的性质和规律而设计的，是必不可少的验收环节和反馈环节。

评价规则的制订既要反映德育工作的总目标，又要符合学生的发展规律。从考察对象来说，高校德育教学的评价体系要考察学生学习态度、学习团队构建、教学内容落实和德育效果等方面；从考察指标来说，除了知识能力外，还考察思想素质、政治素质、道德素质、心理素质等。这里以考察对象为切入点，谈谈评价体系如何制订。

第一，学习态度。学习态度就是对学习的重视程度，属于情感价值观的考察范畴，包括是否坚持科学社会主义观念的领导，是否积极主动参与相关学习活动，是否积极应对学习中遇到的问题和困难，是否在学习过程中提高了对自我的认识，是否愿意了解社会、服务社会等。对学生学习态度的重视有两点原因，一是看他们是否意识到理论和实践的差距，以及对此做出弥补、适应或抉择，坚持学以致用、以用带学的方向。二是看他们是否学会将个人价值与社会价值协调统一，担起社会责任，做出社会贡献，投身于中国特色社会主义建设。思想指导行为，不只对眼下的实践活动，而且对学生今后的学习习惯有辐射作用，因此应当列为评价体系中的第一考察对象。

第二，学习团队。学习团队（学习小组）即德育教学活动的主体，包括学生、指导教师、校方和校外支持机构。主要考察他们是否形成了一个团结、高效的组织，面对任务是否各尽其责、齐心协力，面对问题是否积极磋商讨论，以和谐、向上的心理状态和组织关系在教学及学习

过程中形成合力的效果。对学习团队（学习小组）的评价和反思是为了优化队伍的配置，从组织的角度为实践工作的运转提供保障。

第三，教学内容落实。教学实施环节是德育教学工作的关键，是得出德育效果的前提。对于学生，要看德育教学活动的覆盖面和参与频率；对于教师，要看教学活动的组织情况和全程指导、跟进情况；对于校方和校外合作基地，要看对德育教学活动的支持和配合情况。这是一般最容易出问题的环节，能真正反映出师生、合作方对德育工作的积极性和响应力度，是进行其他维度，如态度、组织、成效的评估的客观依据。应当对这个评价环节给予足够的重视。

第四，德育效果。高校德育教学的效果包含很多方面，有价值观的培养，优秀意志品质的培养，分析问题和解决问题能力的培养，职业能力的训练，对社会民情的体察感悟等。从企业和社区的角度来说，还有作为职业型、管理型和服务型储备人才的积累。

德育教学的评价体系目前在形式上以主观意见为主、客观依据为辅。评价者根据一定的原则给出评语，通常只有对学生的评价，评价标准普遍单一，还有待各方进一步探究更加科学的评价方法。

（二）改革评价体系

由于高校的德育工作种类多样，涉及多个部门和主体，具有复杂性，必须建立一套科学有效的考评体系。这对参与各方的激励程度，对实践育人工作开展的顺利程度，对其未来的延续和发展有着重要意义。

1. 学生体验性评价

首先学生是德育的最大主体。学生的成长发展是德育教学的出发点和落脚点，一切德育工作的部署安排都是围绕学生展开。德育教学的评价要同时考查学生的体验过程和结果两个方面，缺一不可。学生的综合素质包括知识储备、学习能力、技能所长、感悟体验等，只有在主动学习中才能展现、应用和提升。对学生本人来说，它是完善自我、适应社会、感知和改造客观世界的条件；对学校来说，则体现了一所大学的教学质量和水平。对综合素质的考查可以分为思想政治素质、道德素质、学业成绩、创新能力、合作能力、实践能力等多项。高校应当把学生的学习过程情况和实际效果纳入评价系统。

学生评价应具备科学性和可操作性，在形式上可分为定量评价和定性评价。学生是整个德育教学活动结果的承担者，因此，德育活动的核心应在于是否满足学生的训练需求，学生是否有收获。

2. 教师指导性评价

教师是德育教学的领导者和指导者。德育教学是一个教与学不断增进的过程，学生成长的同时，教师也在不断地总结进步。为提高教师的教学水平，需从学生、同行、企业和社会等角度获得对教师指导的反馈，至少有定性评价。其中，师生互评系统对于提升双方的信任感，以及对教与学的责任感非常关键。对教学的评价可包括教学内容真实与否、教学效果好坏与否、教学重视程度等多个项目。此外，需要建立与评价机制相适应的激励机制。例如，将教学评价结果与调薪、评职称、晋升等挂钩，充分调动教师对实践育人的积极性。

3. 学校综合性评价

学校是德育教学工作的基础环境和条件，也是总体统筹规划决策层。一般来说，"机制建设是实现从惯性到规范转变的重要途径"，因此应当将德育模块纳入高校的教学质量考评。通过将教学工作目标和考核目标统一起来，来保证高校对德育的执行力度和效度。具体分为以下三个评估指标：

（1）育人目标：在目标上，要将德育目标归入高等教育的总体培育目标。在评估目标的设计上重点突出学生的道德素养，以符合提升学生综合素质和应用水平的全局性目标。

（2）育人思想：要提德育教学思想在高等教育思想中的地位，提升师生、学校、社会各方的重视程度，还建议将德育效果纳入企事业单位、政府相关部门的业绩考核体系中。其中，学校和企事业单位能构成一种有机的协作、互评关系。通过内外环境的合力方能真正提高德育教学的思想地位，使之成为各方认可的培养人才、服务社会、提升教研质量的必要手段。

（3）育人资源：德育教学资源分为学科建设和基础设施建设。学科建设包括学科设置、学分设置和教学时长设置等方面；基础设施建设包含基地平台建设、经费投入、师资人数，以及上述指标的人均占有率等。

（三）完善评价体系

高校德育教学的评价体系尚处于探索阶段。长久以来，关于高校大学生德育效果的评价存在笼统抽象的积弊。评价不够具体、有针对性，导致学生的成绩相近，付出和回报不能得到全面的展现，令评价结果缺乏权威性和公信力。然而，评价结果不尽人意不全是由于功利主义或形式主义的习惯，根源还在于评价体系不健全。评价体系的健全包括评价指标的独立性和关联性，评价内容的系统性和全面性，以及评价方法的过程性和有效性。将从以下四个方面来谈谈健全评价体系的措施。

1. 明确评价目标

高校思想政治教育的实效性，是在教育影响力"生成—接受—内化—体现—评估"这一系列过程之后才看出来的。那么对实效性的实际评价分学生和老师两个角度考查：学生是否按要求完成了学习任务，接纳了教师的指导内容，并内化为自己的行为准则；教师是否根据学生的性格和发展特点，按照德育教学的阶段性、连续性规律有计划、有重点地对学生加以指导。

2. 规范评价组织

评价组织包括评价的主体和客体。客体即上述参与教与学全过程的教师和学生。但是实际评价时，又细分为不同的具体指标。

评价主体较为丰富。学生的评测由辅导员、教务员、指导教师和团队成员共同完成；教师的评测由学校负责实践工作的部门主管、担任导师的同事和所带团队的学生来完成；各院系的整体德育教学工作则由德育总负责人、各职能部门和思想政治教研部的教师代表来考核。如有条件还应邀请社会实践基地的相关负责人也对上述三方，尤其是对学生群体，做出评价。

3. 细化评价指标

为提升评价质量和效率，应对评价指标作细致规定。这里分别对教师评价和学生评价拟建一套指标，以供参考。

教师评价分为4个一级指标和多个二级指标。其中一级指标为实践活动的前期准备、组织管理过程、活动效果和活动评价。二级指标包括教学计划、教学能力和学生反馈等多个方面。

学生评价分为3个一级指标、7个二级指标和多个三级指标。主要从学习规划、学习态度、学习能力、学习成果等方面来制订。这里说的学生评价体系是较为普适的一套指标，实际上应当分别为不同年级各制订一套。这样，对于不同年龄层次和不同水平层次的学生更有针对性。高校德育教学的考核向来难度较大，指标的细化可以让评价更为客观、更为具体、更为规范，对评价更有参考意义，对德育教学活动的实施也更有指导意义。

4. 完善评价方法

旧有的评价方式以定性评价为主，较为主观、单一。以下建议从三个角度对评价方法进行调整。

（1）结合定性评价与定量评价：定性评价的优点为对实践主体的态度、表现、细节等给出动态的反映，较有激励意义；缺点在于主观模糊，多数时候难以呈现评价对象的具体差异，导致对自身的实践表现认识不足。定量评价通过精确指标的衡量，将实践表现量化，呈现更直观，也更具可操作性。为了进一步保证评价的公正性、权威性，定量评价部分应尽量减少主观性指标，而定性评价部分将定量评价中未反映出的地方进行补充或强调，使二者相得益彰。

（2）结合过程评价与最终评价：由于德育教学体系注重的是学生的实践参与和应用，而这些并不能单独从终结性评价中反映出来。所以应该对学习的过程和学生思想品德的发展情况作形成性评价，与最终的理论性评价结合起来。由于学生的学习能力和认知方式各异，采用过程性评价也是对其不同个性的尊重和鼓励。德育教学活动可能随着时代变化而改变模式或要求，那么形成性评价也应根据新时代的要求适当调整指标，确保较好地跟进学生的思想动态和潜力开发。

（3）增加追踪评价：德育教学活动的效果分为短期影响和长远影响，短期影响即学生毕业后是否积极融入社会、为社会做出贡献。长远影响是德育教学的根本目标，因为育人体系的成效具有时间滞后性，相应的评价体系也应当具有延期性。此外，由于社会形势和高等教育体制在变化，学生在校期间的德育相关学习和进入社会后的有相当的差距，追踪评价能较好地把握学生离校后的动态发展。这在硬件条件上，要求学校完善网络人才库系统，加强与实践基地和单位的沟通联系，对毕业生的思想政治素养、分析和解决问题的能力、专业应用能力等作追踪考察，同时这也是对高校德育体系的长效程度作一个评估和反馈。

第四章　提升智育水平，增强学生内驱力

第一节　确立高校智育的总体目标

从人的全面发展来看，智育是人发展不可或缺的部分；在我国的教育实践中，这一部分历来也是非常受重视的。新时期国家教育政策中对德、智、体、美、劳全面发展的"五育并举"教育方针的再次强调，也赋予了智育新的意义与使命。

具体来说，智育的目标可以分为以下三个层次：

在知识层面上，智育的目标是使学生掌握基础知识和基本技能。具体而言，包括数学、物理、化学、生物等学科的基础知识和基本技能。同时，也需要掌握一些基本的计算机和网络知识。这些知识和技能的掌握可以为学生今后的学习和工作打下坚实的基础。

在认知层面上，智育的目标是发展学生的智力，包括观察力、注意力、记忆力、思维力、想象力等方面的智力发展，以及发现问题、分析问题、解决问题的能力，特别是创造性解决问题的能力。此外，智育还要培养学生的创新精神和实践能力，鼓励学生在学习中发现问题、解决问题、提出创新性的想法和方法，并付诸实践。

在情感层面上，智育的目标是使学生养成良好的学习习惯和学习态度。具体而言，包括学生的自觉性、主动性、独立性、探究性和合作性等。良好的学习习惯和学习态度可以帮助学生更好地发挥自己的潜力，提高学习效果。

综上所述，智育的目标是多层次的，包括知识、认知和情感等方面的目标。只有全面地实现这些目标，才能更好地促进学生的全面发展，

提高教育质量。

第二节　创新高校教学模式

随着社会的快速发展和科技的普及应用，高校教育也面临不断改革和创新的压力。传统的教学模式已经不能满足学生的需求和未来社会的要求，因此创新教学模式应运而生。下面将探讨高校教育中的创新教学模式，并分析其优势和挑战。

一、项目式学习

项目式学习是一种基于实际问题的学习方法，通过让学生参与真实项目，探究与解决具体问题，培养他们的实践能力和综合素质以及沟通、合作和解决问题的能力等。高校可采用项目式学习模式开设跨学科课程或实践课程，给学生提供实践的机会，培养他们的创新思维和实践能力。

二、翻转课堂

翻转课堂是一种以学生为中心的教学模式，将传统的"师授生听"转变为"师生互动"。教师提前录制课程内容，并要求学生在课前自学，在课堂上与教师和其他同学进行互动和讨论。这种模式可以提高学生的学习效果和参与度，激发他们的学习兴趣和主动性。在翻转课堂中，学生不仅可以在课堂上解决实际问题，还可以更深入地理解和掌握知识。

三、远程教育

远程教育是指通过信息技术手段实现师生分离、时空自由的教学模式。高校可以利用网络平台或在线教育平台开设远程教育课程，为学生提供灵活的学习方式。远程教育可以打破地域限制，使更多的人有机会接受高等教育，促进教育资源的共享和均衡发展。然而，远程教育也面临教学质量难以保证和师生互动不足的问题，需要不断完善和改进。

四、虚拟实践教学

虚拟实践教学是一种通过虚拟现实技术模拟真实场景和实践环境的

教学模式。通过虚拟实践教学，学生可以身临其境地进行实践操作和模拟实验，提高他们的实践能力和创新思维。虚拟实践教学可以节省实验材料和设备的成本，为学生提供更加安全、更加便捷和更加经济的实践机会。然而，虚拟实践教学仍面临技术设备投入不足和教师培训不到位的问题，需要高校提供相应的资源和支持。

五、问题驱动学习

问题驱动学习是一种以问题为导向的学习模式，通过提出现实生活中的问题激发学生学习的内在动机。学生在解决问题的过程中通过主动探究知识和学习技能，发展批判性思维和解决问题的能力。在问题驱动学习中，学生的学习将更加贴近实际需求和社会需求。高校可以通过设计问题驱动的学习任务和课程，引导学生积极参与学习和思考，培养他们的创新意识和实践能力。

总之，高校教育中的创新教学模式对于提高学生的综合素质和创新能力至关重要。项目式学习、翻转课堂、远程教育、虚拟实践教学和问题驱动学习都是创新教学模式的代表，它们在激发学生学习兴趣、提高学习效果和培养创新精神方面发挥着重要的作用。然而，创新教学模式的实施还需要高校提供相应的教学资源和支持，同时也需要教师有相应的培训和指导，才能取得良好的教学效果。进一步探索和应用创新教学模式，可以不断提升高校教育质量，促进学生全面发展。

第三节 创设高校教学环境

教学环境是教学的客观条件，积极的教学环境有利于激发学生的学习兴趣和求知欲，使学生集中精力和注意力，提高学习效率。

一、创设高校教学物理环境

（一）高校教学物理环境的功能

在高校中，良好的教学物理环境有利于建立良好的师生关系、促进学生的全面发展、运用灵活、多样的教学手段和教学方法、营造积极的教学心理环境和采取综合个性化的教学组织形式。良好教学环境不仅能减少学生分心,而且能增进学生的安全感、改善他们的舒适度、激发他们的学习兴趣。

1. 保障安全,增强心理安全感

通常,高校可以为大学生提供一个适宜的环境以保障其身体安全,但很少考虑这种环境是否对学生的心理安全有利。这里所说的心理安全,是指大学生对学校环境的主观感受,这在一定程度上会对学生的学习产生影响。

通过呈现明快、暖色调的风格和多样的质地,如木质等,将高校教室变得更加"柔和",对于创造舒适、安全的教学环境是非常有帮助的;也可以将教室的空间安排得更加合理,降低学生可能受到的干扰因素,以此来提高学生的心理安全感。如果教室环境过于拥挤,学生就无法高度集中精神听从教师的指导,同时这种环境也更加容易增加学生的心理压力,产生不良的心理反应,如情绪低落、烦躁不安、缺乏自我控制或囿于自己的心理世界等。另外,宽敞、明亮的教室格局以及积极、简洁的教室室内布置,能够增加学生积极的情绪和情感体验。

相关研究表明,浅红色和深黄色容易使学生情绪激动;浅蓝色和浅绿色则容易使学生心情保持平静。

2. 有助于师生之间的交流

学习应是"自主、合作、探究"式的学习,也就是说,教学活动要尊重学生的主体地位,发挥学生的自主性,强调对学生合作能力的培养,锻炼学生发现问题、分析问题、解决问题的能力。这就要求高校教学中的各方面都要与之相适应。良好的教学物理环境应该通过合理的教室结构布局,以及灵活的教学设施布置,如图书资料、桌椅板凳的摆放等,将以学生为本的价值取向和教学理念充分体现出来,为师生之间的交流和学生之间的合作建立一个良好的平台。

3. 促进学生的认知学习行为的发生、发展

相关研究证明,要想顺利地开展智力活动,就要有适当的物理环境作为保障,如合适的颜色、光线强度和环境温度等。若环境中的光线过于强烈,就容易使人感到烦躁,甚至头晕;若环境中的光线太弱,就

不能够对大脑产生足够的刺激，影响智力活动的正常进行。如果教室内的光线过强或闪烁频率过高，则会严重危害学生的大脑发育，使学生头痛、恶心，严重者甚至会产生幻觉。

实验表明，20~25℃是最适合学生进行智力活动的教室温度，每增加1℃，就会相应地降低学生2%的学习能力，若教室内的温度超过30℃，就会使学生的大脑消耗明显增加，大大降低学生的智力活动水平、减少活动持续的时间。所以，保持适宜的环境温度，能够有效地提高大脑解决问题和处理信息的能力。

综上所述，教学物理环境能够对学生的学习行为产生直接或间接的影响。通过改善各方面的条件，创设良好的高校教学物理环境，有助于学生认知活动的顺利开展，提高学生的智力活动水平，延长智力活动的持续时间，从而对学生的成长和发展起到促进作用。

（二）创设高校教学物理环境的原则

1. 将学生的全面发展作为根本出发点

作为学生学习和掌握知识的地方，学校更应重视学生的成长与发展。除了让学生掌握相应的知识外，更重要的是让学生心理健康、健全人格、学习能力、适应能力、独立思考能力、独立做事的能力和合作能力等多方面的综合素质得到有效的发展和提高。

2. 服务教学原则

高校教学物理环境存在的根本指向和意义就是为教学服务，它是为教学提供必要支持的系统。所以，学校中的自然环境，教室的布局与位置、教室室内的布局结构、教室中座位的编排方式、配备的教室设备等，这些都是服务于具有特定目的的教学，从而更好地实现教学目标。

良好的、健康的、积极的教学环境能够为教学提供最为基本的物质基础，同时它也是生成有效的、有意义的课堂教学的基本生长点。所以，创设教学物理环境时，要始终坚持服务教学原则。

此外，在进行高校教学物理环境创设时，还要掌握好"度"，在创设良好教学物理环境的过程中，要注意避免出现"形象工程""喧宾夺主""华而不实"等问题。

3. 个性化原则

所有学校的共同理想和心愿就是打造和培育独特的学校文化，以形成学校自身个性化的教学理念。而学校教学物理环境和物质环境的营造与创设是对学校文化与教育教学理念最为直接的体现。

一所学校的精神要旨可以通过这所学校的文化体现出来，学校文化能够在学校的方方面面得到体现，同时会对学校基本的运作管理行为模式和学校师生的共同行为表现产生影响。很明显，学校文化的最为明显的表征是校园环境（包括教学物理环境），这也是组成学校文化的重要有机部分。从宏观上看，教学物理环境会对整个校园形成的精神气质产生间接影响；从微观上看，教学物理环境会对学生的学习效果和学习质量产生直接影响。

二、创设高校教学心理环境

作为一个完整的系统，高校教学活动主要是通过教师、学生与环境之间的作用互相影响而不断地进行生成和变化的。作为教学中一个个独立的个体，在教学活动的参与过程中，教师和学生具有非常独特而又鲜明的情感和思想，他们通过相互之间动态的对话、交流和沟通，从而组成了一个丰富多彩的教学活动。所以，良好的、适切的教学环境的营造，有助于提高教学的质量。

实验研究表明，高校教学心理环境是否愉悦会对学生的学习效果产生较大的影响，并且会间接地向教师进行反馈，从而对教师的教学行为和心理态度产生影响。良好的教学心理环境，在实现教学目标，建立和谐师生关系，提高学生的学习动机和学习效率，增强学生学习动力等方面有着非常重要的推动作用。

（一）积极的高校教学心理环境的外在特征及其功能

高校教学心理环境根据教师和学生的行为模式、心理趋向，以及师生关系的和谐程度、师生之间的互动状态等，可分为对抗的、消极的、积极的三种基本类型。这三种不同的教学心理环境有不同的特征，对教学效果、教学管理、教学组织等有不同的影响和作用。

对抗的教学心理环境，其外部特征主要表现为：课堂教学氛围失去控制，学生故意捣乱、随意插嘴、各行其是、过度兴奋等，注意力完全没有放在学习内容方面，教学转变为对秩序的维持；师生之间不能进行有效的互动；教师缺乏有效控制和调节学生的行为。

消极的教学心理环境，其外部特征主要表现为：学生反应迟钝、心不在焉、拘谨、紧张，被动地服从或无视、排斥教师的教学活动；对学生的行为，教师缺乏积极的回应；师生之间处于割裂、分离的状态，缺乏相互信任和有效的互动。

积极的教学心理环境，其外部特征及其功能主要表现在以下几个方面。

1. 自主性

自主性是指学生在教学过程中处于主导地位，教师能够发挥主导作用，并且学生在拥有心理安全感的基础上能够获得一定的自主空间。就学生的角度来看，自主性主要表现为：自主人格带来的自主学习动机、自主学习行为和自主学习意识的实现，整个的学习过程都在学生已有水平和已有能力基础上的，能够满足自身需要，理解和把握教学情境之中的。

这种教学心理环境能够为教师和学生提供一个非常积极的交流机会，以及良好、和谐、畅通的交往氛围，大大地缩短了教师与学生之间的心理距离，这在一定程度上使学生更加乐意学习。也为真正地发挥教师的主导作用，启发、引导和鼓励学生的创造性思维，培养学生的创造能力提供了更大的可能。

2. 互动性

互动性是新型教学关系典型特征的直观体现，它是指在高校教学活动中，教师和学生情感、信息的交流与相互作用。情感态度的交流与互动，可以加深教师与学生之间的情感体验，使学生与教师之间的心灵沟通增加，加强学生对教师的信任，减少教学对抗，降低学生的过敏性焦虑，强化成就动机，最终使学生形成乐观、自信、健康、自尊的学习心态。知识信息的交流与互动，是对"教学相长"的充分体现，通过及时了解学生理解和掌握教学内容的程度和情况，以使教师对教学策略、教学方法和教学速度进行合理的调整。

3. 合作性

合作性是在班级授课情况下的群体活动的非常重要的特征，它是指班级成员之间相互支持、相互协作、共享的心理气氛。

相关研究表明，在合作性的学习环境中，课程知识会随之增加，资源的调配也会更加趋于合理，学生之间的支持和相互学习也会增多。由此可知，合作性的教学环境对提高学生的认知加工、推理策略等有着非常积极的意义。

需要注意的是，合作并不等于依赖，也不是要摒弃竞争，它侧重强调以群体为单位的竞争或合作式竞争，从而达到相互依存、相得益彰的目的。

4. 创造性

创造性是积极教学心理环境的重要特征之一，它主要是指鼓励、支持、启迪和包容教学活动中参与者勇于进行大胆想象、推理、判断，以及敢于表达的活跃开放的氛围。创造性课堂教学心理环境的形成，要依赖学生的心理自由感和心理安全感。随着教学创造性氛围的成熟和学生创造性思维的发展，它也会对学生的心理自由感和心理安全感产生作用，从而使教学环境变得更加成熟、稳定。创造性的教学氛围主要包括发散性思维，肯定、积极、鼓励的评价，激励创造的兴趣与习惯，有意识地组织创造性活动等。

5. 平等性

平等性是对积极教学心理环境下高校教师与学生交往方式的非常显著的特征，它是指教师和学生在教学活动中，无论是在人格还是在地位上都是平等的。在高校教学活动中，教师和学生之间的交往方式主要为服从、认同和同化三种不同水平的师生关系状况。

在服从水平的师生关系中，教师根据学校具体的规章制度，使学生对教师的安排无条件地服从，学生对教师的教育与指导完全听从，大多数情况下，教师的权威是不容挑战的，从而产生了教师进行灌输、学生被动接受的情况。

在认同水平的师生关系中，教师是凭借自身的人格魅力和学识赢得学生的尊重和认可。

在同化水平的师生关系中，教师与学生是处于平等的相互关系之中，教师支持和鼓励学生敢于挑战书本、挑战教材、挑战教师，从而形成民主协商、平等对话的师生关系，这为更好地发展学生的创造性思维和自主性意识提供了更大的可能。积极的教学心理环境能够使教师与学生的关系向着认同和同化的水平发展。反过来，教师与学生之间关系的发展与成熟，也能促进教学心理环境更加成熟、积极和稳定。

（二）营造积极的高校教学心理环境

高校教学心理环境受到诸多方面因素的影响，如高校教师与学生各自的自身因素、教学目标、教学方法与内容、教学的组织与评价，以及教师与学生，学生与学生之间的互动等。其中，高校教学活动的主要构成要素，如教学目标、教学方法与内容、教学组织形式与教学评价等，既是创设积极教学心理环境的前提，也是营造积极教学心理环境的基础。

1. 营造积极教学心理环境的原则

（1）建立正确的教师价值观，转变教师教育思想观念与态度：教师的行为是由教师的价值观来指导的。所以，教师要具有现代的教育观、教育质量观和学生观，要密切联系学生，引导和促进学生的自我发展。教师只有不断地提高自身的职业素养，进而建立正确的教师价值观，才能使教师的思想态度和观念得到转变，这样才能够形成良好的师生互动，从而营造出积极、健康的教学心理环境。

（2）转变教师教学行为，重塑教师教学风格：营造积极教学心理环境的关键是要逐渐形成尊重、谦和、民主、宽容、支持的教师行为模式，对教师教学风格进行重塑。从本质上来讲，教师的领导是一种教师与学生之间的相互作用，其目的就是促进学生的健康发展和进行有效的学习，从而使教育目标得以实现的一种行为。领导方式的不同，对教学心理环境和学习效果也会造成不同的影响。通常来说，教师的领导方式可以分为民主型、仁慈专断型、强硬专断型、放任自流型四种类型。这里仅对正面的、积极的民主型的教师领导行为作详细阐述。

民主型的教师领导行为，其特征主要表现为：教师和学生集体共同制定和作出相应的决定；在对集体不造成损害的前提下，教师更倾向对个别学生进行指导和帮助；教师最大限度地对集体活动给予鼓励，并作出客观的表现与批评。

对于民主型的教师领导来说，学生更加喜欢学习；喜欢与别人特别是和教师进行合作；学生具有较高的工作量和工作质量；学生也会相互之间进行鼓励，并独自承担一些责任；无论教师是否在课堂中，都不用担心需要维持学生良好的学习行为等。

民主型的教师领导方式与风格的形成，既能遵循营造积极教学心理环境的原则，同时对于促进教学整体的发展有非常重要的作用。

2. 营造积极教学心理环境的策略

（1）建立积极、恰当的教师期望：对于学生的发展来说，教师对学生的期望有非常重要的作用，从某种层次来说，教师的期望对学生的自我期望有决定性作用，并对学生的学习程度产生影响。

（2）加强师生之间的非语言交流，重视隐性课程的教育作用：在高校教学活动中，调动学生的积极性，激发和维持学生学习的积极性，在很大程度上都是依靠师生之间的非语言交流，这就要求教师要善于运用非语言的沟通方式来对教学心理环境进行营造。在教学活动中，教师自然、真诚、亲切的表情，除了可以使学生的对立情绪和紧张情绪得以消除或缓解外，学生能够亲身体感受到来自教师的爱护与关怀，并能够使学生对教师的依赖和尊敬从内心得以萌发和增强，使学生对教师的悦纳感和心理安全感得到增强。积极、良好的情绪可以改善学生对教学活动的态度，调动学生的积极性，同时有助于使学生的情绪得以调动。

（3）给予学生自主学习的空间和自由，鼓励学生自信、自强：积极教学心理环境的自主性和创造性是其两个重要的特征，学生的自主学习动机、自主学习的行为、自主学习的意识，以及对学生创造性能力的培养，都依赖于学生的自主学习空间、自由，以及自强、自信的心理品质。

（4）重视"鲶鱼效应"，调动学生学习的积极性和主动性：从群体心理学的角度来看，"鲶鱼效应"是指当充满活力和竞争力的个体加入群体中后，会使整个群体内部变得紧张，惰性也会得到相应的改变，从而使整个群体都充满活力的现象。在教学中，教师要善于培养、利用和发现这样比较活跃的"鲶鱼",从而使教学气氛变得活跃,调动全班学生的积极性。

(5) 及时给予学生有效的反馈:及时反馈除了包括对有形知识信息的反馈外,还包括师生之间的情感交流与反馈。这不仅有助于教师及时了解学生的学习状态,而且是教师关心和关注学生的重要体现。使学生感受到教师的重视和关注,这对于对学生学习的积极性进行维护,顺利开展教学互动,形成良好的师生关系等有非常重要的作用。

3. 需要注意的问题

(1) 关注学习困难学生:教学心理环境的营造是由教师和学生共同进行的。积极的教学心理环境,除了由教师的教学水平决定外,学生对教师的态度和认可也是其中较为重要的一个因素,特别是对学习困难学生的态度。这就要求教师需要充分关注学习困难的学生,并给予其期望,对这些学生的发展潜力进行挖掘。根据罗森塔尔效应,教师对学生的关注与期望对学生心理环境的变化有积极的影响,有助于学生学业成绩的不断提高。

(2) 避免对学生进行心理惩罚:心理惩罚是指教师通过采用语言或非语言行为,有意地对学生施加一定的心理压力,这种压力会对学生的心理造成伤害或导致心理压抑,并以此作为惩罚的一种教育方式。

在高校教学活动中,教师往往会对学生的言行举止采用言语形式进行消极强化的心理惩罚,以使学生在心理上产生恐惧、焦虑、紧张等情绪,对学生的心理造成伤害。教师在教学中有意或无意的非言语行为,如一个动作、一个眼神等,都有可能会对学生造成一定的变相的心理惩罚,从而造成教学氛围紧张、压抑,甚至是师生关系僵化。因此,教师在教学中要注意避免对学生进行心理惩罚。

三、优化高校教学环境

所谓高校教学环境的优化,实际上就是指依据某些特殊的要求,对整个高校教学环境中的诸多因素进行选择、分析、重组、控制与改善等,以保护或发挥教学环境之中的有利因素,同时抑制或消除各种不利因素,从而使教学环境达到最佳状态,最终促进师生的身心健康与教学活动的顺利进行。

(一)高校教学环境优化的重要依据

通常来说，高校教学环境的优化应重点考虑以下几个方面的要求。

1. 学校培养目标

学校培养目标具体、明确地规定了人才培养的各方面规格与具体质量要求。而这也是学校各项工作的出发点、落脚点与最终归宿。优化教学环境，这在一定意义上主要是为了更好地实现学校培养目标。对于教学目标的优化，不仅要以特定的培养目标作为依据，还必须体现出对学生培养目标的本质要求。

2. 学生的身心发展特点与规律

在进行学校环境的优化时，应尊重青少年学生的身心发展特征。这是优化教学环境的首先必须遵循的基本规律，同时也是判断教学环境良好与否的重要衡量标准之一。

3. 学校的实际情况

对于教学环境的优化，其实并没有一个十分绝对的标准或统一模式。教学环境的设计与优化要以校为本、扬长避短，从而突出自身的优势。只有充分考虑本校的实际情况与经济条件，才可能创建富有个性化的、健康和谐的教学环境。

(二)高校教学环境优化策略

在高校教学环境设计的基础上，如何进行教学环境的优化，必须思考两个问题：一是优化什么；二是如何优化。这两个问题是进行高校教学环境优化的关键。具体而言，我们应从以下几个方面入手。

1. 确定需要优化的高校教学环境因素

通过SWOT分析法，首先，对高校教学环境中存在的优势与劣势，面临的机遇与威胁进行全面分析；其次，找出高校教学环境中存在的问题；最后，依照问题的轻重缓急与影响程度确定需要优化的问题。

2. 制订高校教学环境优化的实施方案

在明确了高校教学环境中存在的问题后，就需要制订高校教学环境优化的具体方案。

3. 优化高校教学环境的方法

在进行高校教学环境的优化时，应树立以人为本与系统整体的观念、综合考虑各种环境因素，扬长避短、强化优势、转化劣势。

一般来说，优化高校教学环境主要有整体协调法、增强特性法、利用优势法、心理定式法、适应强化法、自控自理法等。在运用这些方法进行教学环境的优化时应注意以下几个方面的问题：

首先，教师必须对学生优化教学环境的活动进行一定的指导。

其次，教师应将良好学生集体的培养作为重点。良好的学生集体对学生个体的身心发展能够产生巨大的影响。这是由于学生良好的品行基本都是在集体环境中形成的。因此，可以通过培养健康、和谐的学生集体影响每一名学生。而这也是培养学生自控与自理环境能力的一个非常关键的途径。

再次，教师应给予学生充分的尊重和信任。

最后，教师还必须积极鼓励学生在建设与管理教学环境的活动中充分显示自己的才能，展现学生对美化环境的追求。

第四节　探索高校智育的其他路径

一、加强高校教育信息化数字资源建设，丰富学习资源

（一）数字教学资源的优势和缺憾

与传统的教学资源相比，基于计算机和网络的数字教学资源有其独特的优点。教学资源的类型多种多样，内容繁杂。传统的教学资源需要耗费大量的时间和精力来进行管理。而基于计算机技术，尤其是数据库技术的数字信息资源，在分类、存储、查询、输出时都可以做到有条不紊，高效优质。教学资源管理的高效性也为利用资源带来了方便和快捷。光盘和大容量硬盘的使用，让教学资源，尤其是教学素材的运用变

得更加方便。网络技术的运用克服了地域上的局限，使教学资源的传输更加便捷。运用各种软件制作的动画、视频剪辑等数字化教学资源，可以使教学中动态、直观的信息的使用量大大增加，这些动态演示在可控性方面也得到了极大的改善。但是，网络上的数字教学资源也存在一些问题。例如，网站地址的频繁变动，会造成信息链接的不稳定，信息内容保存时间过短；信息资源发布有很大的自由度和随意性，缺乏必要的质量监控和管理机制；信息检索准确度不高等。

（二）数字教学资源库的建设与管理

1. 数字教学资源存储的基本要求

在获取了大量的教学资源后，就需要对其进行分类存储。教学资源的存储必须满足存得上、找得到、读得出、信得过、用得起五方面的要求。

第一，存得上：就是要具备完备的资源收集提取策略。第二，找得到：要求对资源有科学的描述，为资源的提取提供方便。第三，读得出：对找到的数字资源，还要能够方便地将资源还原呈现出来。第四，信得过：让资源的托管者、资源的管理者和资源的使用者都确认系统是可信的。第五，用得起：教师在选择资源、建设系统时，应该考虑学校的经济实力，即必须保证能用得起这个系统。资源使用成本包括系统建设成本和运行维护成本。一般情况下，运行维护成本远远高于系统建设成本。它是影响系统能否持续运行的关键因素。

2. 数字教学资源库建设与开发的原则

在建设和开发数字教学资源库时，需要遵循以下原则：

（1）教学性原则：数字化教学资源库的建立不仅要满足教与学的需求，还要有助于解决各种问题，包括解决教学重点、难点、关键内容等。在安排学习进度、呈现教学信息时，不可忽视教与学的原理，应对其进行充分的考虑。

（2）开放性原则：对于教师和学生来说，数字化资源是教学素材，资源库中应该尽可能包含教师和学生参与制作的作品。

（3）层次性原则：应该把数字化教学资源进行分块管理，以便学习者自主选择需要的资源，满足各知识水平学习者的需求，将数字化教学资源的潜能最大限度地发挥出来。

3. 加强数字教学资源库管理

应该加强管理教学资源库的力度，避免教学资源流失、损毁等情况的发生，以更好地满足学习者的需求。教学资源具有的相关属性包括资源名称、编号、学科、专业、适用对象、关键字、存放位置等，为了更加方便地使用教学资源，我们应该建立相应的教学资源管理系统，将各属性分别记录在系统数据库中，在使用时可自动生成树形目录索引。教育资源库不断发展，截至目前，它已经成为具有多种建设模式和服务目标的资源库。❶

二、坚持学生管理原则，做好学生管理

（一）高校学生管理的基本原则

1. 方向性原则

在高校学生管理中，方向性原则是最为基本的一个原则。坚持方向性原则，与高校学生管理这项工作的社会属性有关，也是对以往管理工作的经验做出总结后得出的正确认识。高校学生管理要有一定的方向指引，对于人才培养的规格、方式和模式这些根本性问题，要有明确的认识。在我国，学校的主要目标是为我国社会主义现代化建设事业培养大批合格和可靠的建设者和接班人。这一目标是高校学生管理确定目标的参考依据。

高校学生管理贯彻方向性原则，就是使高校学生管理的目标与学校教育教学工作的总目标一致，要与党和国家在大政方针和法律法规中规定的有关教育目标、管理目标等相符合。只有坚持这一原则，才能保证高校学生管理工作沿着正确的轨道进行，才能有效促进学生的全面健康发展以及自我价值的实现。

坚持方向性原则需要注意以下几个方面：

第一，管理者要树立明确的政治意识。所处的社会不同，高校学生管理的目标体系、理念、方法等也会出现明显的差异。但一些学校无

---

❶ 刘晓林. 高校数字教学资源共享模式研究 [D]. 徐州：徐州师范大学，2011.

论是在理论方面还是在实践方面，都没有足够重视管理的政治意识和价值。一些管理者甚至没有高校学生管理的方向性意识。因此，为了坚持高校学生管理的正确方向，必须培养管理者的政治意识。

第二，制定合法的规章制度。高校学生管理要坚持正确的方向，就是在中国共产党的领导下，贯彻党的方针政策。这些方针政策在学校中，以各项制度的形式出现，与党的政治方向和价值取向一致。学校在制定相关的各类高校学生管理制度时，要与国家相关的教育法律法规相协调。合法的规章制度，往往融入了一定的政治方向，能够有效地指导管理的执行。

第三，根据时代和社会需求的变化，及时调整和改革高校学生管理的目标。高校学生管理坚持正确的方向，并不意味着仅在政治方向上的正确性，还要在实际的管理活动中能够充分地服务于党和国家的中心任务。随着时代的变化，党和国家的任务也会有所变化，对人才的要求也会有不同的认识。因此，高校学生管理要紧跟时代的步伐，依据实际情况改革管理目标，创新管理模式。

2. 发展性原则

高校学生管理的发展性原则主要是指，一方面，高校学生管理工作自身要不断地更新和发展；另一方面，要通过高校学生管理工作实现学生的全面发展。

高校学生管理工作自身需要不断地发展和完善。随着我国社会政治的发展、经济实力的增强、文化的不断丰富，社会生活瞬息万变，复杂而深刻，高校学生管理工作所面临的形势、所处的环境、所实施的对象、所需完成的任务都会有很大的改变。这就对管理的运行机制、模式、目标和方法提出新的要求，为此，高校学生管理应该及时调整自身的工作，以保障工作的实效性得以发挥。

通过高校学生管理工作促进学生的全面发展，一般需要注意以下三个方面的问题。

第一，具备发展的观念。很多管理活动都是在一定的思想指导下进行的，理念不同，管理方式和结果就会发生相应的变化。在传统的高校学生管理工作中，管理的出发点就是对学生的行为进行约束，重管理，轻观念。有的管理者往往以训诫、命令等强硬的制度或方式强制学生应该干什么，不应该干什么，不重视沟通的作用，使学生的自尊心、自信心受到严重的伤害和压抑，与学生的全面发展相左。而如今，坚持发展性原则亟须转变以往管理中不合理的观念，以学生的全面发展为基础，打破思维定式，以新的发展观念指导和设计管理的决策和计划。

第二，实现管理的不断创新。要促进学生的全面发展，管理自身应该不断地实现新陈代谢，以保证自身发展的活力，也就是要实行管理的创新。管理创新要为学生的全面发展服务，符合高校学生管理的一般规律和内在规律，开拓创新，在继承的基础上实现新的创造，开展富有创造性的工作，实现学生的成长成才。当前阶段下，高校学生管理工作中不断有新的问题冒出，对学生的思想造成了极大的困扰和迷惑，学生的思想观念出现多元化的倾向。如果墨守成规，仍然使用传统的管理方法，必然不可能解决今天的问题，无法适应现在的发展。因此，实现管理的创新应该成为当前高校学生管理工作的重要任务。

第三，合理安排学校资源的整体规划，形成合力，以更好地促进学生的发展。为此，学校要协调各管理部门之间的工作、活动和关系，加强彼此之间的沟通与联系，从而有利于组织内部的和谐统一，实现学校资源的优化配置，使管理对学生培养和教育的作用得到最大限度的发挥。

3. 自主性原则

高校学生管理的自主性原则，是指在高校学生管理中，高校学生管理者要提倡民主管理，促使学生从被动地接受管理转变为积极主动地参与管理，促使学生运用自己的聪明才智，自主解决自身的问题，实现自我管理。

之所以要坚持自主性原则，主要有两个方面的原因：一是学生主观能动性的发挥，有利于管理的实施，进而发挥管理的实效；二是学生希望能够进行自我管理，在高校学生管理中充分发挥自主性。

贯彻自主性原则，高校学生管理者需要注意以下几个方面的问题。

第一，唤醒学生的自主管理意识，充分照顾学生的自主需求；使学生体会自主管理的好处，享受自主管理的成果。

第二，为学生自主管理提供一定的平台。辅导员要充分"放权"，以班委会、团支部等学生组织为载体，为学生提供自主管理的平台，建立健全自主管理的运行机制,保证学生能够真正做到自主管理。

第三,指导学生进行自主管理。自主管理并不意味着放任自流,需要管理者的指导和帮助。具体来说,管理者要告诉学生工作的方向和目标,也就是要达到的效果;要制订好相应的标准,做好监督工作,关注学生工作的进展情况;要及时获得反馈信息,确保学生工作方向的正确性。

4.激励性原则

高校学生管理的激励性原则,是指管理者在实施高校学生管理工作中,要运用一定的激励手段或方式,引导学生的思想行为朝着预期的目标发展,使学生的积极性和创造性得到调动,从而最大限度地挖掘每个学生的潜能,最终实现管理的目标。坚持该原则有助于提高学生的学习能力,促进学生的全面发展。

在实施激励原则的过程中,管理者要根据学生的实际情况,满足学生的学习需要,激励学生的内在动力,有针对性地采取合适的手段或方式,最终获得激励的效果。为了更有效地贯彻、实施激励性原则,管理者需要充分注意以下三个方面的问题。

第一,采用正向的激励手段。学校在进行高校学生管理时,激励机制若运用得合理、科学,可以有效调动学生的能动性,引导其思想和行为朝着正确的方向前进。但是,激励应当以正向激励为主,正向激励可以从以下两个方面来实行:一是物质上的激励,主要是指财物方面的奖励和鼓励;二是精神上的鼓励,主要指表扬和赞许。正向的激励,可以产生巨大的正能量,使学生将外部的作用力转化为内在的奋斗精神,挖掘自身潜能,实现自身的不断发展和进步。

第二,树立榜样,发挥示范作用。榜样往往能够带动学生的效仿,使学生在学习和生活中,有一定的目标和方向可循。在高校学生管理中,要善于树立榜样,宣传和鼓励榜样,激励学生争相效仿。

第三,注重采取情感激发。情感,是人格发展的诱因,是青年追求美好生活的动力。❶

---

❶ 潘懋元.简评《高校育人新机制探索:情感、激励、嫁接三结合》[N].光明日报,2008-10-24(10).

5. 协调一致性原则

高校学生管理工作是一种复杂的管理活动，往往受诸多因素的影响。为了获得较好的效果，管理者应主动组织协调影响学生各方面的教育力量，互相配合，共同合作，步调一致地做好高校学生的管理工作。这就是高校学生管理的协调一致原则。

坚持高校学生管理的协调一致原则，管理者要重点做到以下两方面的要求：

第一，广泛地联系家庭、社会以及学校内部各方面的力量，使之密切合作，相互补充。家庭、社会和学校是影响学生成长的主要外部因素，管理者若能协调好这几个方面的因素，则能有效促进高校学生管理效果的达成。

第二，充分发挥教师集体的作用。高校学生管理与任课教师的密切配合是分不开的，因此，管理者应当努力促成一个团结一致的教师集体。

（二）高校学生管理的内容

高校学生管理的内容极多，总体上可以归纳为三个方面的内容，即学生的学业管理、心理健康管理和生活管理。

1. 学业管理

为了端正学生的学习态度，使学生形成积极主动的学习习惯，提高自学的能力，提高教学效率，促进学生的进步，有必要对学生的学业进行管理，以实现学生的协调发展。

在学生的学业管理中，最基本、最主要的是学籍管理。所谓学籍管理，即学校对在本学校进行学习的学生在各学期学习经历实行的管理。学籍管理涵盖了学生在教育机构的整个学习过程，从进入某一层次的学校进行学习开始，经过一段时期的学习，直到最后的毕业离校，都是学生学籍管理涉及的内容。具体则主要包括：学业成绩、肄业、毕业等方面的管理；学籍变动方面的管理；评估、奖惩等方面的管理等。

以下几个方面是学校要重点关注的学生学业管理内容。

（1）课堂学习方面：加强对学生课堂学习的常规管理，需要从以下三个方面着手进行。①抓好考勤，要让学生准时上课，规范请假办理手续，保障课堂学习的正常进行，使学生养成学习的好习惯。②指导和帮助学生在课堂学习中出现的问题，以提高学生的学习效率。例如，传授有效的学习方法，帮助学生养成主动学习、积极思考、善于发现的好习惯，并具备一定的创新意识和能力。③提供良好的课堂学习环境。从物质方面来说，要完善学习设备，在保障基本的教学用具的同时，增加现代化的教学媒体；从精神方面来说，要营造良好的课堂学习氛围，营造活跃的学术氛围。

（2）课外学习方面：在当前阶段，学校一般不提倡在课外给学生布置很多作业。因此，学生的学习，主要依赖自身的自觉性，在课外通过自己的钻研和探究来实现自身的发展。为了增强学生的课外学习，学校管理者可以组织开展各种各样的校园活动（如社团活动、各种比赛等），邀请著名的学者、专家来校进行演讲，发展学生的兴趣爱好与特长。这样不仅能够开阔学生的视野，活跃学生的思维，还能够给予学生更多的选择余地，让学生认清自己，发现自身的潜能，提高自身的综合素质。

（3）考核评价方面：在对学生的学业管理中，对学生的考核评价也是其中的必要环节。通过对学生进行考核评价，能够获得有关学生学习的反馈信息，这些信息能够很好地促进学生的进步。当然，考核评价也是检查学校教学效果的一种重要方法。

对学生进行考核评价的根本目的是促进学生的发展。因此，作为一种手段，考核评价应树立正确的指导思想，坚持以学生为本。考核评价方法，要具有发展性，保证方向的正确；考核评价的形式具有多样性。

根据考核评价结果，管理者还可以对优秀学生给予相应的奖励，激励学生不断发展自我，养成良好的学习习惯。不仅要奖励优秀者，还应当鼓励学习困难者再接再厉，不能一味地惩罚学业有困难的学生。

（4）学业档案方面：学生学业档案指的就是能够反映学生在学校学习活动中德、智、体诸多方面的发展状况的有价值的历史记录。它服务于学校的教育教学工作，并为人才的培养情况提供一定的参考。

在对学生的档案进行管理时，要从新生入学的这一刻开始，记录学生的基本信息和状况，及时归档、更新，为学生的毕业、升学，资格的认证等提供必要的参考资料。

2. 心理健康管理

健康不仅指身体健康，还包括心理健康。学生要获得全面发展，不能缺少良好的心理素质。

在当前复杂的社会背景下，学生的心理问题越来越多，也越来越凸显。归纳而言，学生的心理问题主要来自以下三个方面：

（1）学业方面：学业上的挫折会使学生滋生不良的情绪和消极的心理，甚至出现轻生的念头。

（2）生活方面：生活上的压力会使学生产生各种不良心理，如家庭困难致使学生出现自卑、嫉妒等心理。

（3）情感方面：情感上的失败往往给学生很大的打击，如失恋带来的悲观心理等。

如果对学生出现的心理问题不闻不问，不加重视，会酿成不堪设想的后果。因此，对学生的管理还要注重对学生心理的管理，使学生具备良好的心理状态。

对学生的心理管理主要有以下几个方面：一是学习辅导；二是生活辅导；三是升学与就业辅导。通过一定的心理辅导，帮助学生正确地认识自我，了解自己的优、劣势，让学生以积极的姿态去面对，保持良好的心态。

学校在心理健康管理方面，可以成立专业的咨询机构，聘用专业心理咨询人员，建立一支专业心理辅导队伍。在这方面，美国设有专门的心理辅导室，对学生的心理进行专门的辅导，心理辅导人员实行专任制，具备一定的认证资格，这一点值得我们借鉴。学生心理健康辅导体系的构建需要注意以下三个方面：

第一，学校领导要积极营造健康的学校氛围，充分挖掘学校的资源，建立专门的心理咨询或辅导机构，切实领导学生心理辅导的工作。

第二，加强心理辅导队伍的建设，一个学校至少应该配备一到两名专职的具备一定的心理咨询技巧的心理辅导工作者。

第三，还要对教师进行一定的心理培训，使他们具备基本的心理专业知识与心理辅导技能，充分发挥教师的作用，壮大心理辅导的队伍。

学生心理健康管理的方式、方法多种多样，如心理健康教育、心理网站等。心理治疗的方法有精神分疗法、认知疗法、森田疗法、游戏疗法等。近年来，焦点解决短期咨询方法兴起。焦点解决短期咨询法，是指对问题发生的原因不太深究，而是积极探求和发掘自身有效的资源，使问题在短期内得到解决的方法。❶这种方法使人们认为自己才是能够解决问题的力量，它相信人们拥有足够的资源与潜力来解决自身出现的心理问题。

焦点解决短期咨询法的任务，就是提供让人们发现自己身上正向资源的机会，找出改变自我的线索。咨询员只是起一定的引导作用，这一咨询方法改变了原来那种强调学生有心理问题的"病理化"导向，尤其适合学校的心理咨询。焦点解决短期咨询法的核心任务，就是通过一定的方式，帮助学生通过自身的努力，达成他所希望实现的目标和自己愿意发生的变化。在解决了学生的心理问题的同时，还可以让学生实现自我心理健康的管理，提高自身心理素质。

学生心理健康管理面向的群体不仅是存在心理问题的学生，还包括全体学生。针对有心理问题的学生，可以通过个案辅导，对其进行诊断、鉴别分析和干预，使学生走出心理阴影。

总之，学生心理辅导有多种形式和多种途径，要结合具体情况，对症下药。学校应该根据学生个体的差异，灵活变通，帮助学生保持良好的心理状态，提高心理素质，使学生受益终身。

3. 生活管理

学生的健康成长，需要有良好的生活习惯以及基本的生活技能。因此，生活管理也是高校学生管理的重要内容。对学生实施生活管理，主要是为了使学生学会如何生存和养成良好的生活习惯，为学生走向社会生活提供一定的保障。学生生活管理需要重点做好以下几个方面的工作。

第一，建立相应的规章制度，规范学生的日常行为。通过规章制度的执行，使学生在约束的过程中形成行为的自觉。

第二，以宿舍为第二"阵地"，对学生进行教育和管理，抓好宿舍管理事项，做好宿舍管理工作，使学生养成良好的生活习惯。在进行宿舍管理时，要让学生有一个健康的作息时间安排和良好的卫生习惯。

---

❶ 韩丽丽，杨漠. 焦点解决短期心理咨询技术的基本理念与比较优势［J］. 承德石油高等专科学校学报，2005（2）：63-65.

第三，对学生的公共行为进行管理，要求学生遵守公共秩序和公共文明；对于学生不良的行为习惯，采取措施予以帮助、纠正，可以实施合适的惩罚，让学生意识到不良行为的危害性，以转变不良的生活方式。

第四，通过讲座的方式，让学生掌握一些生活常识；通过开展丰富多彩的校园活动，如烹饪比赛等，让学生习得基本的生活技能，锻炼学生独立生活的能力。

第五，让学生拥有正确的、健康的生活观，提高学生的社会适应能力，并且树立正确的人生观、世界观、价值观，让学生学会做人，学会人与人之间的和谐相处。

上述五个方面就是高校学生管理的主要内容。要实现学生的协调发展，实现学生智力、身体、心理等方面的全面发展，就必须将这五个方面的管理工作相结合、相配合。当然，正确的管理方法也是必要的。在学校管理中，不同的场合和形势，需要采用不同的管理方法，采取不同的管理原则，使高校学生管理工作能够顺利地进行。

（三）高校学生学习管理策略

对于大学生来说，其主要任务就是学习。只有通过学习，学生才能发展智力和健康，最终实现全面发展。因此，在高校学生管理中，不可忽视对学生的学习进行管理。学生学习管理是需要采取一定的策略的，尤其要注重以下几个策略。

1. 树立正确的学习目标

学习动机与学习目标之间联系密切，端正学习目标，有助于激发学生深层学习动机。由于学习目标的需要，才出现和产生了学习动机。在对学生的学习行为进行引导和管理的过程中，首要的任务就是学习目标的确定。具体来说，就是要不断强化学生学习行为的目标意识，使学生树立的学习目标科学、合理，以形成良好的学习动机。要想使学生树立正确的学习目标，管理者需要做好以下三个方面的工作。

（1）让学生明确认识到社会发展与个人需要之间的联系：自觉将个人需要统一到社会发展中，制订科学合理的学习目标，以实现成长成才。

（2）正面激励强化学生的目标意识：通过进行职业发展辅导等，使学生认识到在学习过程中树立正确的学习目标，对于促进自身发展的重要意义。

（3）最大限度地调动学生的学习动机：在当前市场经济体制下，学生的竞争激烈，学生的学习动机容易出现实用化、功利化的趋势。这种学习动机在一定程度上有其合理性，但过于偏向功利化，就会让学生的学习偏向于被动，而不是将学习当成一种兴趣，这不利于学生的成才。

总之，在对学生的学习进行管理时，要结合每个学生的个体差异，激发学生的求知欲，唤起学生的学习兴趣，帮助他们确定正确的学习目标，树立科学的学习期望，形成学习的动力，发挥学生的潜力。

2. 培养学生自主学习的能力

学生的自主学习能力往往能够影响其一生的学习。为了培养学生的自主学习能力，学校及管理者要做到以下几个方面。

（1）客观分析学生的内在素质，针对学生个性发展和全面发展的需要，科学地制订阶段性学习规划，教给学生学习的方法，指导学生自主学习。为此，可以建立、制订和完善大学自主学习规范、学习规划和制度等。

（2）探索合适的方式，将自主学习与小组学习有机地统一起来：改变学生在自主学习中偏向单独学习的情况，使他们善于进行小组合作学习，并适当地组织学生进行合作学习，发挥团队的力量，汲取众人的智慧，促进自身的发展。

（3）提供丰富的公共学习资源，为学生的自主学习创造更多的机会：例如，完善图书馆建设，建立校园网络教学平台，使学生的学习有良好的环境和丰富的资源。

3. 营造良好的学习氛围

学习气氛融洽，学生的学习热情也会相应地高涨。因此，学校及管理者要注重营造良好的学习氛围。

首先，要切实保障学校的教学管理秩序，加强整顿学习行为的纪律规范，使学校的教育教学有一个正常的秩序。

其次，要注重校风、学风建设，严肃处理学生在教学中的不当行为，严格公正地纠正违反相关管理规定的学习行为；以教育为本，严格规范学生的教学管理，并以相关的警示、预防等机制，肃清校风、校纪，营造公平、公正的学习环境和诚信、踏实的学风。

4. 建立科学持久的学习奖励机制

学习奖惩机制是人才培养的重要制度保障。它具体体现了国家和学校人才培养的规格和要求，能够引导学生的行为朝着预期的目标发展，确保学生的身心健康发展。

这一机制的构建是以正面激励原则为指导，以学生的全面发展为导向的。为了调动学生学习的积极主动性和动机，引导学生的学习行为，指引学习的方向，管理者不仅要对那些无论是在学习上还是在校园实践活动中表现得都很优异的学生，给予一定的物质奖励和精神奖励，对他们做出的成绩予以肯定，还要对那些在学习上有较大进步的学生给予一定的物质奖励或精神奖励，增加他们进一步努力的信心。

（四）高校思政教育融入学生管理

1. 高校思政教育融入学生管理的意义

（1）保障学校精神文明的建设：精神文明建设，包括思想道德建设和教育科学文化建设两个方面。高等学校既是发展科学文化事业的重要部门，又是培养社会主义事业建设者和接班人的重要基地，将思政教育融入学生管理工作，就能保证高校学生达到比一般同龄青年更高的思想道德素质，以同他们具有的较高的科学文化素养相对应，同将来所担负的社会责任相适应。高校学生是未来各条战线的建设骨干，社会主义精神文明的种子在很大程度上要靠他们去传播。因此，我们一定要坚持物质文明和精神文明一起抓，避免"一手硬、一手软"的倾向，深入持久地开展学雷锋、树新风、"五讲四美三热爱"，以及适合青年特点的各项竞赛活动，认真抓好校风、学风和班风建设。为此，也必须将思政教育融入学生管理工作，并采取切实的行政措施，严格的规章制度。思想政治教育是无形的规章制度，而规章制度是有形的思想政治教育，两者相互补充，相得益彰。

（2）维护安定团结的局面：在实际工作中，一要切实关心学生的实际利益，主动解决应该解决又有条件解决的问题，满足他们合理的物质生活和精神生活的需要；二要不断地进行"一个中心、两个基本点"的基本路线教育，进行人生观和道德观教育，进行民主与法治教育，使他们识大体，顾大局，正确处理个人、集体和国家三者的利益关系；三要采取疏导方法，坚持说服教育，提高他们对安定团结重大意义的认识，懂得既要稳定又要鼓劲的道理。

（3）促进学生的健康成长：当代高校学生有许多突出的优点，如学习勤奋，善于思考，有报效祖国、振兴中华的强烈愿望等。但是，大多数学生从家门到校门，缺乏社会经验，往往容易受到错误思潮的诱惑。将思政教育融入学生管理工作，可以帮助他们增强思想"免疫力"，把他们培养成为善于建设社会主义的专门人才。

2. 实施思想政治教育融入学生管理的有效方法

思想政治教育融入学生管理的方法多种多样，不应强求一律。但从目前高校普遍行之有效的方法来看，归纳起来，主要有目标灌输法、积极疏导法、榜样示范法、调查实践法、心理咨询法、个别谈心法、自我反省法、奖惩结合法等。这些方法还可根据思想政治教育融入学生的不同任务和对象化为更具体的方法，而其中的目标灌输法、积极疏导法则是两个必须采用的基本方法。

（1）灵活的目标灌输法：学校教育就是教育者按照一定的培养目标，有目的、有计划、有组织地向新一代传授知识和技能，影响其身心发展，把他们塑造成为一定社会所需要的人的活动。所以，从这个意义上讲，任何教育都是一种灌输，没有灌输，就无所谓教育。关键在于灌输什么，怎样灌输。❶

当然，我们在肯定思想政治教育的目标灌输法的同时，也要反对刻板的"填鸭式"的灌输方法，要提倡生动活泼的春风化雨式的教育方法。

（2）有效的积极疏导法：所谓积极疏导法，简言之，即疏通和引导相结合的方法。它是中国共产党历来坚持的说服教育、以理服人的方法在新时期的继承和发展。疏通，就是发扬民主，广开言路，分清是非，统一思想。引导，就是坚持原则，循循善诱，晓之以理，导之以行。疏通和引导是对立的统一，两者是互相依赖、互相贯通的。疏通中有引

---

❶ 俞贺. 将思想政治教育融入高校学生工作途径初探［J］. 新西部，2019（23）：130-131.

导，引导中有疏通，疏通是引导的前提，引导是疏通的目的，但两者又有区别，不能混为一谈。

对于高校学生，应坚持疏导方法。青年学生思想可塑性很强，只要持之以恒地待之以诚，动之以情，他们是会接受真理和修正错误的。

要坚持疏导方法，首先必须明确它不光适用于学生，也适用于管理者。学生中有思想和行为的是非问题，管理者也往往有管理不善、不力、不当的问题，不能一味地疏导学生而不反省自己，否则，就等于疏而不导。坚持疏导方法，同时要明确它并不排斥运用法纪。对于学生中少数严重违法乱纪者，该处分的也不能姑息迁就。否则，疏导方法也会苍白而无力。只有这样，才算彻底地贯彻疏导方法，才能在本单位形成一个有集中又有民主、有纪律又有自由、有统一意志又有个人心情的一种局面。

3. 遵循思想政治教育融入学生管理的一般规律

所谓规律，就是事物发展过程中内部的本质联系和必然趋势。一般来说，凡规律都具有两个基本属性，一是客观性，二是层次性。就高校学生管理这个层次，对于高校思想政治教育管理者来说，正确认识和自觉运用以下三个方面的教育管理规律，是不无裨益的。

（1）坚持客观环境和思想教育的双向选择：这个规律是社会存在决定社会意识、社会意识反作用于社会存在的基本规律，在思想政治教育管理中的具体表现和运用。

众所周知，广大青年学生直接生活在高校的小环境中，高校又存在于国内社会的亚环境之中，而国内社会又是国际社会大环境不可分割的一部分。由于现代传播媒介的飞速发展，各种社会信息纷至沓来。这些校内外、国内外的外部信息和人化了的环境因素，包括社会生活条件等物质因素，社会制度等政治因素，思想意识等精神因素，以及社会交往等人际因素等，必然会通过各种渠道反映到学生头脑中，形成这样那样的思想意识。积极健康的外部信息和环境因素，能够使学生形成良好的思想品德。反之，消极腐朽的外部信息和环境因素，就会使学生形成不良的甚至是恶劣的思想品德。从当前青少年犯罪成因分析来看，大部分也同人化了的外部环境有关，这就是环境对人的选择。但是，无论怎样的外部信息和环境因素对人产生影响，都需要通过人脑的加工选择和实践活动才能实现。因此，人们接受外部信息和环境因素，不是消极的、被动的，而是积极的、能动的过程。

古今中外的教育家历来非常重视思想教育的外部环境建设。管理者一方面要千方百计地控制环境影响因素，选择利用典型的社会环境，对学生进行思想政治教育；另一方面要积极创造良好的校园环境，包括良好的校容、校貌、校风、学风等，给学生以潜移默化的感染、熏陶。思想教育与外部环境相比，教育对人的影响，特别对青少年的影响，起着主导作用。这就是客观环境与思想教育双向选择的规律。目前不少高校积极开展的校园文化建设，提出绿化、美化、净化校园环境，倡导学雷锋、树新风等活动，就是自觉运用这一规律的生动表现。

（2）注重教育主客体的双边活动：这一规律，既是教学活动的规律，也是思想政治教育管理的规律。管理也是教育。这里的教育主体，主要是指思想政治教育的专职管理者。教育的客体是指思想政治教育的对象，是受教育的学生。在教育主体与教育客体这对矛盾中，教育主体是矛盾的主要方面，起着主导作用。

教育主体要充分发挥主导作用。首先，必须调查了解教育客体，科学地分析和掌握他们的思想脉搏和兴趣爱好等特点，实事求是地确定教育内容、方针、原则和方法，指导受教育者健康成长。其次，教育者要先受教育。这里有两层意思：一方面教育者要善于向自己的教育对象学习，虚心听取他们的意见，不断提高自己；另一方面教育者要以身作则，率先垂范。当代高校学生在思想上有一个显著特点，就是不轻信，不盲从，讲实惠，求功利。他们最厌恶言行相悖，最崇敬英雄伟人。一个好的管理者，应善于运用榜样的力量。此外，在对高校学生实施思想政治教育过程中，除了要发挥教育主体的主导作用外，还要注意调动教育客体中自我教育的能动作用，最大限度地激发他们接受教育的内在主动性和积极性，进而培养学生自我控制、自我评价、自我修养和自我管理的能力。从这个意义上说，教育主体与教育客体的区分是相对的，这时的教育客体又是自我教育的主体。这就是教育主体与教育客体双边活动的规律，是思想政治教育管理的又一重要规律。现在许多高校大力提倡教书育人、管理育人、服务育人等活动，吸收学生代表参与学校不同层次的管理工作，帮助学生成立自律委员会等，就是运用这一规律的成功尝试。

（3）加强思想政治教育与专业知识教学的互补：这一规律实质上是对立统一规律在学生教育管理工作中的反映，是社会主义高校发展的必然趋势。我国社会主义的现代化建设大业和国际共产主义运动的发展，向高校学生提出了既要学习政治，又要学习业务的明确要求，做到又红又专，德才兼备。只红不专，有德无才，或者只专不红，有才无德，都不是社会主义建设的合格人才。因此，高等学校的管理者，必须善于把思想政治教育与专业知识教学有机地结合起来。要发动各科教师既要管教又要管导，把思想教育贯穿到课堂教学和教材中，真正做到教书育人，为人师表。要教育全体政工人员既要管红又要管专，把思想政治教育渗透到各项业余活动中，做到"寓教于学""寓教于乐""寓教于美"。政工队伍与教师队伍这两支队伍，共同为培养又红又专、德才兼备的人才服务，努力克服政工人员管"红"、教学人员管"专"的政治与业务"两张皮"现象，就是思想政治教育与专业知识教学双方互补规律。这是高校思想政治教育管理中普遍起作用的规律。

总之，高校思想政治教育管理，只有自觉按照客观规律办事，才能称为科学管理，才能收到预期的效果。

三、加强高校教学质量管理，做好智育保障

所谓教学质量管理，就是指对形成教学质量的全过程以及各个环节进行管理，同时将有关人员组织起来，另外，还要将影响教学质量的多种因素进行分析和调控，从而保证在形成教学质量的过程中减少差错，并且逐渐提高教师教和学生学的质量。由此我们可以看出，进行有效的教学质量管理是提高教学质量的一个重要途径。

在当代社会中，越来越多的人开始认识到，教学质量不是通过较高的考试分数体现出来的，而是教师教出来的、学生学出来的。从这个角度来看，对于整个教学过程的管理就显得尤为重要。教学过程以及青少年身心健康发展的客观规律表明，如果平常对教学工作不够重视，不注意对教学质量形成过程的科学管理，而是不计后果地进行假期补课、加班加点，那么不但会极大地加重师生的负担，还会对师生的身心健康造成不良影响，也无益于教学质量的真正提高。

客观来说，教学质量的形成与产品质量的形成有本质上的区别，考试也不能等同于产品的事后检验。然而，工作质量决定产品质量的基本

原理，对生产和教学则是通用的。从这个角度来看，教学质量管理的重点应放在平时的形成教学质量的全过程以及各个环节之上，而不是放在考试之上。

（一）教学质量管理的内容

教学质量管理的内容是一个复杂的系统。具体来说，要做好教学质量管理工作，必须要做好以下几个方面的工作。

第一，要对学校各个职能部门、各个教研组、各个班级的教学质量管理实施状况进行定期或不定期的检查，以便对影响教学质量的各种因素进行有效的调控。

第二，在教学质量管理的具体实践操作中，必须要做到及时发现、总结、交流、推广先进经验，同时表彰先进模范，督促后进。

第三，对于形成教学质量的情况，需要做到心中有数，依靠数据说话，而不能仅停留在用个别案例来说明问题的水平上。

第四，在每学期开学前，教学质量管理人员要在总结上学期经验的基础上，提出下一学期各科教学质量的具体要求，并制订相应的实施计划。

第五，在每个学期末，每个教师都应当根据学校的要求进行教学质量分析；分管教学工作的相关单位及各教学单位每学期至少对一门课程的教学质量作典型案例分析，还要在总结经验的基础上，研究采取相关的改进措施。

第六，进行相关教育宣传，积极做好思想工作，发挥全校教职工的智慧，提高他们的教学质量意识，做到每位教师关注教学质量管理，并且能够积极主动、认真负责。

第七，建立、健全教学质量管理体系，由各校分管教学工作的校长（副校长）负责，将形成教学质量的人员集中组织到教学质量管理体系当中，从而各尽所能，各司其职，让信息渠道保持畅通。

第八，在教学质量的过程中，可能会发生一些矛盾，相关领导及部门必须负责协调各方面之间的关系，处理好工作当中的各种矛盾。

（二）高校教学质量的特点

对于一所高校而言，要想有效地实施教学质量控制与管理，就必须首先认识教学质量的性质与特点。从根本上来说，教学质量就是一所学校所培养出的人才质量。而人才作为学校的"产品"，与物化部门的产品质量相比是有本质区别的。以下就是学校教学质量所体现出来的独特特征。

1. 内隐性

一般来说，工业生产的质量可以通过其产品的质量进行检测。例如，对于生产出来的玻璃砖，可以通过技术手段检测其承压力、透明度、光滑度、耐磨度等，以检测结果来反映玻璃砖的质量。但是，对于培养人才的教学活动的质量，就难以做出这样明确的、直观的判断，也难以用某种具体的技术手段测量结果，尤其是人的政治思想、道德品质、心理素质等方面更是难以量化。由此可见，教学质量具有内隐性的特点。

2. 综合性

教学质量的综合性是针对教学质量的影响因素来说的。学生是社会中的人，其始终是在开放的社会环境下成长的，因而影响学生质量形成的因素十分广泛复杂，其不是学校单方面就可以控制的。具体来说，学生身心发展质量的形成是遗传、环境、教育以及学生自身主观努力等多种因素交互作用、耦合而成的结果。从这个角度来看，影响教学质量的因素具有综合性的特点。

3. 不可贮存性

物质产品的质量可以通过一些技术手段的处理，如控制空气、温度、湿度等外在条件，使物品能够存贮和保持更久的时间。但是，人的质量却不能用这样的方式贮存。

客观来说，影响人的存在的因素具有开放性、广泛性和变化性的特点，因此，人的身体、思想、观念、心理、知识、技能、智力、品德等都处在一个不断发展变化的过程中。当人所处的环境发生变化时，人自身也会随之而变。因此，人经过一段时间教育培养和环境影响所形成的人的质量与物质产品的质量是有本质区别的，它不具有贮存性，不可能一成不变地被封闭或贮存起来。

综上所述，我们可以看出，教学质量具有不可贮存的特征。具体而言，学生们已经形成的品质不可能被贮存起来，不再发生变化。

4. 灵活性

教学质量的灵活性是针对教学质量的形成过程而言的。教学质量的形成是没有固定单一的模式可以遵循的。教育者必须针对不同学生的年龄特征和个性特点，机动灵活、有的放矢地因材施教。正因如此，整个教育教学过程才充满了创造性和灵活性。

教学方法是多种多样的，但并不存在一种适合任何教学情境和教学内容的教学方法。从这个角度来看，如果教师能够恰当灵活地选取适当的教学方法，就更容易取得良好的教学效果。

综上所述，我们可以看出，教学质量的形成并非只有固定、单一的途径的。从复杂性理论的视角来看，教育是人类社会特有的更新再生系统，是一个由有序性和无序性、线性和非线性、理性和非理性相互交织而构成的复杂的巨大系统。在教学质量的形成过程中，同一种方法可能会引起不同的结果，不同的方法也可能会导致同一个结果。❶

（三）高校教学质量管理模式

一般来说，按照不同的质量目标、质量标准、质量方针以及实施策略等，可以将高校教学质量管理模式分为不同的类型。在当前阶段，各级各类学校教学质量管理模式主要有教学目标管理模式、全面教学质量管理模式、走动式教学质量管理模式等。在实际的教学管理过程中，学校管理者应当从本校发展的实际情况、本校教学所遇到的实际问题、本校发展战略等出发，选择适合本校实际情况的教学质量管理模式。

1. 教学目标管理模式

20世纪60年代，目标管理的概念开始被引入学校教育领域。所谓教学目标管理模式，就是指以学校教学预期的最终成果为标准，并以目标责任制的方法对学校的教学工作的质量进行科学的考核和有效的监

---

❶ 谷陟云. 高校教育质量文化研究：脉络梳理与路向展望［J］. 高教探索，2021（5）：26-33.

督,从而激发学校管理者和广大教职工的工作积极性,最终提高教学质量的管理模式。教学目标管理模式的核心是设定教学目标。对于一所学校来说,教学目标管理工作主要包括以下九项:论证决策、目标分解、定责授权、咨询指导、检查控制、调节平衡、考评结果、实施奖惩、总结经验。❶

(1)教学目标管理模式的基本特征:从本质上来看,教学目标管理模式具有以下三个基本特征。

①重视教学质量管理过程中人的因素。学校教学目标管理模式是一种民主的、参与的、自我控制的管理模式,同时也是一种把个人需求与组织目标结合起来的管理模式。在这种教学目标管理模式之下,上级与下级的关系往往是平等的、尊重的、依赖的、支持的;下级在承诺目标和被授权之后是自觉的、自主的和自治的。

②重视建立目标体系和责任制。在学校教学目标管理模式下,管理者一般是通过一定的设计将学校发展的整体目标进行逐级分解,从而转换为各班级、各学科、各个教师的子目标。在对教学目标进行分解的过程中,管理者必须要明确教学过程的权、责、利,同时各子目标必须保持方向的一致性,做到相互配合,形成协调统一的目标体系。

③重视教学成效。高校教学目标管理模式必须始终围绕目标进行各项教学工作的管理。它以制定目标为起点,并以教学目标的完成情况为评价的终结,同时按照每个教职员工完成任务的程度、情况等进行考核与奖惩。在这个过程中,管理工作必须始终围绕教学成效这一重要内容。

(2)教学目标管理模式的实施策略:

①建立目标体系。所谓教学目标管理模式,就是指学校所有的部门及所有成员致力于实现总体目标,并在实现总体目标的过程中实现各个部门的具体目标和个人目标的范式。因此,实施目标管理模式的首要前提就是建立一个完善的目标体系。

整体来看,学校的教育目标从高到低可以被分为以下四个层次:

第一个层次是国家的培养目标,即培养全面发展的、符合社会发展的需要的人才。

---

❶ 张东娇,徐志勇,赵树贤. 教育管理学[M]. 北京:高等教育出版社,2011:216.

第二个层次是学校的培养目标。

第三个层次是各个专业、各学年、各学期的培养目标。

第四个层次是单元、课题、课时的教学目标。

总之，学校管理者必须真正明确上述目标层次，才能与教师一起积极投入目标体系的建立中。在建立目标体系的过程中，管理者还应当与教师一同制订相应的工作规范和工作质量评价方法，以使教学工作得以规范化、制度化、标准化。

②实施人本管理。在现代社会中，教学目标管理应该遵循人本管理理念。具体来说，教学目标管理必须要重视教学过程中人的因素，在设订科学、客观的教学目标之后，还应当重点实施过程中的人本管理，即充分调动教师依照目标进行自我管理的主动性、积极性。

除此以外，在实施目标量化评估的过程中，学校管理者须做好教师的思想工作，注重教师的内在需求，激发其工作的主动性、积极性。

③完善管理机制。目标管理的一个基本原则，就是以所设定的目标为基本参照，适时监督和反馈教学任务的完成情况，以实施动态的教学管理。从这个角度来看，学校管理者应当努力建立健全高效、公正的管理机制，对教师完成任务的进度和质量进行公平、公正的考核，随时考查目标管理活动的运行状态是否与确立的目标体系相符。

④实施发展性评价。顾名思义，发展性评价就是一种旨在促进被评价者不断发展的评价方式。在实施教学目标管理的过程中，虽然注重行动的结果十分重要，但一定不能因此而忽视行动的过程。这就需要管理者积极运用发展性评价。具体来说，要在教学目标管理工作中实施发展性评价，管理者须做到以下三点：

第一，对于教与学的考核评价不但要看学生学习的整体情况，同时更要具体分析学生取得的进步以及取得进步的原因，并针对每个学生实行增值性评价。

第二，针对不同水平、不同特点、不同专业的教师采用完全不同的评价标准，以便形成不同水平层次的教师自信、自律、自强的良性循环。

第三，采用工作过程中的日考查、周积累、学期统计的方式，动态跟踪教学过程，并充分运用收集到的数据资料对教学过程进行灵活调控。

2. 全面教学质量管理模式

20世纪50年代末，全面质量控制之父费根堡姆和质量管理专家朱兰提出了"全面质量管理"的概念。全面质量管理的基本含义是：全体人员参加质量管理，实行生产全过程的质量管理，对产品的各个方面进行质量管理，因此也称为"三全"质量管理。[1] 全面质量管理高度重视人力资源的开发和利用，强调在尊重人的前提下，注重战略规划、全员参与、团队精神和协调工作，其目的在于通过顾客满意及本组织所有成员受益而达到长期的成功。到了20世纪60年代，全面质量管理理论成为西方管理学界非常流行的一种管理理论。

在当代社会中，随着社会的不断进步与发展，全面质量管理理论已经被应用到教育领域。于是，全面教学质量管理模式就出现了。

（1）全面教学质量管理模式的特点：全面教学质量管理模式的特点集中体现为教学质量管理和控制的全面性，这主要体现在以下三个方面。

①重视全员管理。全面教学质量管理涉及教学系统内的每一个成员，是全员性管理。全面教学质量管理模式非常重视全员管理。人的主观能动性及潜能的发挥，是质量制胜的关键。

对于学校管理者来说，其必须充分挖掘每一名教师和学生的潜在力量，使教师的主导作用和学生的主体作用得到充分发挥。同时，管理者还应当为每一名教师制订明确的质量责任，要求他们对自己所做的工作负责。

②重视工作全局管理。客观来说，教学质量管理涉及教学工作的方方面面，是对教学工作全局的管理。因此，全面教学质量管理模式非常重视工作全局管理。具体来说，其要求管理者不仅要妥善安排好以教学为中心的各项学校内部工作，建立教学工作协调机制，避免工作中的冲突和摩擦，减少教学管理中的内耗等，而且要综合分析家长状况、社区背景以及地方教育行政管理状况等因素，争取家长、社区和教育行政部门的理解和支持，为提高学校的教学质量提供良好的外部环境保证。

---

[1] 雷纳特·桑德霍姆. 全面质量管理[M]. 王晓生，段一泓，胡欣荣，译. 张性源，校译. 北京：中国经济出版社，2003：227.

③重视教学全程管理。全面教学质量管理涉及教学工作的每一个程序，是对整个教学过程的管理。在全面教学质量管理模式下，教学管理者要充分注意每一个教学环节，只有各个教学环节的质量上去了，学校教学的整体质量才能得到充分的提高。

在教学全程管理中，学校管理者应建立一套完善的激励和监控制度，根据教师的能力与专长、所教学科的特点以及生源质量等方面的因素，有针对性地提高各个教师在教学过程各环节的工作积极性和工作质量，实现教学过程的最优化。

（2）全面教学质量管理实践：在实施全面教学质量管理模式的过程中，学校管理者应当着重抓好影响教学质量的各个因素、各个环节和各个方面。具体而言，管理者需要做好以下五个方面的工作。

第一，不断推进教学手段、方法和设施的改进与完善。

第二，做好学生的预习、听课、复习、作业和考试。

第三，做好教师的备课、上课、课外辅导、作业批改、考查评定等工作。

第四，做好教学工作中的计划、组织、实施、检查和总结等工作。

第五，不断强化广大教师的质量责任意识，增强他们为提高教学质量而不断做出努力与探索的主观能动性和创造性，并从管理制度层面使各个部门和各个成员都明确自己的质量责任目标，并各司其职。

3. 走动式教学质量管理模式

1982年，美国管理学者彼得思与瓦特门出版了《追求卓越》（*In Search of Excellence*）一书。在该书中首次提出走动式管理（Management By Wandering Around，MBWA）的概念。所谓走动式管理，就是指管理者不应仅局限于办公室的空间，而应深入基层、到处走动，以了解更丰富、更直接的员工工作问题，并及时找出解决所属员工工作困境的策略，最终提高组织的工作绩效。

（1）走动式教学质量管理的含义：根据走动式管理的概念，我们可以引申出走动式教学管理的概念，即通过学校管理者直接与一线教师的接触和了解，收集最为直接有效的学校教学信息，以弥补学校正式组织渠道方面的不足。

从整体来看，学校教学管理系统是一个层级的结构，上情下达与下情上达都要经过一系列复杂的组织环节,而信息每经过一个环节都可能会有所衰减。走动式教学质量管理有助于弥补正式组织中信息传递时出现的信息衰减等问题,并且能够帮助学校管理者在第一时间发现学校教学中存在的问题,从而通过及时沟通尽早发现并解决问题,最终提升教学质量。

(2) 走动式教学质量管理的实施要点:在实施走动式教学质量管理模式时,学校管理者必须要重点做好指导与协助这两个方面的工作。

①指导。在走动式教学质量管理中,学校管理者扮演着指导者的角色。因此,其必须放下自身居高临下的领导者地位,切实指导教师做好各项教学工作。当发现一些教学工作中的问题时,要能够平心静气地帮助教师查原因、找症结,并给予必要的指导,而不是大呼小叫,指责或惩罚出现问题的人。

从根本上来说,走动式教学质量管理就是通过有意识地指导、引领的方式进行,而不应以简单粗暴的命令形式进行干涉,甚至以剥夺教师的教学自主权的方式来解决问题。

②协助。在走动式教学质量管理中,学校管理者除了要给予教师一定的指导外,还应为教师的各项教学工作提供必要的协助。从本质上来说,实施走动式教学质量管理的关键在于通过获得真实信息,与教职员工共同分析和解决问题,提高学校教学管理的效能。因此,当教师遇到问题需要解决时,学校管理者要作为教师的参谋,在充分信任和发挥教师自主权的前提下,协助教师及时、有效地解决问题。

(3) 走动式教学质量管理的原则:学校管理者在实施走动式教学质量管理时,必须要遵循以下几项基本原则。

①直接接触原则。这里所说的直接接触原则,就是指学校管理者在走动式教学质量管理中要保持与教师、学生的直接接触。具体来说,就是学校管理者不能仅以办公室为其活动区域,还要经常到教室、操场、食堂、宿舍等处走动。从某种意义上说,我们可以把走动式教学质量管理看作一种"看得见的"的管理方式。毕竟学校管理者只有与教师、学生面对面接触、交谈,才能够及时了解一线教学的真实情况。在实施走动式教学质量管理时,学校管理者最好随身携带笔记本之类的工具,以便及时记录观察到的现象、发现存在的问题等。

②不定期原则。学校管理者在进行"走动"时往往需要有一个大

致的周期，但并没有完全固定的时间。例如，学校管理者一有时间就可以到处走走，观察课堂教学、体育活动、实验教学等的开展情况。这就是不定期原则。学校管理者只需要在教师常态教学情况下，走进课堂听课，课后与教师一起分析上课的具体情况、收获和存在的不足等。

③倾听原则。在走动式教学质量管理中，学校管理者与教师、学生之间是一种建立在相互尊重基础上的平等关系。学校管理者是以一个服务者的身份倾听意见、建议，而不是凌驾于师生之上的视察或考核。从这个角度来看，学校管理者实施走动式教学质量管理时必须要遵循倾听原则，即在与师生沟通、交流的过程中，学校管理者要体现出热情的关怀和和蔼可亲的态度，要做一个耐心的倾听者，从而及时获得第一手的信息。

(四) 高校教学质量管理过程

从大体上看，高校教学质量管理过程可以分为两个阶段，第一阶段是决策与计划，第二阶段是组织与实施。本节内容主要对高校教学质量管理过程进行系统的论述。

1. 决策

(1) 发现问题：一般来说，在质量管理工作中，决策工作往往是从发现问题开始的。问题能否被发现，不仅是业务水平的问题，而且是政治思想水平问题。从根本上来说，教学质量管理中的问题是能否贯彻执行国家的教育政策方针的问题，是能否为社会主义建设培养合格接班人的问题。为了促进学校教学质量管理的发展，领导层一定要拥有善于发现问题的能力。

总之，学校管理者都必须明白，现在的学生终将会成为建设社会主义的生力军；要明确我国综合国力、经济发展能力的提升，取决于劳动者本身的素质；必须改革那些不适应时代发展和需要的教育思想、教育体制、教学方法和管理思想、管理体制、管理方法等。只有这样，才能真正满足为社会主义现代化建设培养人才的需要。

(2) 确定目标：在当前阶段下，我国各级各类学校有明确的教育目标，即培养有社会主义觉悟的、有文化的、身体健康的劳动者，有理想、有道德、有文化、有纪律的一代新人。为了最终实现这一教育目标，学校管理者必须按照国家的相关规定，制订每个学年、学期提高教学质量的具体目标。

由此我们可以看出，在教学质量管理过程中，从校长、教务主任到教职工，每个人都应当制订个人目标，以切实保证教学质量的提高。

(3) 确定准则：从整体上来说，各级各类学校教学质量管理的准则应当包括学术价值、社会价值和经济价值。其具体内涵如下：

所谓教学质量管理的学术价值，就是指实现学校教学目标的具体措施、方法、途径等是否符合教学客观规律和教学基本原则，是否达到了同类型学校的先进水平，是否符合现代科学管理等。

所谓教学质量管理的社会价值，就是指选择某个学校发展方案之后所产生的社会影响、社会效益等是否有利于培养社会所需要的人才。

所谓教学质量管理的经济价值，就是指是否符合勤俭办学的基本原则，能否充分利用本校的器材设备。另外，在人力资源安排、物力的使用上，能否做到人尽其才、物尽其用。

(4) 拟制多样化方案：制订多种方案，就是指各个方案之间需要有一定的区别，当然也不只是有细节上的差异。在制订方案之时，创造性的见解往往是十分重要的。水平高、能力强的管理工作者应该在这方面得到充分的体现，从而促进决策的多种选择性。

对于各级各类学校而言，其内部的学科、专业之间具有显著的差异，不同学科、专业的教学方式也表现出显著的区别。因此，在实施教学质量管理之时，各级各类学校必须根据本校的实际情况，采取不同的教学质量管理方案。

(5) 分析评估：具体来说，分析评估工作就是对之前制订出的各项方案的利弊得失进行全面的分析与比较，从而有利于优化决策，选出最合适的方案。可以请校内外的专家教授组建专家组，对不同的方案进行评价，择优使用。

(6) 方案选优：方案选优并不意味着只取其中的一种方案，也可以在综合几个方案的优点之后，在原有方案的基础上做出一个切实可行的更加优秀的方案。一般来说，选择多种优秀方案并对其进行综合，比只选择一种方案的效果更好。

(7) 试点：在选定某一方案之后，为了证明方案的可行性，可以进行试点。既然被称为试点，那么这个"点"就需要在全校具有较强的典型性，绝不能允许试点存在过多的特殊条件。

需要指出的是,在进行试点工作时,选择的"点"不能过于优秀,以证明领导者的决策正确。这样的做法本身就是错误的,不论最后试点的结果是成功还是失败,都没有任何实际意义。

在教学质量管理实践中,对于上述决策的程序步骤绝对不能生搬硬套,而应当依据学校的实际情况进行取舍。决策工作的成效关键要看学校领导是否善于走群众路线,能否激发教师的聪明才智,从而群策群力、集思广益。如果能做到,那么即便决策程序步骤当中有较为困难的几步,也能轻松走好。如果不能做到,那么即便拿出一个所谓的"方案",也不过是生搬硬套,没有任何的选择余地,只能是说空话,走形式。如此,学校领导的思想作风如何,就可以在这个问题上充分反映出来。

一般来说,经验丰富、水平较高的学校领导干部往往能够将教学质量管理的决策工作做得十分顺畅,并能够把工作中出现的问题当作工作反思的镜子,自觉地提高思想水平,改进管理工作。

2. 计划

(1) 有的放矢,重点突出:学校的教学工作可谓千头万绪,错综复杂。即便办学条件好的学校,每个年级、每个学科的发展状况也不总是较为平衡的。因此,在一系列的工作过程中,要选准最为薄弱的环节,组织力量重点进行突破。

(2) 发动群众,统一认识:在制订计划时,有时正确的意见或措施,往往在开始时不为人们所接受。不过,经过发动群众进行充分的讨论,尤其是经过实践的检验,正确的意见最终会被承认、被接受、被支持的。因此,有效地发动群众(学校的管理层、教师及其他员工),从而统一大家的认识,有利于明确具体实施教学质量管理计划。

(3) 上下结合,协调全局:在学校教学质量管理工作中,上级部门布置的任务必须和本校的实际情况相结合。具体来说,对学校领导的要求必须与对各个职能部门、各个教研组、各个老师的要求相协调。对于教师来说,要求其能够从学生的实际情况出发,并化为学生的自觉要求。

具体来说,教师必须要认真学习并且正确领会上级指示的精神实质,对教学工作的实际情况、基本经验、主要问题等进行深入的调查和研究,从而全面地了解各项工作的全貌。否则,教师在制订教学计划时就容易犯主观主义、教条主义的错误。

（4）远近结合，统筹安排：如果有长远计划和近期目标，那么工作的方向就会非常明确，视野也会随之开阔起来，能够加强工作的系统性和继承性，从而有效地避免盲目性、滞后性等问题。一般来说，学校管理者在制订学校教学工作的长远计划和近期目标时，必须要做好以下几个方面的工作：

第一，依照人口数量、城市或者农村的规划建设、教育事业的相关发展规划，确定每年的招生人数。与此同时，还要保证每年应届毕业生在德、智、体、美多个方面能够达到基本的要求。

第二，确定学校在近几年教学质量提高的幅度和相关措施。

第三，制订出逐步改善学校设备的计划或方案。

第四，确定近几年内学校领导和教职员工需要解决的问题和解决的相关途径，让其尽快适应变化发展的需要。

客观来说，远近计划的结合可以使计划的方向更为明确，有助于稳扎稳打逐步实现目标。通过不断地实践，可以总结出各种各样的成功的经验，有利于处理好所出现的问题，为计划的最终实施提供相应的保障。

3. 组织与实施

（1）安排好教务处工作：对于各级各类学校来说，教学质量的管理是学校整体工作中非常重要的一环。如果处理得当，那么教务处、图书室、校医院、实验室、体育室等部门的职工就可以各司其职、各尽所能。在这种情况下，教学质量管理系统可以具有十分灵活的反应力，由于指挥渠道和反馈路线畅通无阻，有助于提高教学工作质量。相反，如果教学质量管理工作没有做好，则很容易出现信息不通、指挥不当、上下隔阂、各自为政、秩序混乱的局面，最终制约学校教学质量管理水平的提高。

在具体安排的过程中，学校管理者需要做好以下几个方面的工作：

第一，校领导要高度重视教务工作，认识到其是教学质量管理体系当中不可缺少的部分。

第二，明确教务处是两个反馈的中心。在学校内，由教务主任联系教研组以及班主任这两条流水线，让教学的相关信息渠道得以保持畅通。而教务工作人员需要及时将反馈信息传递给决策层。除此之外，教务工作人员也要收集、整理、分析来自校外的反馈信息，同样做好信息反馈的工作。

第三，想方设法提高工作人员整体的思想水平、业务水平、文化水平，让他们明确工作质量标准，进而提高工作效率。

第四，针对一些教务工作职责不明的情况，重新组织或调整教务工作人员队伍，且实行岗位责任制。

第五，解决分工合作问题，也就是将教务工作人员，全部组织到教学质量管理系统当中，由教务处主任统一进行组织、调度、指挥、监督其工作。

第六，校领导要针对教务工作制定相应的奖惩制度，克服平均主义思想，表彰先进、鞭策后进。

（2）稳定秩序：这里说的稳定秩序包括两个方面的内涵：一是稳定工作秩序，二是稳定教学秩序。

①稳定工作秩序。根据学校内部各个方面、各个部门的职责任务，将党、团、工会的工作，以及校长室、教务处、体育室、图书馆、校医院等行政系统的工作，全部纳入以教学为中心、全面贯彻国家教育方针政策的轨道。同时，各个方面或部门需要互相配合，协调一致，防止"各自为政"的现象出现。

②稳定教学秩序。稳定教学秩序是一项较为复杂的系统工作，其具体内容非常琐碎、复杂。具体来说，学校管理者要稳定教学秩序，就需要重点抓好以下几个方面的工作。

第一，各个教师必须要充分调动学生的学习积极主动性，有意识地培养学生对学习的兴趣爱好，满足学生的求知需求。与此同时，大胆放手培养学生的自主精神和自控能力。如此，学校教学秩序就能够得以稳定，为提高教学质量打好坚实的基础。

第二，由校长从宏观上统一调度，教务处负责具体组织教师开展工作，及时处理好收费、注册、发书、编班、排课、作息时间安排、各项活动等工作事宜。

第三，将思想政治工作、教学工作以及各种活动统一安排到总课表上，防止出现"各自为政"的现象。

第四，及时公布课程表、作息时间表、校历表等重要信息，并将每周会议活动的安排，提前公布出来，便于相关人员做好准备。

第五，学校的全体教职员工，尤其是政工干部和班主任，要在每学期开学伊始，通过思想政治工作将学生的思想和精力快速引导到迎接新学期的学习任务上，从而有助于各个年级教学秩序的稳定。对于新生还要统一向他们介绍学校的总体概况，明确校纪校规和学生守则。在当代社会中，一些学校进行的"入学教育"就是很好的办法。

（五）加强高校教学质量管理的具体策略

1. 配备合格的校长

（1）要有相当的知识：在当代社会中，随着教育改革的不断深化，教学要求和教师水平不断提高，对于校长的要求也正在不断提高。具体来说，选择合格的校长，不应仅看重文凭，而是应当既看水平又要看文凭。在当代社会中，各级各类学校的校长至少应当具备以下三个方面的知识：第一，所教学科的专业知识；第二，现代教育科学知识；第三，现代管理科学知识。

（2）要有相当的能力：对于各级各类学校的校长来说，如果只是具有知识而没有相应的运用知识的能力，那么是很难处理好学校的各项事宜的。因此，要成为一个合格的校长，就必须具备以下几个方面的能力。

第一，调查研究的能力。调查研究是一项非常重要的工作，但并不是每个校长都能做好这项工作。也许有的校长整天忙于各种事务、会议，根本没有时间开展别的工作。因此，一些校长虽然名义上是整个学校的指挥者，但其实却成为学校的事务员，或者成为校长室的"秘书"，根本没有发挥出校长应有的作用。

之所以存在这种现象，关键在于校长缺乏调查研究的能力。在当前的一些学校中，对于国家的教育政策方针不能够得到全面地落实，不能把上级教育管理部门的指示贯彻到底，教学质量长期得不到提高。这些都与校长缺乏调查研究有十分密切的联系。因此，各级各类学校的校长必须自觉提高调查研究的能力，尤其要提高对教学过程和教学管理过程进行调查研究的相关能力。如果能够对这两个过程中的经验及时地发现、总结、交流、推广，尤其是在教学过程中的倾向性问题能够及时得以发现、研究、解决，那么就可以说具备了相当的调查研究能力。

第二，组织和指挥的能力。由于校长这一职位本身的特性，要求校长具备较高的组织和指挥能力。在制订学校的一些计划时，如果想要让这些计划最终切实可行，真正成为全校师生未来行动的具体方案，成为学校各项工作的基础，保证学生的德、智、体、美都有所提高，那么就需要校长具备良好的组织力、指挥力。比如，校长在新学期要摸清学生在德、智、体、美等方面的基础，就必须将学校的班主任、教师以及行政部门干部的力量组织起来，既掌握一定的资料信息，又掌握活动的情况；不但要了解取得的经验和存在的问题，也要进行一定的科学预测。

再以执行计划而言，有组织能力和有指挥能力的校长，在安排每个人的工作时会注意扬长避短，让他们各得其所、各尽其职，不论是工作关系还是人际关系，都能得到有效的协调、发展。如此，师生员工就能够在烦琐复杂的学校工作中，有条不紊地开展自己的工作。而生动活泼、欣欣向荣的校园风貌，也大多由此而来。

总体来说，校长的组织和指挥的能力与其自身的素质、水平、天赋是密切相关的。与此同时，这也是校长本人在后天的工作中有意识地锻炼出来的。对于一些中青年校长来说，缺乏经验只是暂时的。他们需要在工作中有意识地进行锻炼，虚心地向有经验的老校长进行学习，其组织能力和指挥能力的提高，都是指日可待的。

第三，调动教师积极性的能力。校长必须具备调动教师积极性的能力，这是校长做好教学管理工作的基本功，也是办好学校的基本条件。具体来说，调动教师积极性的方法主要有三种：①全面贯彻落实国家的教育政策方针，切实做到一视同仁，工作上放手使用、生活上关心照顾；②进行物质奖励和精神鼓励，具体包括表扬好人好事、树立模范典型，或者设法使教师增加收入；③进行思想政治教育，主要是对教师进行形势教育和爱国主义教育。

总之，充分调动教师的积极性，不但能够解除教师的后顾之忧，让教师能够将精力更多地放在教学质量上，而且能够激发教师为开创学校工作的新局面发挥出自己的潜能、才智，为学生的身心健康发展而努力。

2.加强干部队伍的建设

（1）改革学校干部制度：长期以来，我国的干部往往是由上级直接任命的。这个制度的优点在于能够全面执行国家干部政策，能对干部人选进行全面的考察，保证择优任命的校长能够达到所在学校的最佳水平。不过，随着社会的不断变化和发展，同时随着社会主义民主和法制的日益健全，学校干部制度的缺点也开始暴露出来。如果对学校的领导干部依然采取单一的任命制，就很难适应教育体制改革的实际需要，也难以培养出优秀的干部人才。因此，改革学校干部单一的任命制为任命、选举、招聘等多样化的制度，以适应时代的发展。

按照国务院对企业领导干部实行国家统一考试的决定，也按照许多国家对校长实行考试制度的经验，还按照我国进行教育体制改革和教育改革的实际需要，通过国家考试选贤任能，是从根本上保证校长质量的一个关键措施。无论是选举的、任命的校长，还是通过招聘选拔出来的校长，都要经过国家统一的考试，并且取得相应的资格证书，才能继而接受任命。不仅如此，在上任之前，这些校长需要与教育行政部门和本校教职工签订提高教学质量的相关合同。

在我国，校长的任期通常以五年为宜。具体来说，对于那些能够全面地贯彻国家的教育政策方针，对学生负责，能让学生的德、智、体、美在原有基础上有显著提高，对教育科学进行研究和实验并取得成果，积极进行教学改革并有所突破的校长，可以在任期结束后获得连任，同时可获得一定的精神奖励、物质奖励。对于失职的或不称职的校长，上级党委和教育行政部门则随时可以将其予以免职。通过这样的方式，不但能够改革干部实际上的终身制，消除"吃大锅饭"的弊端，而且能够切实保证教学质量的不断提高，同时为改变干部结构的不合理状况创造了良好的条件。

（2）做好老干部工作：做好老干部工作，具体来说，就是让老干部不但能解脱第一线工作的繁重负担，而且能依靠他们丰富的经验，在"传帮带"中继续发挥作用，促使一些德才兼备、年富力强的中青年干部能够获得更多有效的锻炼。新老干部的合作和交替问题，是关系到学校教育事业后继有人的大事，因此必须以高度的事业责任心来完成这个历史任务。

（3）加强干部轮训工作：干部在轮训之后，可以按照工作需要和实际考核，对他们的工作做出一定的调整。在当前阶段下，组织干部轮训是我国提高干部素质的一项重要措施。全体干部必须明确现代化建设的需要，积极主动地参加学习。

通常情况下，学校干部经过一段时间的系统学习之后，在研究新情况、解决新问题、提高教学质量等方面都将会有非常大的提高，为他们成为管理学校的专业人员起到极大的促进作用。

3. 组成稳定的管理结构

选拔学校干部，必须按照国家相关的干部政策、各个学校实际状况的特点来开展；另外，也要按照社会经济发情况，对学校干部提出新的要求。为了切实加快学校领导班子建设的进程，必须要做好以下三个方面的工作。

（1）具有稳定的组织状态：在现代的管理中，管理的结构不是随便分级的，而且各级也不是任意组合在一起的。如果想要形成稳定的管理结构，那么就应是正立的三角形，即决策层在顶端，管理层、执行层依次往下；而倒三角形、菱形之类的结构是不稳定的。同样的道理，在学校系统中，也必须有稳定的组织状态，才能更好地进行具体的管理工作。

（2）做到人尽其才：客观来说，每个人都具备其与众不同的才能，因而不同的管理岗位，要选用适合岗位的人才。现代各级各类学校的教学质量管理亦是如此，应当让具有相应才能的人走上与其相对应的管理岗位，从而做到人尽其才，扬其长、避其短。

具体来说，在整个学校系统中，执行人员需要能够热爱教育事业，在自己的岗位上任劳任怨、埋头苦干；指挥人才应当具有长远的战略目光、出色的组织才能，能够多谋善断，坚持国家的基本政策方针，有强烈的事业心和责任心；监督人必须公正严明，敢于直言不讳，能够坚持真理，赏罚分明，熟悉业务，注重联系群众；而反馈人才，则需要思维敏捷，见多识广，容易接受新鲜事物，综合分析能力强，能够反映实际情况。

实行教学质量管理的学校，就需要按照上述各种人才的能力，做到人尽其才。要真正做到这一步，就需要学校管理者具备一定的思想理论水平，具备一定的人才学常识和现代科学管理理念。

（3）不同职权的岗位需有不同奖励：有效的管理不是拉平或者消灭任何权力的存在，也不是不要任何的物质奖励或精神奖励，而是要按照岗位职权的不同及所做出的实际贡献，给予其一定的物质奖励或精神奖励。在学校里，校长、教务处主任和教师的管理范围、内容、责任以及权力大小皆不同，因而他们所享有的物质奖励、精神奖励也不应相同。

4.制订明确的学习标准

教学质量管理的工作需要具体化、标准化。具体来说，质量分析、质量情报、质量预测、质量统计、质量服务等工作都要有具体的标准，才能对其优劣程度进行评定。一般来说，制订标准必须由简到繁，便于执行，方便检查。

学习标准必须如实反映实际情况，在教学质量管理工作中还应不断地进行修改、完善。如此，在以后进行同样的工作之时，就可以直接按照更加合理的标准进行，遵循成功的经验规律，杜绝失败的教训再现。这也可以让学校的工作更加条理化、专业化，达到了提高效率的目的。因此，全校教职员工都纳入执行标准的轨道中，是教学质量管理的一项基本工作。

从客观角度来说，标准化不单是教学质量管理的结果，同时是下一阶段工作的起点。也就是说，教学质量管理从标准化开始，到标准化告终。在学校的教学质量管理工作中，如果能保证标准化周而复始，螺旋上升，不断得到完善，那么整个学校就会出现欣欣向荣的良好局面。

5.做好质量管理教育工作

实行教学质量管理，需要从质量管理教育入手；而教学质量管理实践工作，又让干部和广大教职员工获得了一定的锻炼。质量管理能够充分发挥人的潜力，属于一种人才开发、人才利用的工作。对于校长而言，这同时是一项具有挑战性的工作。为了让教育适应时代变化发展的需要，就应在教育实践中探索和积累质量管理经验，并且发现、发展真理。

事实证明，全面贯彻实行教学质量管理，且已然取得显著成绩的学校，就是能够在工作中一边探索、一边总结经验教训，从而最终做好质量管理教育工作。实际上，教学不仅是一门科学，更是一门艺术，其魅力就在于可以源源不断地发展、创新，不断地被赋予新的内容。因此，各级各类学校必须结合其学校的实际情况，摸索出适合本校发展的教学质量管理途径，才能加快提高教学质量的进程。

第五章 加强体育教育，注重学生体质健康

第一节 重视体育教学的相关理论

本节主要研究高校体育教学的基础理论，包括现代体育教学论及其价值、体育教学与相关科学理论研究等。对体育教学基础理论的研究能够更好地指导高校体育教学实践。

一、现代体育教学论及其价值

（一）现代体育教学论概述

1. 现代体育教学论的含义和结构

现代体育教学论主要研究体育教学的各种现象及一般规律，换句话说，体育教学中的各种现象及教学现象中所隐藏的规律是体育教学论的主要研究对象。

实际上现代体育教学论就是人们对体育教学中相关问题的思考，它分为两部分：体育理论教学论与体育应用教学论，这两部分还能够做具体的划分，如图5-1所示。

2. 现代体育教学论的研究对象

无论什么学科，都有属于自己区别于其他学科的研究对象，这是每个学科与其他学科相区别的一个主要标志。现代体育教学论这门学科同样如此，其研究对象为：

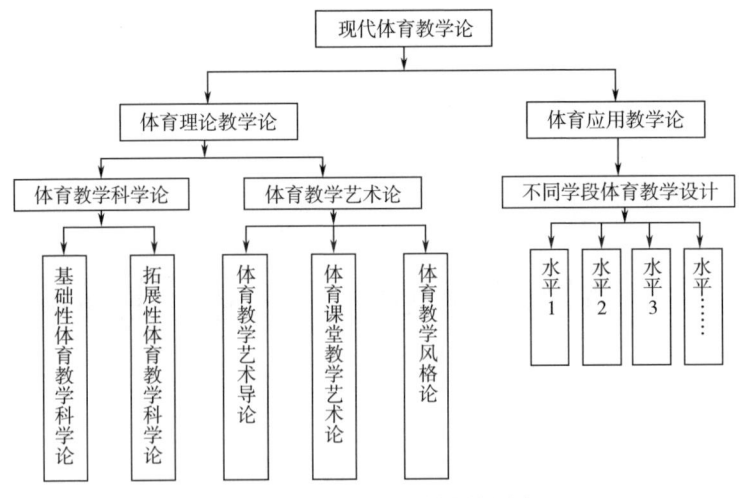

```
                    现代体育教学论
                    /        \
           体育理论教学论    体育应用教学论
           /        \             |
     体育教学科学论  体育教学艺术论  不同学段体育教学设计
      /    \       /   |   \      /   |   |   \
   基础性  拓展性  体育  体育  体育   水平 水平 水平 水平
   体育    体育    教学  课堂  教学   1    2    3    ……
   教学    教学    艺术  教学  风格
   科学论  科学论  导论  艺术论 论
```

图 5-1 现代体育教学论的划分

①教与学的关系问题。体育教学活动有多种因素，如教学主体、教学环境以及教学客体等，这些因素之间的关系错综复杂，每个因素之间相互联系、相互依存、相互影响。在体育教学活动设计的各个因素之间的关系中，最根本的、最关键的关系为教与学两者之间的关系，教学活动要以此关系为主要依据才可以顺利开展。所以，要研究体育教学，就要首先分析和研究教与学之间的关系，揭示其中所隐藏的教学规律，从而深入掌握体育教学原理。

②教与学的条件问题。在体育教学过程中，教学条件直接影响着教学是否可以顺利进行。体育教学目标是否可以顺利完成、教学质量是否可以得到提高，从某种程度上也受到体育教学条件的好坏的影响。教与学的条件的主要内容包括教学的硬件与软件设施、教学氛围等。

③教与学的操作问题。体育教学论不只研究理论方面的相关内容，还研究实践操作中的问题。在体育教学过程中，教与学的操作问题具体指以体育教学的原理与规律为参考依据来设计教学过程。比如，对教学内容的选择，对教学方法和教学模式的运用以及对教学评价方法的设计等。

3. 体育教学论的研究内容

首先，理论部分主要包括体育教学原理、体育教学因素、体育教学的特征、原则以及体育教学规律等；其次，实践部分主要包括体育教学方法、体育教学内容、体育教学模式以及体育教学评价等。这些均和实践操作相关。

(二) 体育教学论的意义

1. 便于辨别体育教学要素之间的关系

体育教学是一个庞大的教学系统，非常复杂，涉及多个教学因素，如教学主客体、教学内容、方法、模式、环境等。为了顺利开展体育教学活动，体育教师需要通过体育教学论分析和判断这些体育教学要素，厘清其中的关系，并深入理解这些要素，从而更加深刻地认识和理解体育教学的内容。

2. 便于认识体育教学的本质

实际上，体育教学是众多教学现象集合起来的一个整体，相对复杂。相较于其他学科，体育教学现象更复杂。因而，体育教师要将体育教学的本质认清并不容易，这会制约教师对体育教学活动的正确认识和评价。体育教学论可帮助体育教师对体育教学现象进行准确、科学的辨别和判断，促进体育教师认识体育教学的本质。

3. 便于指导体育教学实践

一般来说，体育教学的各种现象中包含一些教学规律，若可以在一定程度上认识这些体育教学规律，并能够在体育教学实践中应用这些规律，就能够取得良好的教学效果。体育教学论的学习有利于体育教师进一步认识和掌握体育教学规律，从而促进其教学能力的增强，尽快完成体育教学任务。

4. 便于完善体育教学研究

在基础教育不断改革的过程中，体育教学的内容及内涵在发生着深刻的变化。而且，随着体育教育和体育文化的不断革新，体育教学现象也日益复杂，体育教学中不断出现一些新现象和新特点，然而人们却无法对这些现象很好地加以解释，也解决不了这些新问题，这就需要通过对体育教学论的系统学习解决这些问题，学习体育教学论之后，体育教学理论将会越来越完善。

5. 便于体育教学活动的顺利进行

国家推行体育新课程改革之后，传统的教学理念已满足不了新课改的需求，需对其进行改革与创新才能够开展体育教学活动，这主要是为了使新课改后的教学目标的顺利达成得到一定的保障。通过学习体育教学论，能够对与时俱进的教学理念进行熟悉与掌握，不过需要注意学习的规范性和系统性。

体育教学论可有效提高体育教师的教学能力，能够指导教师在不同的教学阶段都能根据现实情况对教学内容、教学方法、教学模式以及教学评价机制等做出正确的选择，从而保证体育教学目标可以顺利实现。

体育教学论有利于提升体育教师的教学理论水平。通过学习体育教学论，可以帮助体育教师建立起科学的体育教学观，继而指导其运用体育教学观充分把握体育教学的本质和规律，进而研究和解决最新的体育教学问题，最终提升教师解决体育教学问题的能力。

二、体育教学与相关科学理论研究

（一）体育教学与人的社会化

1. 人的社会化概述

就社会的生存与发展而言，人的社会化具有十分重要且深远的影响。人的社会化，即社会将一个"自然人"教化成一个"社会人"的过程。

2. 体育教学对人的社会化的影响

（1）体育教学有利于学生形成良好个性：通常来说，影响学生个性的形成和发展的因素有两个方面：遗传因素和社会环境因素。在学生良好个性的形成过程中，体育教学具有积极的影响和作用。体育教学活动中，学生进行体育学习通常需要有身体的直接参与，而且体育学习的开放性非常强，往往会发生时空的转化，学生之间的沟通与联系也非常频繁，这都有利于提高学生的学习效果。由此可知，体育教学所具有的这些特征对于学生良好个性的形成来说，比其他学科更能发挥积极的作用。此外，这对于学生学习自主性的提高、良好意志品质的培养、集体主义价值观的建立也是有帮助的。

（2）体育教学是培养社会角色的重要手段：每个人只要生活在特定的社会，就需要扮演一些不同的社会角色，这样一来便会促进人的社会化，加速人的社会化进程。人们在社会中需学习很多有关角色的内容，其中，与角色相关的权利和义务的学习，与角色相关的态度、情感和价值观以及角色转变的学习等较为重要。体育教学在培养人的社会角色方面具有举足轻重的作用和功能，具体体现在以下几个方面：

第一，学生在体育教学活动中可扮演多样化的角色。例如，在学习中充当学生，在比赛中充当运动员或裁判员，在训练中充当教练员等，学生通过充当不同的角色参与体育教学，对于学生对不同角色任务的了解，角色多样性和稳定性的理解，扮演角色技能的锻炼，角色的态度、情感以及心理习惯和社会习惯的培养等都会产生促进作用。

第二，在体育教学活动中，教师与学生一般使用的教学方法中包括教师的示范教学与学生的模仿学习。从学生的模仿学习来看，无论在课堂上教师传授什么教学内容，学生都可以采取此学习方法。学生采用模仿学习法能够深刻体会其所扮演的种种角色的感受，可强化自身的集体意识与社会意识，从而更加深刻地认识自己的社会角色与位置，理解自己所表现出的行为，提升自身的社会适应能力。

（二）体育教学与德育

1. 体育教学与德育的关系

（1）德育可提高体育教学质量：德育离不开体育教学这一途径。并且，体育教学质量的提高也是以道德教育为主要途径的。因为只有学生对学习体育的效用有了一定程度的认识和了解，才能激发其积极学习体育的兴趣和热情，才能更好地促进体育教学活动的开展。通过在体育教学中实施德育，可提高学生的思想认识能力，使学生有意识地端正自己的学习态度，从而充分认识到学习体育的重要性等。

（2）德育的实现是以体育教学为主要途径的：体育教学的根本目标是促进学生身体素质水平的提高，使学生在身心方面都得到发展，将学生培养成为德、智、体、美、劳全面发展的优秀人才。由此可知，在体育教学的内容包括德育。另外，体育教学实践中可运用各种教学形式,而且大多数需要学生进行身体的练习才能够实现运用这些教学形式的目的,而恰当的教学形式,可以反映出德育思想,所以对学生进行德育促使教学任务的顺利完成,可以在很大程度上提高教学效果。

2. 德育对体育教学的影响

在体育教学活动中,德育的影响主要表现为:

(1)可扩大学生对他人和社会的影响:如今,社会在不断地发展和进步,经济也在不停地发展,这就要求学生提高综合素质,从而适应社会发展的需要。并且,这也是与学校教育需要相适应的要求。在学校,对学生进行良好的道德教育,有利于扩大学生将来对他人与社会的积极影响。

(2)有利于学生的全面发展:对学生进行德育,要充分结合理论和实践,从而统一学生的理论与实践认知、身体与心理、思想与行为等。需要强调的是,在德育过程中要不断地强化学生的理想信念,使学生自身的知、学、行渐渐地统一,从而促进其体育实践能力与思想意识等的有机统一,使学生成为各方面都不断发展的人才。

(三)体育教学与美育

1. 美在体育教学中的体现

在体育教学实践中,无时无刻不体现着美,包含美的内容比较广泛,具体而言,主要体现在以下几个方面:

(1)教学内容的美:教学内容的美在体育教学中是非常重要的。主要有两个方面的原因:一方面,在体育教学活动中,教学内容自身的地位非常重要,也很突出;另一方面,有很多美的因素在教学内容中有所体现。

美在体育教学内容中表现得非常广泛,主要体现在两个方面:一方面是社会美、艺术美、自然美以及科学美,这些美的因素源于人类文化知识体系;另一方面是体育教师和学生在体育教学活动中加工过的美。不过,无论哪一种,都充分反映了美的存在。另外,体育教学中教学内容的美包括外在的形式美和内在的美。

(2)教学环境的美:此处所说的教学环境的美包括场地、器材的选择和布置等在内的教学的主要外部条件。环境会影响人的活动，对于体育教学而言，周围环境的影响也是需要重视的。教学环境是教学实施的必要条件，优美的教学环境可以带给学生美的感受，从而促进学生学习兴奋性的不断提高。此外，良好的教学环境还可以帮助学生克服紧张的心理、消除疲劳、对技能的理解和掌握等。

（3）教学过程的美：体育教学活动的美主要体现在两个方面。一是在体育教学实践过程中体育教师和学生所表现出来的活动，富于创造性和多样性；二是体育教师和学生在教学活动中反映出来的美的形式。

在体育教学实践中，不仅要在整个教学过程中反映出教师的独特性和学生的个性，还要具备教学的完整性、有序性、节奏性等。

（4）教师与学生形态的美：也就是体育教师和学生在体育教学实践中表现出来的行为方式的总和。具体来说，其主要包括师生的言行举止和面部表情等。形态美即教师和学生的行为举止、语言和仪表等表现出来的美。在体育教学活动中，教师的形态美与学生的形态美二者之间相互联系、相互感染，尤其是教师的形态美，对学生具有明显的示范作用。

2. 美学在体育教学中的重要意义

（1）可改善体育教学中情感激烈及个性陶冶被忽略的问题：如今，体育教学活动表现出一些明显特征，其中学校对于知识传授、思想品德教育及技能提高的重视，对情感鼓励和个性熏陶的忽视是其主要表现之一。体育教学活动包含教师的教和学生的学的双边活动。体育教师根据学生的实际状况对他们的个性进行有针对性的培养，使学生对美的情感体验更为丰富。

（2）可更加深入体育教育理论的研究：如今，国内外有关体育教学理论的研究不在少数，然而，从社会的政治经济制度及生产力的发展角度对教学进行研究的资料较多，而从其他视角如人的价值、人自身发展进行研究的资料却非常少。体育教学的任务并不仅是将体育知识和技能传授给学生，还要对学生的内在美进行良好的塑造和科学的培养，使学生可以全面发展。体育教学任务的完成与对学生进行美的教育是分不开的。

（3）可提高体育教学效应：在体育教学过程中，体育教学效应的提高与美的重要作用是分不开的，其主要体现为：

第一，教师在展开具体课堂教学前，需认真仔细地备课，钻研体育教材，在备课与钻研中体验教材中教学内容所表现出来的美，再以此为基础采用具有创造性的教学方法把自己感受到的美充分地向学生展示出来。

第二，体育教师在教学中具有主导作用，学生在此条件下，可进行创造性的学习，从而可使自身在体育理论知识、具体动作技术、身体素质、情感、智力以及思想品德等方面都得到提高。

第二节 做好高校体育教学目标设计和策略设计

一、做好体育课程教学目标的设计

（一）掌握体育课程教学目标设计的基本要求

教学目标不仅是体育课程教学活动的归宿和出发点，也是体育课程教学的灵魂。因此，在体育课程教学设计中，教学目标的确立是首先需要考虑的问题。体育课程教学目标设计的基本要求具体包括以下四个方面。

1. 要有针对性地设置适中难度的教学目标

为了达到理想的教学效果，在设计教学目标时，要难度适中。衡量难度适中的标准即为处于学生"最近发展区"，使学生经过一定的努力能够达到的程度。如此才能增强学生学习的兴趣，提高他们学习的积极性。如果难度过大，会打击学生的积极性；而难度过小，则达不到预期的教学效果。

2. 要从整体上把握教学目标的设计任务

设计体育课程教学目标，首要任务是对体育课程目标和体育教学目标有一定的了解，并且还要从整体出发，协调两者的关系，做到整体性与系统性相结合。只有这样，才能使体育课程教学目标的设计具有系统性、联系性、递阶性和层次性的特点。

3. 要将教学目标表述清楚，切忌产生歧义

教学目标对于教学活动具有指导意义。为了使教学目标更好地发挥

作用，在对此进行表述时，要尽可能地使用直接性的行为动词，使表述清晰明了，不产生歧义。

4.要将体育课程教学目标科学合理地进行细化

为了更好地将教学目标的要求落到实处，必须将教学的一般目标细分为切实可行的操作目标。通常，确切的教学目标主要包括两个方面，一个是母目标，即学习目标；另一个是子目标，即行为目标。具体来说，学习目标达成与否的具体指标的衡量标准就是行为目标，而行为目标又是学习目标实现的重要途径。

（二）体育课程教学目标设计的步骤

1.对教学内容进行分析

教学内容是教学活动的重要方面，也是确保教学目标实现的重要手段和途径。对教学内容进行分析不仅是为了确定教学内容的范围和深度，还为了将教学内容中各项知识之间的相互关系弄清楚，从而为更好地安排教学程序奠定基础。根据层次的不同，可将教学内容分为课程、单元、项目等层次，也可分为章、节、目、点等层次。具体可以根据教学活动的性质进行划分。

对教学内容进行分析是有一定的步骤的。具体表现在以下六步。

第一步：单元学习任务的选择与组织。要想达到预期的教学目标，首先要选择和组织单元学习任务，以便确定好课程内容的基本框架；其次对教学内容进行科学的编排，常见的编排方法主要有三种：第一种方法是螺旋式编排法（由布鲁纳提出）；第二种方法是直线式编排法（由加涅提出）；第三种方法是渐进分化和综合贯通编排法（由奥苏贝尔提出）。

第二步：单元教学目标的确定。单元目标确定之后，课程目标就直接变得具体化了。

第三步：任务分类。一般来说，常将学习任务分为三类，即认知、运动技能和态度。

第四步：内容的评价以及论证所选出的学习任务（内容）的效度。这一步的主要目的是看教学内容与总的教学目标是否一致。

第五步：任务分析。这一步关于对任务的分析，主要是指对学习者应学知识的分析、对知识项目之间关系的分析、对分析方法的分析与确定，等等。另外，需要注意的是，针对不同的教学任务，选择相对应的分析方法，才能取得较好的分析效果。

第六步：内容的进一步评价（对任务分析的结果进行评价）。这一步的主要目的是通过对所剖析的从属知识项目及其相互关系进行剖析，以验证其与单元教学目标是否一致。若一致，则继续实行；若不一致，就应该对遗漏的内容及时进行补充，而对于与实践教学目标无关的内容要进行删除或替换。

2. 对教学对象进行分析

对教学对象进行分析，首先要对学生的学习需要进行分析和了解。学生学习的动力是不断产生的新的需要与原水平之间的矛盾。只有学习需要一直超过原有水平，学生才会有学习的动力，才会努力学习新的知识。

对学习需要进行分析的方法主要有两种：一种是将内部制订的教学目标与教学对象进行比较，而得出差距的内部需要评价法；另一种是将外部制订的教学目标与教学对象进行比较而找出差异的外部需要评价法。在我国，内部需要评价法较为常用。

通过上述两种方法进行分析，若出现问题，就必须对所出现的问题进行进一步的分析和了解，然后提出切实可行的解决办法和措施，最后确定教学目标。

除此之外，对教学目标的实现有一定影响的学生，也需要对其一般特征、学习风格和学习的知识与能力基础等因素进行分析和了解。

3. 对教学（学习）目标进行编制

对单元教学目标进一步分解，得到更具体的教学目标，即为学习目标。学习目标主要叙述了学习者在学习了一定知识后的下一个目标。

关于学习目标的分类，不同的专家有各自不同的说法，但最具影响力的是加涅的分类法和布卢姆的分类法这两种。另外，美国学者马杰在《程序教学目标的编写》这一著作中对教学目标进行了专业的阐述，还提出了"必须以具体明确的表述方式说明学生完成学习任务以后应该达到的行为指标"的观点。

对于学习目标的编制，要根据马杰的一些理论指导进行。有学者认为，"行为""条件""标准"是一个目标的基本要素。从教学目标的设计方面来说，只有在明确学习目标的基础上，才能进行行为上的变化，才能对行为结果进行评定。通常，教学对象也会成为教学目标的一个要素，即构成四要素。通常来说，完全具备四要素的、比较规范的学习目标制定方案非常困难，往往我们只侧重学习（行为）目标中的行为部分。由此可以得出，要打好制定学习目标的基础，必须对各类目标常用的行为动词进行熟练地掌握，否则就会事倍功半。❶

二、体育课程教学策略设计

（一）体育课程教学策略的设计依据

1. 以体育课程教学目标为主要指导

体育课程教学策略是特定体育教学目标之所以能够完成的重要方式。教学策略选择的重要决定性因素就是体育课程教学目标。因此，要以体育课程教学目标为指导，来进行教学策略的设计。

2. 遵循学习规律和教学理论

作为实现教学的保证，体育教学策略也是促进学习进步的方法。不管是学习还是教学，都要以一定的规律为准绳，不能随心所欲地进行"教"或者"学"，要严格遵循学习规律和体育教学规律。

3. 体育课程教学的客观条件

体育课程教学策略的实施不是随意而为的，而是在客观条件的制约下实施的，比如一定的体育课程教学设施条件等。只有符合一定的客观条件，才能比较顺利地完成教学策略的设计。因此，在进行体育课程教学策略设计时，一定要对已经具备的各种客观条件进行全面的考察和充分的了解，再去加以利用。

---

❶ 杨名敬. 论新形势下体育教育专业人才培养模式的构建及创新［J］. 商业故事，2016（19）：79-83.

4. 体育教师自身因素

体育教师在进行教学策略的设计时，首先要以自身的因素为依据。只有符合教师自身能力的设计才能够取得理想效果的设计。否则，就无法充分发挥出该设计的应有效果。

5. 与教学对象的特点相符合

不同学生的学习风格各具特色，风格迥异。因此，为了能够取得较好的教学策略设计效果，要使教学策略的设计符合教学对象普遍的特点。

6. 体育课程学习内容

什么样的教学内容决定什么样的教学方式，只有有针对性地利用一定的学习方式对要学习的内容进行实施，才能取得理想的教学效果。因此，一定要以所学的内容为设计依据。

（二）体育课程教学策略的设计原则

1. 要坚持适当指导学生的原则

学生在学习过程中，难免会有一定的错误或者迷惘的地方，这就需要教师给予一定的提示或指导，以使学生保持这种积极的学习行为。但是，随着教学进程的不断推进和学生学习能力的不断增强，这种提示和指导应该逐渐减少，以进一步促进学生自行解决问题能力的提高，最终能在脱离教师指导和提示的情况下，自行完成学习任务。

2. 要坚持使学生对自身学习情况有所了解的原则

在体育课程教学过程中，学生往往只顾学习，对自己的学习情况没有一个比较清晰的认识，这对学习进步是没有意义的。只有及时地对自身的知识量、技能掌握情况、能力提升情况以及反应是否正确等有一个清晰的认识，才能有针对性地进行下一步的学习，有利于增强他们的学习积极性。通过教师向学生传授成功反应后的好处，并提供相对应的参考标准，进一步强化学生的这种行为。在学生反应不正确时，采用这种措施进行适当的指导是非常必要的。

3. 要坚持教学目标有范例的原则

要完成教学目标，不仅要明确教学目标，对教学目标进行较为详细的阐述，还要在教学过程中结合一些相关的事例进行生动、详细的展示说明，只有这样，学生才能更加清晰地了解所学理论知识。在体育课程教学过程中，不论是教师对技术动作的示范，还是通过各种媒体手段进行体育活动的播放等，都对学生学习的积极性有很大的帮助。

4. 要坚持使学生做出积极反应的原则

在体育课程教学开始时，实行目标范例的教学方式是非常必要的，只有将教学内容通过这种形式，生动形象地表现出来，才会达到理想的示范效果。由此得知，学生在学习时所接受的刺激和做出的反应，必须尽可能地与体育教学目标的刺激反应相匹配。这样，才能更好地达到和完成预期的学习目标和任务。

5. 要坚持合理组织教学内容的原则

学习内容是教学方式的决定性因素，只有按照逻辑层次和心理程序将体育课程教学内容组织起来，并对体育教学内容进行有序的安排和整理，才能使学生更加清晰地了解、认识并掌握学习内容，并且不容易忘记。需要注意的是，教学内容要难易适中，根据学生具体的学习情况、特点以及兴趣爱好进行相应的调整，并结合运动科学合理的教学方式。

6. 要坚持给学生机会重复练习的原则

学生之所以能够不断增加知识量，就是因为通过反复的学习能够增强记忆能力。尤其是新知识和新技能的学习，对记忆也有很大的促进作用。要想取得理想的学习效果，就需要在各种不同的情况下学习、应用知识和技能，并在不同的情况下反复练习。除此之外，如果进行与教学目标相近的练习，效果会更好。

7. 要坚持学生的差异性原则

由于学生本身的性别、性格、能力、兴趣、气质等都有一定的差异性，因此，教师在安排体育课程教学活动时，就需要特别重视这些因素。学生是教学活动中的主要主体和教学对象，教学的目的是使学生获取更多的知识，因此，在设计体育课程教学策略时，就必须以学生为出发点，因人而异，对学生进行有针对性的辅导和尊重。体育课程教学设计的根本目的，就是促进每个学生在各自原有的基础上不断提高自身能力和水平。

8.要坚持培养学习动机的重要性的原则

在教学过程中，学生只有具有学习的欲望，才会形成积极的学习态度，才会积极行动，只有行动上的驱动力增强，才会最终取得较为理想的学习效果。体育课程教学策略能够提供非常具有挑战性的学习内容和活动方式，如此，便能达到激发学生的学习动机，坚定自己能够成功的信念的目的。

9.要坚持学生时刻准备学习的原则

学生学习的目的是完成学习任务，对要求的知识技能能够较好地掌握，还要具备一定的学习能力，并最终完成学习目标。学生的学习效果与学习注意力的集中程度有关，在学习前进行一定的准备工作，对正式的学习过程有很大的帮助。而体育课程教学策略的设计就有这样的作用，使学生能够更加科学合理地安排学习时间和精力，从而最终在学习中获得成功。

第三节　创新高校体育教学方法

一、慕课在体育教学中的应用

（一）高校体育教学中慕课的应用价值分析

慕课传入中国已经有很长一段时间了。与此同时，很多学校已经开始尝试这种全新的教学方式。然而，高校体育教学中却很少使用慕课。事实上，在高校体育教学中也非常适合慕课这种教学法。

随着互联网的迅速发展，人们每天都可以上网，无论是浏览网页、了解新闻动态，还是刷微博了解时事，我们可以看到，网络在现代人生活中扮演着越来越重要的角色。互联网的飞速发展和当下人们生活方式的改变影响着人们的生活和学习，而慕课就恰好充分利用了学习过程中的网络条件。

此外，慕课是一种学习方式，具有主动性的特征，因此任何人的监督和胁迫都不会对慕课产生作用。学习者可以根据个人的兴趣爱好，选择和学习自己喜欢的运动。同时，慕课拥有非常广泛的资源，慕课在高校体育教学过程中得到应用，可以使教师和学生共同使用国外高校的体育教学资源，促进学生的学习。

当前，体育教师讲授和学生接受学习是学校体育教学的主要形式，也就是说，在大学体育课堂教学中，首先教师会对体育知识和动作进行讲解和演示，然后学生根据老师的教授进行练习。但我国大部分体育课的时间为45分钟，高校为一个半小时，在体育课的准备活动完成后，体育教师将对运动技术和动作进行讲解和演示。然而，一节体育课消耗了大量的时间在老师的讲解上，导致学生的练习活动在剩下的时间里无法顺利进行。针对这个问题，慕课可以很好地解决。

采用慕课的教学形式，当体育课教学结束后，学生可以在课后自主、灵活地复习。体育微课视频中包含真人操作和讲解，这可以帮助学生对体育课所学的动作进行复习和记忆。高校体育教学时间虽然比其他阶段的体育课时长，一般为一个半小时左右，学生在老师进行讲解后还可以有足够的时间练习和掌握运动技术。然而，他们只能对每门体育课修习一次。每学期要学习的内容基本是相同的，学生存在个体差异，对于一部分想进行深入学习的学生而言是极为不利的。

在高校体育教学中采用慕课教学法，一方面可以深入地开展学生学习活动；另一方面可以使学生掌握自己的学习进度，提高学习的自主性和积极性。同时，由于慕课的学习资源非常丰富，这有助于学生找到适合自己的运动项目和运动方式。比如，对于一些学生来说，并不适合进行剧烈运动的锻炼，因此，他们可以在慕课上寻找更适合自己的运动项目。这样既能避免损伤自己的身体，又能顺利实现体育锻炼的目的，一举两得。

当今社会，很多家长非常重视学生的体育锻炼问题。为了保证孩子的健康、茁壮成长，家长们喜欢带着孩子一起散步、晨练等。面对这一现象，不禁让人疑惑，这些体育活动真的可以强身健体吗？通常来说，人们认为只要参加体育锻炼就有益于自己的健康发展。但需要注意的是，人们只有以健康的方式进行体育锻炼，才不会对身体造成损伤，也不会浪费体育锻炼时间。如果在高校体育教学中采用慕课的方式，学生可以参照慕课中的标准动作来完成体育锻炼活动。在这种情况下，慕课就像一个专业的私人教练陪伴学生进行锻炼，还可以正确地指导学生。

（二）慕课应用在高校体育教学中的未来发展

慕课这种教学方法来自国外，我国高校采用这种教学方法才刚刚开始，因此，有些内容并不适用于我国高校，这就需要经过一定的实践进行调整磨合才能适应我国的教学理念。

基于慕课这种形式，我国各高校都应该根据自己学校的特点和实际情况，录制慕课视频。同时，在录制慕课视频时，来自多个学校的老师可以一起参与慕课的录制和讨论，然后选择多个优秀的视频上传到互联网上，学生可以根据自身的特点和教师的风格选择适合自己的慕课视频进行观看学习。不同的教师有不同的教学风格和教学方式，并且同一门课程的慕课会有多名教师录制，因此学生可以选择最适合自己的教师。除此之外，这样的环节可以避免为数众多的大班授课，也可以有效地改善学生听课效果不佳、学习效率不高的问题。高校体育教学中采用慕课的教学方式，可以实现小班化教学。同时，多名教师录制同一科目，可以在老师间形成比较和竞争，也可以帮助学生更仔细地观察教师的教学缺点，提出反馈意见，以此提高高校体育教学质量。

由于慕课在高校体育教学中的应用主要基于在线教学，因此不存在所谓的监督制度，这就需要学生具有高度的自觉能力和自主学习能力。在高校体育教学评估与考核问题方面，可以不再使用计算机评估方法，可以在体育教师组织学生进行网络学习后，安排传统的考试。这样的考核可以避免学生作弊的现象，也能检测学生的学习成效。对于慕课的作用，老师和学生都应该正确看待。

对于慕课这种教学方式来说，教师并没有完全解放。例如，高校体育教学过程中采用慕课教学，在这个过程中学生有问题，他们只能观看同一个视频。为此，师生之间应该进行定期的、有规律的交流和沟通反馈，这样一方面可以增进师生之间的感情，另一方面有益于学生的学习。虽然慕课在我国的应用还处于初步发展阶段，但慕课的发展是现代网络飞速发展背景下的必然趋势。高校体育对慕课的运用，可以给未来的教学带来全新的启示。

值得注意的是，在高校采用慕课这种教学方式开展体育教学时，应该以我国高校实际的教学情况为基础。例如，在篮球课堂教学过程中，不仅要教手上的动作，还要教脚上的动作，更重要的是，这二者的教学活动应该紧密联系在一起。鉴于此，教师在制作相关慕课时，不仅要对这些动作进行分解，还要有一个标准化的整体动作，便于学生进行学习和模仿。我国对于慕课在体育教学中的应用并不广泛。如果高校体育教学要构建完整的慕课体系，需要大量相关的慕课体育教程。如果引进国外的教学资源，这些资源多是外语，很多专业名词会造成学生的理解困难。这就使慕课在制作时需要聘请优秀的专业教师进行制作，按照一定的标准进行设定，这有利于慕课的进步和发展。

二、翻转课堂在体育教学中的实施策略

（一）建设在线虚拟教学平台

翻转课堂的实施创造前提和基础是构建在线虚拟教学平台。该平台主要包括五个模块：一是教学内容上传模块；二是师生交流与答疑模块；三是学习跟踪与监控模块；四是在线测试与评价模块；五是学习总结与成果展示模块等。以在线虚拟平台为依托，高校体育教师可以上传微视频、PPT以及音频材料，可以在平台上实现作业的发布工作、在线测试和在线交流工作、监控监督工作以及在线评价工作等。而学生也可以通过该平台下载学习的有关资料或进行在线学习，并且通过这个平台可以实现与体育教师的及时沟通和交流。

（二）注重评价机制的创新

传统的教学评价方式是纸笔测试，而高校翻转课堂教学模式不应该局限于纸笔测试，且在各个方面区别于传统的评价机制，如评价内容方面、评价主体方面、评价方法方面以及评价标准方面等，否则，翻转课堂的实施将流于形式，达不到真正的目的。在高校体育教学翻转课堂模式下，一是评价的主要目的在于实现评价促学、评价促教；二是主要

评价指标应该是学生的进步程度;三是应该注重采用多元化的评价。否则,评价就会没有针对性和全面性。评价主体、评价内容、评价方法、评价阶段等方面是多元化评价的主要内容,多元化评价应该紧紧围绕促进学生学习和促进教师教学两个方面来开展,主要目的在于提高教学效果,促进学生学习。

（三）提高体育教师的综合素养

教育教学改革的核心和关键始终是教师,教师关乎改革的成败。翻转课堂作为信息社会的产物,既是一种先进的、科学的教育教学理念,也是一种先进的、科学的教育教学方法。因此,对体育教师的综合素质有了更高的要求。体育教师一方面是在线虚拟教学平台的建设者、设计者和使用者;另一方面也是开发和上传教学视频等学习资源的人;一方面是学生学习的组织者、传授者、引导者,另一方面是学生学习效果的设计者、组织者、评价者;一方面是学生在线学习的监督者,另一方面是教学设计的改进者与完善者。

（四）追求体育课堂的实效性

翻转课堂虽然应信息社会的时代背景而出现,是一种新生事物,符合社会的发展趋势和潮流,但尚未形成公认的、科学的、严谨的实施模式。虽然各学科对翻转课堂的研究成果比较丰富,然而,也存在许多不足,需要进一步探索和完善,主要表现在以下几个方面。

（1）在翻转课堂模式下,虽然体育教师放弃了对学生进行课堂讲解和示范的时间,但并不意味着教师的作用被削弱；恰恰相反,体育教师的作用变得更加关键和重要。一是课前教学视频的录制与采集离不开体育教师的参与；二是教材的优化与整合离不开体育教师的付出；三是在线虚拟教学平台的建设与管理离不开体育教师的维护；四是课堂讲解与示范离不开体育老师的参与；五是学生活动的设计离不开体育老师的组织；六是课后学生学习效果的评估与评价离不开体育教师的操劳；七是教学方案的优化与修订等离不开体育教师的参与。如果过分弱化体育教师的作用,学生的学习就会失去系统性、效率性、效能性,那么,高校体育教学最终会出现"放羊式"的结果。

（2）避免忽视对学生课前学习的跟踪和监控,造成高估学生自主性学习的情况：对于翻转课堂的教学模式而言，其构建的重要基础就是"掌握学习"。因此，翻转课堂的有效实施不能脱离学生的自主学习。在现实社会中，学生作为一个复杂的存在，在课堂教学开始之前，并非每次都可以在在线学习中对体育内容进行有效的、自觉的学习。因此，教师对学生进行适当的检测和跟踪，是有必要的，这不仅可以监督学生完成技能学习和知识学习，而且可以有效地培养学生的自主学习能力，增强学习效果。

（3）体育翻转课堂在实施时，要避免偏离翻转课堂的本质，避免过分追求形式：毫无疑问，实施翻转课堂教学模式的主要目的是在一定程度上提高体育教学的时效性和学习效果。体育教学的存在离不开价值的支撑和丰富，高水平的体育课程教学是为了既合法、正当又有效地开展高校体育教学，如果过分追求形式，并且对体育教学的重视不够，那么在高校体育教学中实施翻转课堂这种教学模式，就没有任何实际意义。

在体育教学改革不断深入发展的关键阶段，越来越多的体育教师投身于体育教学改革，我们仍然应该仔细审视翻转课堂教学模式的缺陷和优势，尤其是要尽量避免对翻转课堂性质的背离和对形式的过度追求。

第四节　开发高校体育课程资源

一、传统特色体育课程的开发建设

（一）传统特色体育课程开发建设原则与策略

我国高校要以科学发展观为指导，以弘扬民族传统体育精神为目标，与时俱进地建设具有时代特点、传统特色、文化内涵、民族精神的传统特色体育课程。基于此，传统特色体育课程开发建设的原则和策略如下。

1.传统特色体育课程开发建设的原则

原则是行事所依据的准则，高校传统特色体育课程的开发建设要在既定的目标准则下进行。基于此，传统特色体育课程开发建设应遵循以下原则。

（1）教育性原则：用来培养人才的高校特色体育课程首先要符合教育性原则。传统特色体育课程的教育性体现在以"健康第一"为指导思想，以身体素质教育为基本途径，在传授学生体育知识、技能的基础上，要让学生体验民族文化的淳朴与亲切感，使学生在传统特色体育活动中享受生活的乐趣。通过传统特色体育项目教学，可以培养学生的爱国爱家情怀，让学生热爱传统文化，弘扬传统文化。

（2）适宜性原则："千里不同风，百里不同俗"是我国民族文化多样性的真实写照。我国民族众多，地域辽阔，地形复杂，气候多样，因而形成了各具特色的传统特色体育项目，其活动内容和形式也存在很大差异。传统特色体育的地域性、民俗性、民族性是其固有的特色，因此，高校传统特色体育课程的开发建设中要遵循适宜性原则，我国传统特色体育课程的开发建设不应千篇一律，而应依据各大高校的客观现实，从实际出发，发挥地域优势。

（3）实践性原则：实践性原则是马克思主义思想中的重要原则，综观整个马克思主义哲学可知，重视实践的思想是串联马克思主义哲学的一条中心线。高校在传统特色体育课程开发建设的过程中要坚持实践性原则，培养学生认识客观世界的能力。学生通过传统特色体育课程教学环节，认识到传统特色体育的内容、形式、内涵、意义；认识到传统特色体育对我国社会的生产、生活发展的促进作用；认识到传统特色体育在人与人、人与自然、人与社会和谐发展过程中的实质和关键作用。

（4）科学性原则：科学性原则是指教师在高校传统特色体育课程教学实践中所选的教学内容，应是有利于学生身体锻炼和运动技能提高的，并且是安全的。一方面，高校传统特色体育课程教学内容要能有效地为增进学生的身体健康服务，有助于培养学生的锻炼能力；另一方面，高校传统特色体育课程教学的内容要保证在民族传统体育教学环境和条件下实施，同时在实施过程中要做好安全防护。

（5）可行性原则：再科学的传统特色体育教学内容，不符合本地区和本学校的实际条件都应果断放弃。可行性原则是指教师在高校传统特色体育课程教学实践中所选的教学内容应符合本地区大部分学校的物质条件、教师的能力以及学生的实际情况。

2. 传统特色体育课程开发建设的策略

(1) 营造良好的校园文化氛围：高校发展传统特色体育，不能仅在体育课程教学中进行，还需要有目的、有计划、有组织地广泛开展各种形式的传统特色体育活动。课外传统特色体育活动对高校传统特色体育课程教学起着重要的辅助作用，能够对其进行补充和延续，它也是高校传统特色体育课程的重要组成部分，能够使传统特色体育教学课时不足的问题得到一定的解决。此外，高校还应鼓励建立传统特色体育活动的相关组织。例如，组建传统特色体育学生社团、组建传统特色体育训练队、成立传统特色体育表演队等。课外传统特色体育活动的开展，能够进一步丰富高校传统特色体育文化的内容，还能使师生对传统特色体育文化的认识进一步提高。

(2) 完善教材建设与教学内容：传统特色体育教材既是学生学习的依据，也是教师教学的依据。高校应当加强传统特色体育教材的建设与理论的传授。高校应当按照统一的教学大纲，规范化地整理具体的传统特色体育课程教学内容。传统特色体育项目有丰富多彩的内容，其中适合在高校开展的项目也有很多。传统特色体育课程要想适应学生和社会的需求，就必须对现有的内容单一竞技化、手段方法训练化进行深入的改革，对教学内容的多样性进行深入挖掘，从而达到传统性与现代性相统一、技术性与文化性相统一的目的。课程内容的设置应当在听取教师在教学中的心得和学生学习后的体会的基础上，根据他们提出的意见和建议，有针对性地对教学内容进行调整和充实，尽可能多地设置一些融趣味性、实用性、健身性于一身的传统特色体育项目。另外，注意根据高校的实际情况和师资力量，以及区域经济、环境条件等开设相应的教学内容。

(3) 有效地进行整理、筛选与创新：我国是一个多民族的国家，因此，有众多的传统特色体育项目，这就要求高校对传统特色体育研究的力度要进一步加大，并且对传统特色体育的分析和论证也要加强，将那些最具有代表性、最能体现民族文化、便于操作，同时能够使广大学生身心特点得到体现的项目挖掘出来，然后对其进行相应的整理、筛选、创新和提炼，去其糟粕、留其精华，将传统特色体育的时代性体现得更加充分和显著。具体要做到以下三个方面的要求：第一，不仅要对传统特色体育项目的健康性、实用性和可操作性有较为充分的考虑，而且要将项目的适宜地域、季节和本校的实际情况进行综合考虑，做到因地、因时、因人选择；第二，传统特色体育课程内容开设的条件是否符合高校的实际情况和师资力量，以及当地的民族文化等，也是应该考虑的重要方面；第三，要有针对性和目的性，在开发和利用传统特色体育课程资源时要对课程的理念进行及时的更新，从而实现传统性与现代性相统一、技术性与文化性相统一的效果。

（二）传统特色体育课程开发建设的代表项目

1. 传统养生体育课程开发建设的代表项目

我国传统特色体育项目中，传统养生体育项目有非常明确的健身性，对人的身体有特殊的调养和保健功效，适合各个年龄段的人群参与练习。高校将传统养生体育项目引入传统特色体育课程开发建设中，就可以通过传统养生体育健身理论与锻炼方法满足高校学生的健身需求和身心素质的全面发展。这里主要针对传统养生体育项目中最具代表性的易筋经和五禽戏进行分析。

（1）易筋经：易筋经源自我国古代秦汉的导引术，其含义可以简单地理解为活动身体肌肉、筋骨，让人体经络、气血通畅而进行的增进健康、祛病延年的健身方法。高校特色体育课程中可以传授易筋经的基本动作和练习要领。练习易筋经不可操之过急、急于求成，而要一步一步稳扎稳打。练习者可以根据自身的特征选择练习易筋经时的姿势，动作幅度也因人而异，不必强求达到"标准"和完美。

易筋经的练习要领主要包括"呼吸自然，贯穿始终""气动配合，正确发音""精神放松，形意合一""刚柔并济，有虚行实"四项。

（2）五禽戏：五禽戏是我国重要的健身强体项目，直到今天它都是我国传统特色体育养生项目的代表。高校特色体育课程中可以传授五禽戏的练习要领。

五禽戏的练习要领可用四个字来概括，即"形""气""意""神"。

2. 传统民俗体育课程开发建设的代表项目

我国传统特色体育项目种类繁多、数不胜数，这里主要分析舞龙、高跷在高校特色体育课程中的应用。

（1）舞龙：舞龙构成了中华民族民间传统文化的重要组成部分，其历史悠久、源远流长，内容丰富多彩，已经走过了漫长的岁月。舞龙，又称"龙舞""龙灯"，是中华民族的传统体育娱乐活动。每逢佳节、盛会，人们在长街广场和街头湾边舞起龙灯，以增添欢乐喜庆的气氛。高校特色体育课程可以从舞龙的技术教学展开。

舞龙运动的技术动作主要划分为五大类，即"8"字舞龙类动作、游龙类动作、穿腾类动作、翻滚类动作、组图造型类动作。

（2）高跷：踩高跷作为民间传统体育娱乐活动的一个代表，历来受到人们的喜爱与欢迎。我国民间对高跷的称呼，唐以前叫长跷伎，宋时叫踏跷，清代开始才叫高跷。高校特色体育课程可以从高跷的技术教学展开。

踩高跷的基本技术通常包括握高跷、上高跷、踩高跷和下高跷四个基本环节。

二、休闲特色体育课程的开发建设

（一）休闲特色体育课程开发建设目标与策略

1. 休闲特色体育课程开发建设的目标

休闲特色体育课程开发建设的目标集中体现了人们对休闲特色体育课程价值的理解，是教育目的在休闲特色体育课程中的具体体现。简言之，休闲特色体育课程的目标在于传授学生休闲特色体育的知识与技能，培养学生合理运用休闲时间的意识，提高学生对休闲特色体育行为正确判断的能力，提高学生科学选择体育休闲和健康休闲的能力。具体而言，休闲特色体育课程开发建设的目标分为整体性课程目标和终身性课程目标两类。

（1）整体性课程目标：休闲特色体育课程的整体性目标是指通过休闲特色体育的学习，提高学生的逻辑思维能力和创新精神，培养学生正确的人生态度和休闲价值观念。具体来说，休闲特色体育课程的整体性课程目标包括以下方面。

①以人为本。当前的高校体育教育主要传授的是竞技体育方面的知识。学生在这种体育教育环境下，也向着竞技体育的方向发展。休闲特

色体育课程强调以人为本，就是要将体育教育回归到人本身上。在开展休闲特色体育课程的过程中，进一步培养学生的和谐、合作、诚实、理解等美好品质，将学生塑造成一个具有高尚品质的人，真正地为社会输送优秀的人才，这是开展休闲特色体育课程的首要目标。

②尊重差异。休闲特色的体育课程要尊重学生的差异性。每个学生都是独一无二的，若是利用整齐统一的体育考试制度和成绩评价方法来考核参与休闲特色体育课程学习的学生。那么，学生为了这些统一的标准去竞争、去发展。那么学生的个性就不能得到发展，探讨学生个体之间的差异性就显得没有意义。休闲特色类的体育课程本就是较为自由、宽松的，若是抹杀了学生所具有的个体化特征，学生为了同样的标准去学习，那么学生在其中也不能得到良好的发展，课程所强调的自由性也会受到影响。尊重差异即成为开发建设休闲特色体育课程的一个重要目标。

③重视体验。休闲特色体育课程非常强调学生在其中的体验感，这也是休闲特色体育课程的一大特色。教师在带领学生学习休闲特色体育课程的过程中，要鼓励他们积极地去感受、去体验、去成长，在课程中收获轻松、自由的心境，实现身心的健康发展。在开展休闲特色体育课程的过程中，体育教师切忌只运用枯燥的讲授方法教导学生，要为学生创造更多的实际去体验休闲特色体育的机会，让他们自己去探索。

④自由选择。休闲特色体育课程应当依据学生的自由意愿，进行体育运动的自由选择。这种自由选择性，要能够在开展休闲特色体育课程的所有阶段中都能实现。不过，需要注意的是，自由选择不等于盲目选择，教师还是要对学生进行正确的指引，避免盲目乱选的情况出现。

（2）终身性课程目标：终身体育观的产生和发展，不仅对现行的学校体育制度、内容和方法产生深远影响，而且在充实人生和提高劳动者的素质方面起着重大的推动作用。休闲特色的体育课程的终身性的课程目标指的是，要通过开展休闲特色体育帮助学生寻找到自己真正喜爱的休闲特色体育项目，并且在完成学校教育，踏入社会之后，也愿意自己去进行、开展的体育项目。终身性的课程目标，要求学校将培养学生的目光放得更加长远一些，要立足学生的终身发展。具体来说，休闲特色体育课程的终身性的课程目标主要体现在以下三个方面。

①个人的一体化。休闲特色体育课程个人的一体化指的是，休闲特

色体育课程要使学生的个人兴趣、能力、习惯一体化。传统的学校体育以增强学生体质为目的，只把学生看作生物人，体现在体育教学中即以教师为中心，强求一致、千篇一律，很少考虑学生的需要与个体差异，其结果必然导致学生对体育课产生淡漠与厌倦。如果某个学生在学校学习期间就已经对某一类体育活动项目产生了一定的厌恶感，那么要想让这个学生对终身体育产生兴趣，基本是不可能的，更谈不上终身运动了。为了让学生能够在离开学校后也能够坚持体育锻炼，需要采取有效的措施培养学生对体育活动的兴趣。合理地利用休闲特色体育课程，就是培养学生体育兴趣的一个有效途径。只有兴趣没有掌握正确的体育运动技巧也不行，因此，在开展休闲特色体育课程的过程中，除了培养学生对体育的兴趣外，还要注意教学生正确的、适用于各类运动的普遍技巧，帮助其实现终身锻炼。

②课内外一体化。高校在组织开展休闲特色体育课程时，通常都将注意点放在教学手段和教学方法上，没有对学生重点讲解这些休闲特色体育项目的更深层次的内容。学生对于休闲特色体育项目的认识基本是浅尝辄止，很难形成终身体育意识，也很难获得终身运动的能力。这样造成的后果就是，大多数的高校毕业生在进入社会后就将体育锻炼扔在一旁。因此，仅仅依赖休闲特色体育课程来帮助学生养成终身锻炼的习惯是很难的。课内外相结合是完成休闲特色体育教学终身目标的重要保证和途径。高校应因人而异地建立个性化的运动模式，实现休闲特色体育课程与课外锻炼之间的良好融合，将课外体育锻炼也作为体育考试测评的一个要素，这样才能促使学生真正地开展课外体育运动锻炼，才可能形成终身体育锻炼的意识和获得相应的体育能力。

③校内外一体化。个人的成长与发展离不开三个因素——家庭、学校与社会，并且这三个因素之间是不可分割的，每一个因素也都在个人的成长中发挥着重要作用。对于终身性课程目标而言，这三个因素中的每一个因素，也都是影响终身性课程目标实现的重要因素。家庭是组成社会的基础单位，家庭教育对于人的终身发展来说，起着至关重要的作用，是开展终身体育的起点。学校是开展体育教育的重要场所，学生在学校可以获得体育知识，锻炼身心，是实现终身教育的一个关键。完成学校教育后，每个人都会进入社会，社会体育作为家庭体育和学校体育的延伸，是实现终身教育的最后一环。

2. 休闲特色体育课程建设的优化策略

体育强国背景下高校休闲特色体育课程建设的优化策略可以从思想认识、专业规范、资源整合、教师培养、目标调整、课程设置等方面入手。

（1）提高休闲特色体育课程建设的思想认识：思想对实践发挥着高屋建瓴的作用，因此高校休闲特色体育课程建设首先要提高思想认识，主要表现为以下三个方面：其一，提高国家体育管理者对休闲特色体育重要性的思想认识。高校广泛开展休闲特色体育课程建设有利于培养祖国接班人的终身体育意识，提升高校学生参与体育锻炼的积极性。因此国家管理者要加大对休闲特色体育课程建设的资金投入力度，建立健全休闲体育设施，完善相关政策法规。其二，提高高校各管理层领导对休闲特色体育课程建设的相关思想认识。从宏观层面而言，休闲特色体育关系到我国建设体育强国，也关系到我国高校学生体质的提高，高校管理者要对休闲特色体育课程的重要性有足够的认识，提高对相关课程建设的重视程度。其三，提高学生和社会各界人士的思想认识。国家要加强对休闲特色体育的舆论宣传，让高校学生意识到此门课程的重要意义，通过广泛的宣传还可以调动全民休闲健身的积极性。

（2）完善休闲特色体育课程建设的专业规范：高校休闲特色体育课程属于新兴的课程类型，发展时间短，课程发展尚不完善。我国教育管理部门要积极组织各大高校的专家、学者进行讨论研究，根据我国的具体国情，建立和完善休闲特色体育课程建设的专业规范。在专业规范设置之前需要展开广泛的调查，听取各个学校专家、学者和师生群体的意见，在此基础上根据我国特色休闲体育课程的指导思想、人才培养方向目标、课程开展现状情况与问题、教材建设情况等进行深入的讨论和研究，建立全面、科学、可行的专业规范。

（3）整合休闲特色体育课程建设的优势资源：我国是一个幅员辽阔、文化悠久、民族众多的国家，基于此，各个地域的体育特色与体育文化也各不相同，在体育资源差异悬殊的全国大范围内，若是进行全国标准化的休闲特色体育课程设置，则不能起到很好的教学效果。因此，各个地区的高校要充分整合本地域的优势体育资源，开设地区特色休闲体育课程项目。例如，冰雪资源丰富的北方地区可以开设滑雪、滑冰等特色休闲体育课程；水源丰富的南方地区可以开设龙舟、水球等休闲特色体育课程；山地众多的西部地区可以开设登山等休闲特色体育课程；等等。各高校充分整合地域体育优势资源，不仅可以扬长避短发挥本校优势，还可以突出地域体育特色，发扬地域特色体育文化。

（4）重视休闲特色体育课程建设的教师培养：教师是教学的主体，因此开办高校休闲特色体育课程就需要加强对相关师资力量的培养，提高教师的专业化程度和休闲特色体育教学能力。我国高校要设置符合我国基本国情和休闲特色体育课程教学目标要求的师资培养目标，培养出既具有深厚的休闲特色体育相关知识背景，又具有优良教学能力的体育教师。

（5）调整休闲特色体育课程建设的培养目标：在建设体育强国的背景下，我国的体育事业和体育产业的发展势头强劲，再登高峰。休闲特色体育作为一种具有休闲性、娱乐性和趣味性的体育项目，其中蕴藏着巨大的发展前景和市场空间。随着我国休闲体育产业和事业的发展，未来需要大量的相关人才，因此高校要根据国情和社会需求制订合理的休闲特色体育人才培养目标，为国家体育发展输送专业人才资源。高校要加强休闲特色体育相关的社会交流和合作，及时掌握行业发展的动向和市场发展的情况，调整课程建设和人才培养目标，满足行业人才所需。

（6）优化休闲特色体育课程建设的课程设置：目前，我国各个高校在休闲特色体育课程设置方面各行其是，课程内容杂乱，学科之间的联系不足，高校之间的沟通也欠缺。因此需要从全局的观念进行统筹，制订高校休闲特色体育课程设置的战略指导思想，从宏观上指导各大高校课程设置的优化。教育部门还要建立有效的监督管理机制和指导体系，监督各大高校积极优化本校的休闲特色体育课程。

（二）休闲特色体育课程开发建设的代表项目

休闲特色体育项目类型众多，这里主要探究攀岩和轮滑在高校特色体育课程中的开发建设。

1. 攀岩

攀岩是一项集健身、娱乐和竞技于一体、深受人们欢迎的运动项目。攀岩充分表达了人们要求回归自然、挑战自我的愿望，那些在岩壁上稳如壁虎、矫若雄鹰地腾挪窜移，韵律与力度中透着的美会让所有的人感受"岩壁芭蕾"的无尽魅力。攀岩要求运动员身体素质全面，具备勇敢、顽强和坚韧不拔的精神，能够在各种不同的高度及角度的岩壁上轻松、舒展、准确地完成腾挪、转身、跳跃、引体等惊险动作，给人以优美、惊险的享受，故又称攀岩为"岩壁上的芭蕾"。❶高校特色体育课程中可以传授攀岩的技术。

2. 轮滑

轮滑运动，过去人们一般称为"滑旱冰"，它是滑冰在陆上辅助训练过程中逐渐演变而成的运动项目。高校特色体育课程中可以传授轮滑的技术。

三、竞技运动特色体育课程的开发建设

（一）竞技运动特色体育课程开发建设原则与目标

1. 竞技运动特色体育课程开发建设的原则

竞技运动特色体育课程开发建设要遵循以下基本原则：

第一，简化性原则。竞技运动特色体育课程对技术、战术和学生的运动负荷量要求都不高，所以应适当地简化动作。

第二，普及性原则。竞技运动特色体育课程是针对全体学生开放的，所以开发建设时应注意要满足全体学生的需求，尤其是他们对体验性、文化性、娱乐性的需求。竞技运动特色体育课程在内容上要逐步改变纯竞技式的、成人化的运动项目，增加娱乐性、实用性，使广大青少年儿童都能参与的活动。

第三，适应性原则。竞技运动特色体育课程要适合学校场地器材和师资力量等条件，形式灵活多样，运用方便，有广泛的适应性。竞技运动特色体育课程要根据学生身心的特征，抓住运动项目中的主要因素简化规则，技术性越高的项目，越要根据高校体育教学需要改变其规则。

---

❶《当代高校体育》编委会．当代高校体育［M］．西安：西安电子科技大学出版社，2013：214．

2. 竞技运动特色体育课程开发建设的目标

教育的基本目标是培养德行、智慧、体质皆合格的人才，竞技运动特色体育课程开发建设的目标也是如此，分为德育目标、智育目标和体质目标。

（1）竞技运动特色体育课程开发建设的德育目标：相较于其他体育课程形式而言，竞技运动特色体育课程是提升高校学生德育水平的理想载体之一。竞技运动特色体育具有极强的对抗性和团队性，能够培养学生的对抗拼搏精神，促使学生突破自我，提升学生的团队合作精神。高校在开设竞技运动特色体育课程时，要注重对学生思想道德素质的培养，培养学生尊重规则、尊重对手的意识；培养学生良好的竞争习惯和竞争意识。

（2）竞技运动特色体育课程开发建设的智育目标：竞技运动考验的不仅是学生的体育运动素质，还考验学生的智力素质，学生在经济运动中面临变化多端的激烈"战况"，需要有灵活应变的思维和快速决策的能力。因此，高校竞技运动特色体育课程要注重培养学生的运动智力，因为方法是死的，竞赛是活的，学生即便掌握了极为纯熟的竞技技术，若是无法应对瞬息万变的竞技场面也无法取得竞技运动的胜利。体育技能的学习是学生智育培养的重要通道，而竞技体育运动是学生智育培养的高速通道，高校要充分认识到竞技运动特色体育课程对学生智育提高的重要意义。

（3）竞技运动特色体育课程开发建设的体质目标：虽然竞技体育运动的核心目标不是提升学生的体质水平，但是只有具备良好体质水平的学生才能在激烈的竞技运动中脱颖而出。因此，体质目标也是竞技运动特色体育课程开发建设的目标之一。高校可以通过相关课程的开发建设提升学生的运动激情，让学生在拼搏进取的汗水中收获健康的身体。

（二）竞技运动特色体育课程开发建设的代表项目

具有特色的竞技运动类型多样，这里主要列举了壁球和手球，探究其在高校特色体育课程开发建设中的应用。

1. 壁球

壁球是一项很有锻炼价值且适合各阶层、各年龄段的人参加的新型运动项目，也是一项终身运动。高校特色体育课程可以从壁球的技术展开教学。

壁球的技术包括基本动作、击球技术、杀球技术、顶棚球技术四部分。

2. 手球

手球是综合了篮球和足球的特点而发展起来的一种用手打球、双方互相攻守，最终使球攻入对方球门得分的球类运动。高校特色体育课程可以从手球的技术展开教学。

手球技术是指运动员在比赛中为了达到预定目的而使用的符合比赛规则要求的专门动作。它是手球比赛的基础，直接影响着比赛的胜负。要想在比赛中取得优异的成绩，必须练好各种基本技术动作。手球技术由进攻技术、防守技术和守门技术三部分组成。

第五节　探索高校体育教育的其他途径

一、培养大学生的体育素养

通常我们所说的素养主要包括两个层面的含义：第一个是指个体在某方面的有意识的修养；第二个是指个体在平常学习、工作、生活中形成的修养。❶从本质上来讲，体育素养就是指体育文化水平，是指一个人平时养成的在体育方面的修养。一般情况下，体育素养是在先天遗传素质的基础上，通过后天环境与体育教育的影响所产生的，包括体质水平、体育知识、体育意识、体育行为、体育技能、体育个性、体育品德等方面的要素综合体育素质与修养。在我国教育体制改革的大环境下，高校培养和发展学生全面的体育素养是实现学生全面发展，贯彻素质教育指导思想的重要途径。结合当前的高等教育教学目标及发展趋势，学生体育素养的构建及行为培养应以终身体育为核心，重点培养大学生保持身心健康所要具备的有关体育方面的修养。

---

❶ 于可红，金福春. 体育文化概论［M］. 北京：高等教育出版社，2004.

（一）转变体育教学观念

从体育教学观念方面入手，帮助学生正确认识体育教学的重要性，转变传统的应付式学习观念，逐渐将培养学生体育素质作为体育教学的主要目标。高校体育教学确立培养学生体育素质的主要目标，不仅可以突破以往仅为了增强学生体质的教学观念的束缚，还可以提高体育教学的适应性，促进学生的全面发展。将增强学生体质作为长远的发展目标，从大学生的实际情况出发，培养学生养成良好的体育意识、体育技能、体育习惯、体育道德等，充分考虑大学生的生理、心理和社会适应等各方面因素。通过对体育教学观念的改变，教师可以从社会与心理的角度选择适合大学生的教学内容，树立多维体育观。现代教育应将人的身体、思想、情感、意志、品德和行为视为统一的整体，能够实现对人的全面培养和发展。体育教学应从原来的"育体"向"育人"的方向转变，由原来的以运动技术传授为主的体育教学转变为以全面协调发展学生的身体素质为主的体育教学，建立起以合理的运动实践为手段，全面完成增强体质、传授体育文化、培养学生的终身从事体育健身的意识、能力及坚持体育锻炼的意志品质的统一协调发展的教学新体系，为学生终身从事体育锻炼打下良好的基础。

同时，通过对体育教学观念的转变，高校体育教学的内容将变得更加宽泛。通常可以通过生命性、社会性和未来性三个方面表现出观念转变后体育教学的价值所在。

（1）生命性是指在教学中应重视学生个体生命多方面的发展价值，体育教学本身就是一个提高生命价值的事业。当前，"健康第一"的观点甚为流行，普通高校体育教学应责无旁贷地承担起为生命的健康发展服务的神圣使命。

（2）社会性是指体育教学必须把人格塑造和促进社会化纳入其价值体系。

（3）未来性是指在体育教学中应体现终身体育思想，应着眼于长远目标，使学生终身受益于体育。

总之，体育教学应建立一种全新的观念体系，从而为更好地培养大学生的体育素质创造有利条件。

（二）创新体育教学模式

要培养和发展大学生体育素质，还需要高校从教学改革上寻求突破口，不断解放思想，以有效提高体育教学质量。不断突破传统的思想观念、体制和模式等，大胆探索体育教学改革新思路，建立"四位一体，散发渗透"的体育教育模式。所谓"四位一体，散发渗透"，即学生在校期间的体育课、课外体育活动、体育竞赛、校园文化环境的影响四位一体，使理论教学、技能传授、课外体育锻炼有机结合，通过将体育文化多散点地对学生实行渗透的方式，达到培养学生体育素质的目的。通过改进体育课堂教学、体育教学活动模式等，采用更加丰富多样的形式，从而满足不同学生的不同需求，实现学生体育素质全面提高的目的。

（三）优化体育课堂教学

我国高校体育课程主要以基础课和选修课的形式出现。基础课是指以全面发展身体为主，所采取的一种教学组织形式。而选修课是指在完成全面身体锻炼的基础上，保证学生能够根据自己的兴趣、爱好和特长在学校开设的体育运动项目范围内，选择自己喜欢的运动项目进行学习的一种教学组织形式。在体育教学过程中，通过基础课与选修课相结合的形式，不仅可以达到全面提高学生身体素质的目的，而且能够使学生掌握运动项目科学锻炼的基本知识和技能，培养锻炼的兴趣和习惯以及在体质和健康方面的自我评价能力。

如今，高校体育教育已经具有较强的创造性，在课堂教学中需要注意的方面也越来越多。比如，要注意做到以下三点：一是，体育教学要做到因材施教；二是，体育教学要注意增加体育理论课的教学时数；三是，体育教学要注意开设适宜的体育项目，加强对学生体育知识和健身方法的传授；四是，要注意优化体育教学组织，创新体育教学方法。

（四）加快校园体育文化环境建设

加强校园体育文化环境建设对于提高大学生的体育素质具有十分积极的意义。在大学生体育文化素质的形成过程中，受多方面因素的影响，大学生知识增长和能力的提高在很大程度上受思想观念、价值观念的影响。其中，体育文化环境因素对大学生体育意识和体育价值观的形成具有极其重要的作用。

建设优质的校园体育文化环境，可以对高校学生起到陶冶、导向和激励的作用，有利于大学生健全人格的培养。高校可通过建立体育宣传栏、悬挂宣传条幅等方式，利用校园文化进行体育文化舆论宣传。例如，可以在学校的每个运动场地、区域都竖上与该运动项目相关的宣传牌，包括该运动项目的中英文名、项目的简介、技术要领、锻炼作用以及注意事项等；体育馆门厅两侧可布置上制作精美的健身、宣传长廊，包括体育锻炼对身心的影响，准备活动、合理营养的要求与功能，各年龄段身体形态的正常值等内容，墙上还可布置上名人谈体育运动和体育的格言等。

除此以外，通过充分发挥体育课和体育教师的教育功能；实施个性化培养，建立专项课外体育活动；发挥体育竞赛的激励作用；发挥体育宣传的导向作用等方式，也是加强校园体育文化环境建设的重要途径。

二、构建学校体育安全教育体系

人、环境、管理等都会对体育安全产生一定的影响。学校体育安全教育体系是一种控制系统，针对学校体育安全影响因素采取所有控制手段的有机结合，针对任何时期、任何阶段、任何范围内体育活动中存在的安全问题而建立。

学校体育安全教育体系具有操作性和时效性，本质上是一个管理系统，具有一定的可控性。将体育安全直接影响因素中的人员、环境作为管理对象，体育安全教育体系分为三个不同的子系统。

（一）学校体育安全基础管理教育体系

学校体育安全基础管理教育体系主要是对人、物资和环境的安全管理，这三个方面各有不同的内容，但是综合在一起后又构成了统一的整体，也就是安全基础管理体系的具体对象，每一个部分并不是单独存在，而是一个统一的整体。

在学校体育安全管理体系中安全基础管理体系的内容发挥了重要作用，是学校体育安全教育体系中的子系统，监督了学校体育安全教育体系的整体安全情况。

(二) 学校体育安全人员管理教育体系

对于安全来说起主导作用的是人,在学校体育安全体系中,仍然发挥了重要作用,学校体育安全人员管理体系是保障人员安全的基本措施,可以保障避免由于个人原因导致的体育安全事故。它包含了学校师生及其他人员的体育安全素质和加强学校师生的体育安全管理两部分。

1. 客观条件安全保障

一些学校体育安全事故的发生是由客观原因导致的,为了防止出现这样的问题,学校师生的体育安全管理应该集中在体育安全问题责任的划分上。学校体育安全管理制度在一定程度上可以约束学生和教师的行为,为开展体育活动承担自己的责任和义务。当出现体育安全事故后,要及时抢救受伤人员和财产,第一时间收集体育安全信息,对体育活动过程中出现的问题承担相应的责任。

2. 主观意识安全保障

通过体育安全教育和培训,可以提高学生和其他人员的体育安全素质。针对个别人员进行不同内容的安全教育和培训,可以有针对性地提高安全防范的整体意识。这样,当体育安全事故发生后,才能采用合理正确的措施处理存在的问题。

学校也要对学生进行安全教育,树立安全锻炼意识,规范自己在体育活动中的动作,尽量避免出现体育安全事故。如果发生了体育安全问题,要冷静处理,及时解决,为今后的发展吸取经验教训。

(三) 学校体育安全环境管理教育体系

学校体育安全环境就属于学校体育环境中的一个子系统环境,是学校教育环境中的重要组成部分。学校体育安全环境就是教师、学生以及其他工作人员在校园中进行体育活动时依靠的安全物质条件和社会条件的综合。

1. 学校体育内部环境安全教育

学校体育的内部环境比较复杂,包含了多个要素,不仅包含物质环

境，还有心理环境；不仅有不断发展变化的，也有处于静止状态的；不仅有室外的，也有室内的。❶

（1）物质环境：学校体育的物质环境就是学校体育安全环境的外在标志，包含了功能齐全的运动器材、良好的场地设施等方面。

学生要参加体育活动的场所就是体育活动场馆。体育活动场馆需要整体考虑建筑方面等因素，包括体育场馆的设计、建设和内部整体布局，还要考虑体育设施的整体布局，考虑学生的身心特点和安全。

此外，体育运动器材设备对完成体育活动发挥了重要作用。在开展体育运动时还需要考虑体育运动器材设备的摆放位置，应严格落实《体育器材目录》中的规范要求。

（2）人文环境：体育人文环境是学校所具有的体育社会文化因素，这种社会文化环境是学校所具有的体育传统与风气。形成体育社会文化环境需要一定的时间。学校的体育传统氛围会直接影响学生参与体育活动的积极性，同时对学生体育文化培养有重要作用。

影响学生体育安全的人文因素中重要的就是文化因素和教学因素。在体育教学过程中，教师要营造一种浓厚的体育教学氛围，帮助学生树立终身体育意识，增加战胜困难的勇气和信心，降低体育活动中的不稳定因素。

2.学校体育外部环境安全教育

外部环境就是影响学校体育安全的自然环境，如洪水、地震、火灾等，虽然发生这些危险因素的可能性很小，但是危害却很大。学校要高度重视，这是将外部环境因素的影响降到最小的前提。与当地的公安、消防等部门互相配合，是解决学校体育外部环境安全问题的重要基础。

三、做好高校体育教学的医务监督

（一）运动场地设备的医务监督

建立健全运动场地、器材设备的检查制度。运动场地设备的医务监督，主要包括以下几个方面。

---

❶ 杨文轩，张细谦，邓星华. 学校体育学［M］. 北京：高等教育出版社，2016.

（1）认真做好运动场地的管理和安全卫生检查，及时维修损坏的场地设备：检查训练场地有无坑洼或障碍物、室内场地是否灰尘太多、游泳池里的水是否清洁；检查跑道是否平整，是否太硬、太滑，沙坑是否过硬，或沙坑内是否有砖头、石块等；检查坑沿是否高出地面，踏跳板是否与地面平齐等；检查爬绳、爬竿、跳箱、单双杠等固定器械有无年久失修的潜在危险；检查地面是否有厚度足够、大小适宜的海绵垫，海绵垫之间相互衔接得是否严密等。投掷场地应有明显的标志等。

（2）认真做好体育运动器械的维护：检查体育运动器械安装是否牢固，接头是否松动或锈蚀，或放置位置是否欠妥；检查器械表面是否光滑或有裂缝。运动器械的高低、大小或重量是否符合锻炼者或学生的年龄、性别、生理特点等。

（3）检查室内体育馆的通风、照明、空气的温度和湿度等。

（二）体育教学课中的医务监督

加强体育教学中的医务监督，有利于改进教学工作和提高教学质量，有利于预防运动性损伤和运动性疾病，增强学生体质。

1. 课前检查

（1）体育教师要以人为本，因人施教：在上体育课前和课间休息时，要认真做好场地器材设备的卫生监督和安全保障工作。充分了解学生的健康状况，要根据健康分组进行体育教学，特别是要了解体弱多病学生的身体情况。建立学生健康档案，建立女生经期登记卡等。

（2）检查有无必要的防护用具（如护腕、护踝、护膝、护腰等），运动时的服装和鞋袜是否符合运动卫生要求等；教育学生不要穿易滑塑料鞋底的鞋上体育课。运动服装不要过于肥大或紧身，以宽松合适为宜。禁止将胸花、别针、小刀、铅笔等尖锐锋利的物品放在衣服口袋里，以免刺伤身体。

2. 课中检查

要密切注意学生的神色形态变化。在剧烈运动或教学比赛时，要注意观察学生的动态表情，如出现异常现象，应及时采取急救措施。要善于从学生语言、笑声、叹息或呻吟中，了解学生的情绪和疲劳程度。通过询问，了解学生的主观感受。测定学生的脉搏，可及时评估运动量和运动负荷的大小，进而观察学生身体的变化情况等。

3. 课外体育活动的医务监督

（1）早锻炼的医务监督：早锻炼的运动量和运动强度不宜过大，以身体发热、微有汗出，脉搏 150 次/分以内，锻炼时间以 20～30 分钟为宜。运动项目以广播体操、慢跑、气功、太极拳等为主。冬季锻炼务必注意防冻保暖。雾天尘埃多，要注意呼吸卫生，讲究呼吸方法。

（2）课间操的医务监督：课间操的运动量要适当控制。可选择轻松愉快的运动项目，如广播体操、韵律操、眼保健操、素质操、武术操、游戏或跳集体舞等。做眼保健操，手法要规范，穴位要准确。

（三）体育教学组织的医务监督

学校应该建立医务监督组织，由学校附属医院或卫生院（所）负责。明确健康教育老师或专职医生负责学生体育教学、运动训练或比赛的医务监督工作。

第六章 聚焦美育熏陶,提高学生审美能力

第一节 重视高校美育的功能

功能是事物或方法所发挥的有利作用。美育的功能可以概括为三类:一是直接性功能,指美育对人的正确审美观念及审美能力、创美能力的培养功能;二是辅助性功能,指美育对教育领域内比邻的德育、智育、体育等教育功能的充分发挥所提供的辅助性功能;三是辐射性功能,是美育具有的超越前两者之外的,在社会人生更广阔的领域、更深入的层次的各种助益性功能。在此理论基础上,本节从美育影响的范围出发,将美育的主要功能分为三种。

一、促进人的全面、和谐发展

美育的功能最直接地体现在大学生身上。对于大学生本人,美育可以提升其综合素养,锤炼其品德,激发其创新潜能,从而实现大学生的全面、和谐发展。美育从根本上讲是一种对人的全面教育,是实现崇高的理想,充分发挥人的潜能,实现人的全面发展的教育方式。具体地说,它通过文学艺术和其他审美方式打动人,使人在心灵深处受到感染和感化,从而使人的感情得以升华,情操得到陶冶,审美能力得以提高,人的身心结构更趋和谐,德、智、体、美、劳全面发展。美育对大学生全面、和谐发展的促进作用主要体现在以下几个方面:

(一)可以提高大学生的审美能力,完善其知识体系,提升其综合素养

(1)美育可提高大学生的审美能力,提升其综合能力:感知能力、

观察能力、分析能力、创作能力、情感能力等是大学生综合能力的重要内容。大学生在聆听一曲美妙的音乐、鉴赏一尊传世雕塑、阅读一部经典文学作品、欣赏一幅摄影作品等时,不仅审美观念得到强化、审美情趣得以升华,而且他们感知美的触动、观察美的敏锐、分析美的逻辑、体会美的情感等能力在潜移默化中也逐渐增强,从而提高了大学生的综合能力。

(2)美育可完善大学生的知识体系,提升其综合素养:"一专多博"是对大学生知识体系的基本要求。在对大学生进行美育的过程中,美育理论的传授可以丰富大学生美学理论知识;音乐、绘画、舞蹈、书法、戏剧等艺术教育的开展可以拓展其艺术知识;自然美育可以丰富其地理知识,开阔其眼界;而社会美育更能助其构建心理学、公共关系学、历史学的知识结构,加强其对社会现象学的了解等。通过这些美育,大学生在无形中就完善了自身的知识体系,提升了其综合素养。

(二)可以提高大学生的品德修养,形成自律人格

(1)美育可促进大学生身心健康,培育其和谐发展的个性及品性:美育是一个可以充分释放个人紧张压力的舒缓过程,在沉醉于诗词歌赋、音乐电影、山川河流等的美时,大学生作为活动主体会自然而然地融入对象,其感觉、知觉、情感、理解等心理能力在无形中得以提升,从而实现了身心的和谐。在此过程中,他们还会以开阔的胸怀审视自身、世界与美,在体会富含美学色彩的快乐、潇洒、温柔等情感中沉淀,塑造豁达自信的个性及品性。

(2)美育可提高大学生的品德修养,帮助大学生形成自律人格:高校美育的其中一个必然结果就是形成高尚的审美品位。人一旦形成高尚的审美品位,以审美态度来对待人际关系,就会塑造一个符合美的标准的"私德";以审美态度看待社会秩序,就会自觉营造井然有序的社会秩序,自觉养成文明礼貌、助人为乐、爱护公物、保护环境、遵纪守法的"公德";继而形成具有高尚品德的自律人格。

(三)可以促进大学生感性与理性协调发展,从而激发其潜能,培养其创新能力

(1)美育可激发大学生的潜能:形象生动的美育是增长大学生智

慧、开拓其视野、培养其品格的过程，这些都会在无形中激发他们丰富的想象力、敏锐的感受力与深刻的思维能力。正如贝多芬《命运交响曲》的美绝不仅仅是乐曲的旋律之美、音声相和之美，更有对人生价值的深刻思索。感受这些美可以激发大学生的潜能，为其长远发展提供不竭动力。

（2）美育可培养大学生的创新能力：创新能力即在知识和经验的基础上经由直觉、灵感、想象所触发而产生的跳跃式思维能力。生动直观的美感能培养大学生具备更灵敏的直觉，审美修养的提升能触发大学生创造的灵感，而审美能力与审美人格能催生超越一般逻辑思维方式的跳跃式思维，最终使大学生的创新能力得到培养。

二、提升学校的文化环境

高校美育不仅可以促进学校德育、智育、体育的全面发展，还能加强校园文化建设。

（一）高校美育可促进学校德育、智育、体育的发展

（1）高校美育可促进学校德育的发展，营造崇仰高尚品德的校园文明：学校通过各种方式开展美育，一方面培养了大学生感知美、欣赏美与创造美的能力；另一方面在此过程中推动了大学生的道德人格发展，因为道德也是具有美的特性的文明形态。由此，美育的开展可促进学校形成崇仰高尚品德的校园文明。

（2）高校美育可促进学校智育的发展，营造追求深厚智慧的校园文明：美育通过艺术教育、美学教育、自然美教育、社会美教育等方式，培养大学生浓厚的学习兴趣，锻炼其敏锐的感知力与观察力，激发其想象力与创造力，既能以转移学习兴趣的方式提高大学生学习科学知识、探索未知奥妙的兴趣，也能在无形中锻炼他们掌握、认知科学知识并进行独立观察、思考的能力。因此，高校美育营造的是一个既追求美又追求深厚智慧的校园文明。

（3）高校美育可促进学校体育的发展，营造活跃健康的校园文明：高校美育的开展，可以通过提升大学生高尚的审美情趣，促使其以美的标准来塑造自身形体，这对于当前大学校园里不顾身体健康的"减肥"潮、沉迷网络游戏而导致身体素质下滑的情况，都有很好的缓解与矫

值引导作用。以健康、健美的形体价值引导大学生正确看待自身，有利于营造健康的校园文明；而由美育所促进的大学生体育兴趣与能力的提升，会进一步营造活跃、积极向上的校园文明。

（二）高校美育可促进大学校园文化建设，提高校园文化的品位

校园文化是一种特定的区域文化，是整个社会文明的亚文化体系，是学校长期形成的具有校园特色的校园精神、文化活动和文化环境的总和。高校美育可以通过培养校园精神、提升校园文化活动品位、创造校园文化环境三个方面推进学校的校园文化建设。

（1）高校美育有助于培养求真、务实、自由、博爱、和谐的校园精神：作为校园文化的深层结构和核心内容，校园精神引导着大学校园的存在与发展，它主要体现在校风、教风、学风、人际关系、集体舆论、心理气氛及信念等方面。推进高校美育，丰富多彩的艺术教育和美学教育注入大学生学习内容，有助于构建师生互动式教风、学生自我激发式学风、学生主动求知式校风，进而推进求真、务实、自由等校园精神的发展；以千变万化、充满自然情趣的山川河流之自然美对大学生进行自然美育，有助于他们开阔胸襟，进而培养其博爱精神，体会人与自然的和谐统一；以锻炼言谈举止和社交能力、鉴赏并创造社会现象美为内容的社会美育，则可促进大学生完善自我形象、气质与心灵，提升人际交往能力，鉴赏并创造美的社会物质、制度与精神，进而推进校园和谐、博爱氛围的发展。

（2）高校美育有助于提升校园文化活动品位：校园文化活动是推动校园文化形成自身特色的重要实践方式。当前的大学生校园文化活动存在通俗化，甚至低俗化倾向，高雅的价值取向被日趋淡忘，而美育的开展可提升校园文化活动的品位。首先，音乐、舞蹈、绘画、雕塑、建筑等艺术教育的开展可以培养大学生的艺术鉴赏能力与表达能力，直接提升校园艺术大赛、歌手大赛等才艺类文化活动的水准，使其取向高雅，富有创造力。其次，开展美学讲座、艺术讲座、摄影作品展等高雅文化活动，有助于培养大学生对美的鉴赏力与品位。最后，美育所促成的审美情趣与创美能力的提升，有助于大学生以审美的感官与思维参与一系列文化活动（尤其是学生自发组织的、种类繁多的社团活动），形成校园整体文化活动的高雅品位。

(3) 高校美育有助于创造优美的校园文化环境：作为高校美育的重要内容，环境美育对创造优美校园文化环境的影响毋庸置疑。高校美育可从三个方面推进创造优美的校园文化环境：首先，高校美育可推进校园生态环境的建设。对大学生进行环境美育，必然涉及以美的标准规划校园总体布局、设计建筑结构与装修风格、丰富园林构造与景观等，由此可推进一个干净整洁、生动形象、赏心悦目的校园生态环境建设。其次，高校美育可推进校园制度环境的建设。对大学生进行环境美育，也包含了以美的标准制定民主、高效、有序、和谐的教学、行政、学生工作、后勤等方面的规章制度，推进高校制度环境的建设。最后，高校美育可推进校园人际环境的建设。和谐的人际环境是优美的校园文化环境不可或缺的组成部分，而高校美育通过对大学生进行社会美育，不仅可以引导大学生追求自我身心美，还能培养其健康和谐的人际交往态度和能力，这对营造和谐的师生关系、学生与学生之间的关系、学生与服务人员之间的关系等有直接的推动作用。

三、推动社会和谐发展

对于社会而言，高校美育可通过培养审美精英群体，引领符合美学原则的社会文化氛围。在良好审美情趣与品位的指引下，人们会以审美的眼光看待传统文化，有利于批判继承传统文化中的精华，构建新的文化体系。在审美精英群体与新文化体系的双重作用下，美育可提高全民素质，重塑民族精神，最终促进社会主义和谐社会的构建。

（一）高校美育可提供引领先进文化的审美精英群体，提升社会文化品位

(1) 高校美育可为社会提供审美精英群体，为先进文化的发展提供主体：社会文化的发展离不开审美精英的引导，对于现代社会，审美精英的主体即受过高等教育的大学毕业生。大学生在接受全方位美育后，可形成高雅的审美情趣、高尚的道德品格等，鉴赏、创造美的能力逐步提升，无论在校园学习、生活中还是在社会工作中，都能以审美精英群体方式的存在引领符合美的先进文化的发展。

(2) 高校美育所培养的审美精英群体能更好地构建社会审美文化氛围，提升社会文化品位：首先，高校美育所培养的审美精英群体能引领

社会抵制低俗娱乐，追求高雅艺术。现代社会某些大众传媒为了经济利益，大肆传播低俗内容，使社会文化品位江河日下。接受全面美育教育的大学生，可引领社会艺术的主流发展方向。其次，高校美育所培养的审美精英群体能引领社会抵制粗放消耗、强调征服的自然观，寻求人与自然关系的平衡。这将有利于经济的可持续发展与尊重自然、崇尚自然文化的发展。最后，高校美育所培养的审美精英群体能引领社会朝着制度人性化、人际关系宽容化的方向发展。❶ 审美精英群体的综合作用将促使社会文化朝着审美化的方向发展，塑造高端的文化氛围，最终促进整个社会文化品位的提升。

（二）高校美育有利于传统文化的传承和新文化体系的创建

（1）高校美育有利于传统文化的传承：由于现代化潮流下西方文化与新兴文化的冲击，优秀传统文化的传承岌岌可危。在美育过程中，大学生通过欣赏中国古曲、戏剧、绘画、书法、舞蹈、建筑等加深对传统艺术的认识与理解，通过诵读研究诗、词、歌、赋等，加深对古典文学的热爱与对人文精神的理解，这无形中提升了传统文化的吸引力，为传统文化的传承提供了一条捷径。

（2）高校美育有利于新文化体系的创建：新文化体系的构建除了传承优秀传统文化之外，还应积极吸取外来先进文化，并在新形势下创造新文化因子。具有审美品位的大学生正是吸取先进文化、创造新文化的主流。只有在较高的审美品位和情趣基础上，大学生才能有选择地吸纳外来文化中符合美学原则的先进文化，与我国优秀的传统文化相融合，并创造出更加富有活力、引领时代发展的新文化，从而推动我国新文化体系的构建。

（三）高校美育可提高国民素质，促进社会主义和谐社会的构建

（1）高校美育可提高国民素质：大学生作为承担社会发展主要责任的群体，其综合素质的高低将决定我国国民素质的发展情况。而高校美育正可以培养具备良好审美人格、品位、情趣、能力的精英群体，带动整体国民素质的提升。

---

❶ 肖立军. 新美育实践研究 [M]. 长春：吉林人民出版社，2020：139.

（2）高校美育可培养大学生爱国主义情怀，弘扬中华民族精神，提升民族凝聚力：在美育过程中，无论是对传统艺术的鉴赏、祖国大好河山的饱览，还是对传统优秀人文价值的推崇，都将培养大学生的爱国主义情怀，重塑奋发向上、生生不息、敢于创新的民族精神，提升民族凝聚力。这对于国家和社会的发展都起着不可估量的精神激励作用。

（3）高校美育可促进国家与社会的自由、协调发展，有利于社会主义和谐社会的构建：现代社会是以商业文明为主流的社会，对物质利益的过度追逐、快餐式的消费文化使人与社会、人与自然、人与自身心理的矛盾愈加突出。而高校美育能逐步解决这些矛盾，促进社会主义和谐社会的构建。美育可从根本上协调人在现实中的情感心理，化解物质化的生活所积聚的焦躁、抑郁，实现生命与社会的和谐。

高校美育可从以下三个方面促进和谐社会的发展。

第一，高校美育可促进人与自身心理的和谐。快节奏、竞争激烈、过度追逐物质利益的商业社会易导致个体在紧绷的神经与工作、生活压力下精神荒芜、孤独压抑。没有任何功利与私利目的的审美活动能消解人在现实世界生存中的扭曲与异化状态，使人成为自由、完整的生命存在。经过美育的大学生养成以持续的审美活动充实生活的习惯，自然能以稳定健全的人格缓解压力，以感性生动的审美活动洗涤心灵，促进自我身心的和谐。

第二，高校美育可促进人与自然的和谐共处。高校美育可促使大学生引导社会通过符合自然美准则的低碳生活方式，尊重大自然，促进人与自然和谐共处。

第三，高校美育可促进个人与社会的和谐共处。经过系统美育的大学生必将努力构建一个人际上宽容互利、政治上民主公正、经济上协调持续、文化上创新发展的社会，这将促进个人与社会的和谐共处。

第二节　深化高校美育教育理念

理念是行动的先行者，美育理念是美育教育的基础，深化高校美育教育理念有利于提高师生对美育教育的重视程度，增强美育教育的认同感，保证美育教学活动的顺利开展，最终促进美育工作在高校教育中的落实。那么，全面、正确地认识美育教育理念是高校美育教育普及和发展的基础环节。

一、明确高校美育工作政策的意蕴

高校美育工作政策不仅规定了高校美育教育的发展方向，也明确了高校美育教育的内容，并对目前高校美育教育存在的问题提出了指导性建议。深刻把握和理解当前高校美育工作政策中的理论意蕴有利于高校和美育工作者及时了解当前美育工作的变化，对高校开展美育教育有积极的影响。

第一，明确要求。立德树人是美育工作的根本任务，提高学生的审美素质和人文素质是根本目标，坚持正确方向、坚持面向全体、坚持改革创新是基本原则。在美育教育的教学过程中要面向高校全体学生，要贯穿学校教育的全过程，注重对学生道德品质的涵养，塑造学生美好的心灵，并且要将中华美育精神融入美育教育中。在美育教育的引导下，使学生要树立正确的审美理念，最终实现培养德、智、体、美、劳全面发展的社会主义建设者和接班人。第二，明确任务。高校美育教育要将艺术教育的改革作为实现高校美育教育的重要途径，从艺术教育、专业艺术教育和艺术师范教育三个方面着手，根据学生的实际需要，为学生提供良好的公共艺术课程和形式多样的艺术实践活动。第三，明确措施。高校美育教育要从加强美育教师队伍、深化美育教学改革、推进文化传承创新、增强服务社会能力水平这四个方面来改善高校美育教育的发展状况。这些措施能有效解决高校美育教育中遇到的各种问题，高校应该积极落实有关政策才能促进高校美育教育的发展。第四，明确组织保障。首先，高校要承担主体责任，设立专门的美育管理机构，并明确机构内部的责任划分，高校领导承担主要责任，其他部门员工协同负责。其次，教育部要加强地方统筹协调，因地制宜地落实高校的美育经费，使高校美育教育的发展有一定的资金保障。最后，完善评价监测督导，将高校美育教育的发展效果进行及时的评估和反馈，更好地落实高校美育教育的各项工作。高校要全面解读美育工作的政策，贯彻落实各项美育工作要求，实现美育引领办学，使高校学生能在美育教育的学习中汲取更大的力量面对未来社会的发展。

二、重塑对高校美育教育理念的认识

时代的进步和发展意味着我们对人才有了更高的要求,在高校教育中融入美育教育对培养学生的全面发展和综合素质具有积极的推动作用。当今高校美育教育应该是从理论到实践再到人的精神层面的全方位渗透,所以,只有树立正确的美育教育理念才能在高校中形成学习美育的良好氛围。

第一,要认识到高校美育教育是"以美育人"的教育。是从道德、智力、身体、劳动等多个方面培育人的全面发展。美育教育在培养学生审美能力的基础上,能对学生的心灵和行为产生积极的正面影响,实现对学生道德素养的培育,促进学生德育的发展;人的智力是智商和情商共同作用的结果,美育教育以情感激发学生的理智感和成就感,可以很好地提高学生的智力层次;体育有了美育教育的支撑便能使学生更好地接受各种运动项目,实现健与美的和谐统一;在劳动教育中加入美育教育更加有助于学生理解劳动的价值意义,劳动不再是一种辛苦的作为,而是创造美好生活的重要过程。因此,我们要改变对美育教育片面的认识,要把美育教育放到"人"的层面去思考,高校美育教育是充满人性光芒的教育,是要实现学生完整意义上的"人"的教育。

第二,要认识到高校美育教育是贯穿人的发展全过程的教育。这个全过程既是指高校学生受教育的各个阶段,也是指美育教育渗透在各个领域中,时时处处、课堂课外、各个学科等都渗透着美育教育,更是指美育教育是一种终身教育,从最开始的理论学习,到后来的实践参与过程,直到最后的对学生行为举止和心灵节操的影响。所以,高校要看到美育教育对学生的发展产生的持久的、深远的影响,提高美育教育在高校的地位。

第三,要认识到美育教育是培养和激发创新创造能力的教育。在美育教育的过程中通过引导学生对某一具体事物产生美好的想象,有助于发散学生的思维能力,培养学生独立思考的能力,使学生更好地发挥创造美的能力,以此提高学生的创新能力。创新是引领发展的第一动力,为了促进社会的快速发展,高校更应该意识到美育教育对创新能力的培养作用,为社会输送更多具有创新意识的高素质人才。总之,高校要对美育教育的理念有全新的认识,才能更好地指导美育教育的教学工作,实现高校美育教育的突破性进展。

三、改革高校美育教育的管理体系

美育是一门综合性的系统学科,所以高校美育教育在实践过程中需要充分调动各方面的资源。统筹协调机制,加强高校组织领导,构建高校美育教育工作的评价机制才能更好地检验美育教育在高校发展中的成效。

高校美育教育不受重视很大的原因是至今还没有形成从上至下完整的领导管理体系,所以高校要遵照国家的政策要求,建立专门的美育组织机构和美育运行机制,相关领导和工作人员要各司其职,承担责任,及时传达国家的美育工作内容,将国家的美育精神落到实处,并根据政策要求依据文件中宏观性的指导意见制订出适合学校美育教育发展的具体实践路径和工作方案,保证美育教育能在高校顺利进行。除了管理机制外,还要将美育教育纳入学校的评价体系中,做到每个学期对美育教育的发展现状进行相关的考核评估,这样有利于及时发现问题、改进问题,推动美育教育的学术性发展。因为美育教育所涵盖的范围较广,所以美育教育的评价体系在遵循高校教育内在发展规律的基础上,要保证评价模式的客观性、多层次和全面化。评价内容不应只是单一地侧重某一方面,而应侧重学生的审美素质、情感体验、价值观塑造、人格培养和综合素质等多个方面。评价方法也应该是多方面的,结合个人评价、小组评价、教师评价和学院专家评价,形成综合客观的评价体系。评价途径也要多种多样,如课内课外,教育学、心理学、管理学等综合学科,最终使评价结果更加科学和全面。各高校都应建立起完备的美育管理体系,让高校美育教育的发展在有组织、有制度中健康发展,真正落实高校美育工作的各项要求和目标。

第三节 完善高校美育的主要机制

一、高校学生美育工作的运行机制

广义上的学校美育,是以艺术教育为主的美育理论学习和美育实践活动。2015年《国务院办公厅关于全面加强和改进学校美育工作的意见》和2019年《教育部关于切实加强新时代高等学校美育工作的意见》都强调了美育课堂教学和美育课外活动之间相辅相成的关系,要求构建起以艺术教育为重点、美育课程和美育实践相结合的美育机制。

(一)美育教学制度

教学作为大学教育的基本途径,是学生获取学科知识、提升专业素养的主要渠道。美育教学以艺术教学为主要形式。进一步推动美育教学改革、提升美育教学质量,是高校美育工作的重要任务。

1. 构建美育课程体系

课堂教学是美育教学的基础。构建科学完备的美育课程体系,关键在于形成合理的课程结构、优化课程内容设计,这就要求高校重点关注学生的特点,开设多样化的美育课程;立足美育内涵和工作实际,丰富课程内容设计,提升美育教学质量。

建立和完善高校美育课程体系,一是要增强美育课程结构的科学性,提高美育课程在高校课程体系中的重要性。美育课程体系以艺术类课程为主,高校应当立足自身实际,尽可能使课程覆盖更多的艺术门类,如美术、音乐、舞蹈、戏剧、影视等,为学生提供更多的选择,满足学生差异化的艺术兴趣;同时,有条件的高校可以考虑将美育课程纳入必修课范畴,让美育在高校育人体系中发挥更重要的作用。

二是合理进行课程设计,保障美育课程的有效性。高校要立足学生的实际需求,有针对性地进行课程设计,适应高校美育工作要求的美育课程体系应当能够满足学生的两方面需求,即一般了解和兴趣发展。其中,以"一般了解"为目标的课程以艺术鉴赏为主,旨在增强学生的基本艺术认知和艺术素养;以"兴趣发展"为目标的课程则可以拓展到艺术史、艺术实践等内容,为学生提供深度学习的机会,进一步提升学生的审美情趣与审美素养。❶

2. 美育教育网络资源管理

高校充分运用现代化信息技术手段,探索构建网络化、数字化、智

---

❶ 郭瑾莉. 新时代高等学校美育的改革理路与行动策略[J]. 中国高等教育,2020(12):54-56.

能化、线上线下相结合的课程教学模式，规划建设一批高质量美育慕课，扩大优质课程覆盖面。随着现代化信息技术的发展，高校不仅可以采用线下方式进行美育教学，还可以充分运用新媒体、融媒体等信息媒介进行美育教学。

开展美育线上教学，强化网络美育资源管理，一是要提高线上美育资源的利用水平。高校可以借助既有网络平台如慕课、微课等网站的美育课程资源，作为线下教学的辅助资料；还可以依托信息技术，实现艺术名家在线授课、开设线上讲座，为学生提供与名师大家近距离互动沟通的机会，不断提供高质量的美育资源。二是要加强线上平台的建设。除了利用百花齐放式在线学习平台的教学资源，还可以开发以高校为单位的线上美育教学管理平台，实现资源整合和教学管理功能的有机统一。高校美育线上教学平台可以在提供和整合校内美育课程资源的基础上，开发课后训练、课程评价等功能，依托信息系统为美育线上教学提供全流程技术支持；还可利用数字化平台开发学分认证机制、学习进程实时记录技术等，加强美育线上教学的统一管理，充分发挥美育教学线上平台高效便捷的优势。

需要注意的是，信息技术虽然能为高校美育提供更加便捷的教学渠道，但是也存在着一些隐患。在开展美育教育网络资源管理或搭建美育教学管理平台的过程中，应当注重对课程质量、课程内容的把关，特别是要推动完善线上平台的内容审核和反馈举报机制，为美育线上教学提供良好的实施环境。

3. 美育实践活动课程化管理

根据《全国普通高等学校公共艺术课程指导方案》，完备的高校美育教学体系不仅包括课堂教学，还包括各类美育实践活动，这些实践也应当纳入教学计划，并加以规范的课程化管理。

高校美育教学应当理论和实践并重，这就要求高校构建一套更加科学的美育学分制度，除了课程教学，美育实践活动也应当纳入学分认定范畴。学生可参与艺术社团、参与校内外文化艺术活动，如参加美育讲座、进行艺术展演、参观艺术展览、参与民间优秀传统技艺学习活动等，都可以给予其相应的成绩和学分。同时，对美育实践活动制订切合实际的学分认定和考核办法，应严格按照规定对美育实践加以学分认定，确保课程化管理机制的有效性。

(二) 美育活动管理制度

美育的目标要通过审美教育的过程实现，即动用多学科、多活动、多艺术手段和学校环境的审美要素，对学生进行审美、鉴赏美、创造美的教育，使美育工作与学校教育同步结合、相互渗透。[1]实践体验是美育的主要特征。美育活动的开展对促进学生心理健康、拓宽学生知识面、促进学生全面发展具有重要意义，因此，建立健全美育活动管理制度至关重要。

1. 完善美育活动规划

美育是培养全面发展的社会主义建设者和接班人的重要内容，"五育"并举，培养德、智、体、美、劳全面发展的社会主义建设者和接班人，是学校教育的宗旨。而美育在培养人的思想品质、道德情操、行为规范等方面具有特殊的功能。因此，开展美育，对于提高学生的思想素质和能力，培养文明礼貌的行为修养有不可替代的作用，同时也为学生立足社会、服务社会打下坚实的基础。

作为美育教学的补充，美育活动在塑造学生人格方面具有重要意义。因此，为了使美育活动发挥更加良好的作用，应完善美育活动规划，形成对美育活动的战略目标、基本原则、开展目的、开展方式等更为清晰明确的认识。

在战略目标方面，美育活动应紧紧围绕提高学生的审美和人文素养，培养学生鉴赏美、创造美的能力，帮助学生形成美的理想、美的情操、美的品格和美的素养，并将美体现在生活、劳动和其他行动中，建设社会主义精神文明，培育德、智、体、美、劳全面发展的社会主义建设者和接班人。

高校美育工作需坚持正确方向、坚持面向全体、坚持改革创新。作为美育工作的重要一环，美育活动的开展也应时刻遵循这三大基本原则：坚持正确方向，即以社会主义核心价值观为引领，弘扬中华优秀传

---

[1] 刘珊. 新时代高校美育的目标指向与路径选择 [J]. 湖南科技大学学报（社会科学版），2020（5）：159-165.

统文化，继承革命文化，发展社会主义先进文化；坚持面向全体，即健全并完善面向人人的美育活动机制，拓宽美育活动覆盖面，提升美育活动全员参与度；坚持改革创新，即整合美育资源，创新活动形式，丰富活动内容。

与战略目标相比，开展美育活动的目的更为微观，它是美育活动的起点，只有以清晰、明确的目的为导向的活动才能有序地进行。与此同时，美育活动的效果取决于目的定位以及针对这一目的所做的策划。美育活动应以战略目标为指引，以基本原则为指导，并结合实际情况科学、合理地进行。

战略目标和开展目的为美育活动奠定了主基调，开展方式则为战略目标和开展目的的实现和达成提供了具体保障。审美具有强烈主观性的特征，这就决定了美育活动可以发生在任何时间、任何地点，也决定了其具有丰富多样的开展形式。学校应在充分了解自身发展状况和美育资源情况的基础上，尽可能地开展更为多样的美育活动，兼顾不同类型学生的喜好，以丰富的活动方式吸引广大学生共同参与，拓宽美育活动的覆盖面，争取达到更加理想的美育效果。

2.课堂教学与课外活动互哺

我国古代重要的典章制度选集《礼记》中《学记》一文写道："大学之教也，时教必有正业，退息必有居学。"其意为：大学的教学按照时序进行，必须有正式的课业，课后休息时也得有格外的练习。教育要为社会主义现代化建设服务，必须与生产劳动相结合，培养德、智、体、美、劳全面发展的社会主义建设者和接班人是我国的教育方针。作为落实教育方针、健全人格、促进发展的重要内容，美育需要课堂教学和课外活动相互补充、互相促进。

课堂教学和课外活动共同承担着美育的任务，二者在活动内容、组织形式、活动方式等方面有所不同，只有课堂教学而没有课外活动的美育无异于"空中楼阁"。在2019年8月21日《光明日报》第13版发表的题为《美育如何为人民美好生活赋能》的访谈文章中，首都师范大学王德胜教授说："中华美育精神本身就体现为一种实践性行为，指向人生的改造、人生的完善……中华美育精神在实践层面张扬了中华美学的核心理念，同时也是中华文化精神在人的发展层面的一种实践性体现。"

很显然，这里所说的"实践"，其意义更为广大，但至少说明美育不是纸上谈兵的事情。课外活动具有丰富多彩、灵活多样、寓教于乐、亲身体验的特点，是第一课堂的延续，是课堂教学的必要补充，能够弥补美育课堂教学中只欣赏不实践的缺陷。课堂教学传授知识，课外活动则能使知识转化为行动，得到强化，使美真正成为学生生活和生命的一部分。循循善诱的课堂美育教学与丰富多彩的课外美育活动同步进行能够更好地激发学生对美的兴趣，提升学生认识美、理解美、欣赏美、创造美的能力，培养学生成为心灵美、行为美，以及全面发展的社会主义建设者和接班人。因此，在美育教学中引入课外活动将其作为学生素质提高的载体，是十分必要和可行的。

课外美育活动有校内和校外两大阵地，并有多种具体的实践方式。

在校内，高校可以结合本校的实际情况打造合唱团、舞蹈团、乐团等美育实践团队，并鼓励创办具有美育功能的学生社团，如书画协会、摄影协会、话剧社、电影社等，为学生提供更多参与美育实践的机会和途径。此外，高校还可以举办学生音乐节、美术节等美育品牌活动，借助举办"校园歌手大赛""草地音乐会"等丰富多彩的校园活动进一步拓宽美育活动的覆盖面，让更多的学生参与其中，发现美、享受美、创造美。高校也可以充分利用已有资源，邀请专业人士等，有针对性地开展主题鲜明、形式多样的美育实践活动，如"艺术家进校园""民间艺人进校园""传统戏曲进校园""礼仪分享会"等，增长学生见闻，提升美学素养。

在校外，学校可以与各种艺术展馆、博物馆、音乐厅、区域文化馆、电台、电视台等艺术文化场所建立联系，盘活社会优质美育资源、拓展美育空间，不定期地举办参观博物馆、走访电视台、参加音乐会等活动。有条件的高校还可以建设校外美育实践基地，搭建对外艺术交流平台，加强与其他学校、相关社会组织的联系，充分整合社会资源，丰富学生美育体验。

课外美育活动的开展具有深刻的意义。首先，课外美育活动能够为学生提供丰富的实践机会，提高学生的美育素质，陶冶情操，以达到春风化雨、润物无声的美育效果，促进学生形成健全的人格，推动学生全面发展，培养德、智、体、美劳全面发展的社会主义建设者和接班人。其次，课外美育活动以打造美育品牌活动、拓展美育空间、开展美育实践等方式推进，能够营造格调高雅、具有时代气息的美育氛围，推动校园文化、城市文化和社会文化的建设，达到以景育人、以美感人的目的，并在此基础上弘扬中华美育精神，展示中国人民良好的精神风貌和丰富的文化艺术成果，促进社会主义文化繁荣兴盛，实现中华民族伟大复兴。

3. 美育项目扶持

近年来，随着"五育"并举的不断推进以及国家对美育重视程度的不断提升，教育部、地方政府、学校等对各类美育项目进行了资金、资源等方面的大力扶持，为完善美育系统设计、拓展美育实施路径、强化美育组织保障等提供了强有力的保障。

在美育资金方面，2019年教育部《关于切实加强新时代高等学校美育工作的意见》明确落实了高校美育经费保障，教育部、财政部等有关部门全面实施预算绩效管理，坚持做好美育品牌项目专项经费保障工作。地方政府积极调整优化教育支出结构，确保美育资源的投入与配置，落实美育设施设备基本标准。高校保障美育工作专项经费，保障了学生审美与人文素质发展教育活动、美育课程、美育实践活动的顺利开展。

在美育资源方面，教育部鼓励建立美育教师队伍，以此为美育工作的开展提供人才保证。地方政府加大支持力度，整合社会美育资源，加强博物馆、美术馆、文化馆、音乐厅、戏剧剧场等公共文化机构的建设，并通过政府购买等方式增加优质美育资源供给，增强社会服务水平，营造良好的社会美育氛围，为高校开展校外活动、拓展美育空间提供沃土。高校则结合自身优势，为本校师生自创美育项目提供场地、设备等支持，推动美育项目的顺利进行。

二、高校学生美育工作的激励机制

建立和完善高校美育工作的评价激励、督导监测制度体系，对切实加强高校美育工作具有重要推动意义。在行为科学中，通过激励使人的行为维持积极状态的心理过程，也被称为激励过程。激励过程从人的某种需要出发，运用一定的激励手段，加强、激发、推动人的内心奋发状态，从而实现组织目标的动态过程。激励过程是连续不断的循环过程。高校学生美育工作，需调动可用的激励资源，建立适合高校学生工作的激励机制。

做好高校学生美育工作，需意识到美育与其他教育形式相比最大的特色，深入发掘美育自身蕴藏的丰富的激励资源：一是情感激励。美育是一种善于表现和激发情感的教育活动，具有内在的激励资源，能够激发人的内在动力，使之充分发挥积极性。二是意志激励。美育本身具备强烈的艺术感染力，这种感染力可以转化为激励。三是创造力激励。美育激励人在自我体验和认识的基础上，影响人的行为和思维，从而激发人的创造性。认识到美育自身的激励资源，高校美育工作者才能有的放矢、有针对性地做好美育的激励工作。下面，就高校美育激励机制的活动导向和主体导向两个方面展开论述，但需要指出的是，在实际工作中，活动导向和主体导向往往是融为一体的。

（一）活动导向的激励机制

美育本身是连续不断、循环往复的过程，这一点也与激励过程理论相契合。而美育在内容和形式上都相当丰富，其教育目标也具有个性化的特征。因而美育的评价机制也应当突出多样化、个性化、综合性。针对美育的这些特质，结合我国高校美育工作的现状来看，现行的美育评价机制缺乏与美育的特质相适应、匹配的因素，相对滞后。

一方面，美育工作表现出的成效是综合性评价激励机制的重点，主要表现在学生的接受度评估上。当前，高校较少考虑美育对大学生的思想的影响，以及如何从美育自身的激励资源出发激发学生的内在动力。在实际操作中，往往会沿袭传统的课程评价机制，将美育评价的结果作为考核大学生认识、观念和行为的一个指标，从而使学生应试性地完成教师要求的内容，而不会主动追求美的修养——后者恰恰是美育评价的初衷。因此，建立科学有效的美育工作评价激励机制，使之能够充分发挥教育、激励、导向和调控学生的行为和思维，是高校美育工作面临的重要挑战。在现有的仅评价学生掌握知识技能的基础上，还应当结合美育的特质，依托个性化评价机制，将学生的情感、心理结构、价值观等纳入评价指标范围。

另一方面，高校美育除了要对大学生开展普及性教育，还应积极打造特色校园文化。建设特色校园文化，应打造一批叫得响、质量优、特色显的校园美育品牌活动，加大对精品美育活动的资源投入和宣传推广力度，重视建设美育品牌活动的过程，实现对高校美育工作的内在激励。

1. 美育品牌活动建设制度

"品牌"是一个复合概念。现代管理学一般将其定义为：一种名称、名词、标记或设计，或是它们的组合运用，其目的是辨认某个销售者或某群销售者的产品或劳务，并使之同竞争对手的产品和劳务区别开来。品牌不仅是一种标志或标识，更是竞争力的外显特征。从这个意义上来说，高校美育品牌活动应打造能够反映校园文化涵养和师生精神面貌、参与热情高、育人效果好的活动。

建设校园美育品牌活动，营造质量优良、特色鲜明、充满创造力的审美育人氛围，以立德树人为主旋律，在统筹组织好高雅艺术进校园、"第二课堂"美育通识课程等的同时，深入挖掘高校文化内涵、艺术学科特长和地缘优势，建立一批具有高校特色、集中体现精神风貌的品牌项目与活动。在此基础上，应充分发挥这些项目与活动的辐射带动作用，形成学校与社会之间美育的良性互动，进一步凝聚高校文化、彰显地域特色，为形成美育品牌活动百花齐放、美育格局丰富多彩的局面注入能量。因此，美育品牌活动建设制度，能够促进构建形式多元、特色突出、水平出色的高校美育工作体系，是高校学生美育工作的必然要求。

在发展美育品牌的过程中，高校要牢记立德树人的根本任务，将美育品牌活动作为塑造学生高尚人格、树立正确审美观念、弘扬中华优秀传统文化、厚植民族精神的生动载体。

令人欣喜的是，近年来，随着教育理念的发展，教育部和各高校均对美育工作越来越重视，涌现了一批堪称样板的校园美育品牌活动。

2. 精品活动资源支持制度

高校的美育品牌活动、精品活动离不开多方面资源的广泛投入与综合运用。一是利用好高校自身的美育课程体系，充分发挥自有的艺术学科特长，搭建课程与大型活动之间的桥梁。学生通过参加课程享受到艺术体验，以课堂上高度集中的艺术氛围，使学生浸润在高校的人文传统和美育精神中，全面提高学生的艺术素养；进而引导学生参与美育项目和活动，将课程中所学、所感在品牌项目中延续发展，持续为品牌项目提供人才资源，并通过学生的更新，创新思维方式和观察视角，从而革新品牌项目活动。利用美育课程与活动之间的衔接，实现课程供氧品牌活动。二是充分发挥高校特色，调动高校学生社团参与美育活动的积极性，发挥学生的主观能动性。通过社团美育实践成果展示，评选出一批优秀校园文化活动，对优秀学生社团进行表彰，树立品牌意识。三是完善经费保障机制和管理运营机制，依托校团委、艺术学院、高水平艺术团等，建立起专门的美育责任机构，保障和加大美育经费的投入，做好美育经费预算和跟进管理，使美育品牌活动保持长久的生命力。四是依托区域文化，发挥高校所在区域的地缘优势，结合优秀民间文化、传统文化资源，不断创新美育活动。五是充分占有现代科学技术和平台，通过校园媒体开展"网上校园文化活动"。

3.美育活动宣传推广制度

构建校园美育品牌活动，除了"打铁还需自身硬"，不断磨砺精品项目，还需要使活动"走出去"，加大宣传推广力度，积极寻求扩大美育活动的覆盖面和影响力，以校内师生、社会公众的反馈逆向激励高校美育工作。

当前的校园文化活动正经历着形式日益多元、内容日益丰富的良好局面，但也应当注意到，这些项目与活动还缺乏统一科学的规划和直接有效的管理，品牌意识也有所欠缺，在欣欣向荣的表面之下潜藏着组织者疲软、参与者被动的情况。因此，整合大大小小的校园文化艺术活动，与时俱进、自我革新，打造经得起时间考验的精品活动，加大宣传推广力度，吸引更多师生和社会人员参与到活动中，是高校美育工作中亟待解决的问题。

建立健全美育活动宣传推广制度。可以利用现代便捷的网络技术，通过学校的官方网站、微博、微信公众号等新媒体及时推送学校举办美育活动的现场情况与成果风采展示，对精品活动进行滚动宣传，让更多的人了解到学校举行的审美实践活动，从而提高活动的影响力，让更多的人参与到美育活动中，为美育活动提供源源不断的创造力。

（二）主体导向的激励机制

工作激励是管理理论与实践研究的重要主题，其强调了解人的需求和动机，通过设计奖惩机制和工作环境激发工作者的积极性，从而控制和引导个体的行为，进而使个体行为与组织目标相一致。现有与工作激励相关的理论包括马斯洛需求层次理论、双因素理论、目标设置理论等，整体来看，学术界大多认为激励机制包括激发和约束两方面含义。对于高校学生美育工作来说，需要探索建立科学、全面的主体导向的美育激励机制，增强高校美育工作者的工作荣誉感与责任感，从而营造良好美育工作氛围，提高其工作积极性。

1. 荣誉激励制度

荣誉激励是内在激励的一种形式，是指通过给予美育工作者个人或集体荣誉证明等方式，增强美育工作者从工作中获得的成就感、满足感等心理感受，满足其尊重需求和自我实现需求。在人力资源管理研究领域，内在激励被认为是个体工作积极性的重要来源。马斯洛需求层次理论认为，人的需求可以按照重要程度划分为生理需求、安全需求、社会归属需求、尊重需求和自我实现需求，只有满足了低层次需求，高层次需求的满足才能发挥作用。荣誉激励是对美育工作者工作成果的肯定，有效满足了高层次需求，即尊重需求和自我实现需求。双因素理论认为，影响工作积极性的因素可以分为保健因素和激励因素两类，前者包括工作条件、工作安全等，后者包括工作上的成就感、工作任务的挑战性等。改善激励因素可以有效增强人们的工作积极性。因此，荣誉激励可以成为美育工作者工作热情的重要来源。

在实施高校学生美育工作的荣誉激励制度时，需要重点关注三个阶段的工作。第一，在制定荣誉激励制度时，应重点做好激励目标、激励内容、激励频次等部分的设计。从激励目标来看，应考虑荣誉激励制度的导向性，按照工作实际进行调整。比如，在美育工作开展的前期，应鼓励美育工作者在完成既定任务的基础上进行创造性的探索；在美育工作流程基本固定的成熟期，应激励美育工作者基于已有工作设计提高效率。从激励内容来看，应关注与学生美育相关的工作成果，考察工作成果之间的一致性与差异性，通过定量和定性相结合的方法得出公平、公正的结果，减少参评人之间的争议。从激励频次来看，应结合高校特点，灵活采取星期、学期、学年等频次，鼓励美育工作者实现短期、中期、长期美育工作目标。第二，充分宣讲荣誉激励制度，增强制度在美育工作者群体中的知觉性。应面向美育工作者详细介绍荣誉激励制度、征求意见,从而在美育工作者心中形成追求荣誉的感知和目标。第三,大力宣传获得荣誉激励的先进典型事迹。一方面,荣誉激励的重要环节是通过内外部过程切实提高受表彰者的工作成就感,因此需要满足其成就需求;另一方面,清晰、具体的先进典型事迹有利于形成榜样作用,以激励更多先进典型的涌现。

2. 美育工作责任制度

人力资源管理理论认为,奖励和惩罚都是重要的工作激励因素。因此,除了荣誉激励,制定并落实美育工作责任制度,以制度供给推进标准治理,切实培养美育工作者的责任意识也是激励机制的重要一环。

美育工作具有类似其他学生工作的特征,同时也具有自身特色。因此,设计美育工作责任制度时需要关注以下三个方面:一是需要明确制度目标。制定美育工作责任制度,首先是落实立德树人根本目标,激励美育工作擅长在与高校学生的沟通中打造校园文化,发挥以文化人、以文育人功能,切实提高美育工作成效。可以在美育工作的各阶段设置具体的细化目标,从而提升美育工作者的工作效能。二是需要界定好美育工作的各主体的责任。对于学校、二级院系、班级等层面的组织和主要负责人,应根据实际工作的差异承担差异化的工作责任,从而增强工作责任制度的实效性和针对性。三是需要及时进行反馈,增强工作责任制度的科学性、系统性、动态性。高校美育工作应根据工作实际进行灵活调整,一方面,回应学生、家长、院系、学校等主体的诉求;另一方面,随着美育工作经验的积累、探索形成更高效的工作责任制度,从而增强制度在不同情况下的适应性。

三、高校学生美育工作的评价机制

制定科学、合理的高校学生美育工作的评价机制是美育工作的重要基础,对美育工作成效目标具有导向性作用,对促进高校学生美育工作发展具有重要意义。高校学生美育工作的评价机制要围绕立德树人的根本任务,促进"五育"融合,运用美学、社会学、心理学等基本理论,从高校、院系、班级、学生、家长、政府等多主体出发,确立评价机制的基本目标任务,进一步构建、细化美育工作成效评价制度和动态管理评价制度,科学、全面地评价分析美育工作情况。

（一）工作成效评价制度

美育工作的实施者和受众均涉及多主体，因而有必要制定系统完善的美育工作成效评价制度，为多维度分析美育工作质量成效打下基础。具体来说，年度考核评价制度和学生满意度评价制度是美育工作成效评价制度的重要组成部分。前者着眼于对美育工作者进行定期的多维度、全过程、立体式考察；后者则突出高校学生美育工作特色，从学生的视角出发探讨美育工作成效，从而使评价结果更加合理，切实做到以促进学生成长为核心。

1. 年度考核评价制度

美育工作的年度考核评价制度应坚持科学性和全面性原则，从美育工作的参与主体和主要受众出发，从学校、院系、专业教师、学生四个层面建立考核体系。学校层面的考核应重点关注三个维度：一是学校层面的整体美育工作理念，需要考核是否有出台美育工作的指导性制度文件，以及应否有定期开展相关工作的反馈与指引等；二是美育工作的专业教师队伍建设，应考核学校是否有建立美育师资队伍，是否有激励等制度；三是营造校园美育文化的效果，应考核美育工作在广大学生中的知晓度与满意度，真正促进提高学生的审美体验。院系层面的考核应重点关注两个维度：一是院系落实学校层面的美育工作制度情况，使用定量和定性相结合的方式进行考核；二是院系的美育工作特色亮点，需要结合专业本身为学生设计独特的美育课程等培养体系。对美育专业教师的考核应关注其贯彻美育工作理念、教材编写、教学效果等情况。对学生的评价则应考核其美育意识与外显的美育活动，包括审美意识的培养情况、美育获奖情况、参与美育活动的积极性等。

2. 学生满意度评价制度

高校美育工作强调让学生在日常学习和生活中感知美、体验美、表现美，因此，美育工作成效的重要部分是学生的知晓度和满意度。基于此，应把学生针对美育工作的满意度作为美育工作成效评价的重要组成部分。

整体来看，为了发挥学生的美育工作评价主体的作用，应主要关注三个方面的满意度评价内容。一是学生是否形成了美育意识和美育理念。通过高校、院系、班级等层面开展的美育工作，相比美育工作开展前，学生是否显著感受到对美的认知、在美学领域的"三观"得到了升华，是否能够用美学的观点看待自己、看待他人、看待自己与他人的互动关系。二是学生是否形成了审美能力。学生是否感受到自己对时代生活具备了一定的审美能力，对中华美育精神有了深刻的理解。三是美育成果。学生是否在参与美育活动中有较强的获得感，是否通过学校组织的美育平台进行美育意识的探讨、美育成果的分享与借鉴学习。应重点关注学生对校园美育文化建设的满意度评价。

（二）动态管理评价制度

除了年度美育工作考核制度，为了增强评价机制的科学性和全面性，还需要制定动态管理评价制度，从而跟踪美育工作的每个过程、环节。一方面，可以及时发现美育工作中存在的问题并及时反馈、整改；另一方面，可以动态调整美育工作评价体系，从而增强对美育环境变化的适应度，也可以更好地反映美育工作者在长期工作中积累的经验。

1. 美育工作过程性评价制度

从美育工作的本质来看，美育工作是在培养学生的审美活动与学生自身进行体验的过程中进行的，它在不同阶段会呈现出不同的特点，培养学生对美的感知、审美的能力，并构建中华美育精神是一项具有较强过程性的工作。因此，需要以动态的过程性视角进行美育工作评价。过程性评价也称形成性评价或动态评价，强调对正在开展的美育工作进行阶段性评价分析。具体来看，高校应切实发挥美育评价的长效作用，关注学生成长成才的不同阶段，开展美育工作的过程性评价。高校应构建学生从入学到毕业的美育成效过程性评价机制，在新生入学时期建立学生审美意识、审美能力等基础性档案，便于开展后续各阶段的增长性分析。在每个学期结束时，应结合自评和他评的数据，对学生个人的美育培养效果进行综合分析和及时记录，形成不同维度的美育成效得分，有针对性地为不同学生形成未来美育工作重点方案。基于各阶段数据，进行长期跟踪分析，了解不同维度得分的变化情况和推测原因。此外，还可以分析不同年级毕业生的整体水平,考查学校美育工作成效的变化情况。

2.主管单位专项督导制度

事实上,评价不是一个纯客观的过程,而是多个主体交互的结果。因此,高校学生美育工作评价机制的主管单位专项督导制度应包含校内自评与校外他评两个部分,切实丰富工作评价机制的多样性和综合性。在校内主管单位督导方面,高校应制定切实有效的美育工作考核评价体系,并基于该考核制度落实考核工作。对于美育工作多样化程度较高的高校,可以设置美育工作专项督导机构,由各院系、校级各部门负责美育工作的主要人员共同开展高校的美育工作制度落实情况督查。应加强调查研究,深入院系、社团、班级,听取学生和各层面美育工作者的美育工作现状与意见建议,针对已有工作经验进行提炼、总结、宣传,对工作漏洞及时召开工作会议讨论落实整改方案。在校外主管单位督导方面,地方教育部门应通过各高校美育工作评价年度报告等文件材料了解高校美育工作成效。在评价时,应注重考虑美育专家团队、高校学生等主体的意见。此外,地方教育部门应组织综合性团队深入高校开展调查研究,形成综合性的考核结果,并做好考核结果的运用。

第四节 探索高校美育的其他路径

一、做好中华优秀传统文化与高校美育的深度融合

中华传统文化源远流长,博大精深,是几千年来在中国农耕经济的大背景下,形成的各种各样的文化观念和精神观念的总和,具有很强的民族性、地域性、时代性和综合性。同时,它在不同历史时期又具有两重性,既有积极作用,又有消极作用。然而,几千年来,"优秀"传统文化经过辩证取舍,去伪存真,凝聚了民族智慧,形成了民族精神的命脉,其中蕴含着丰富的哲理、道德观念和人文精神。中华优秀传统文化是我国最深层次的文化软实力,是中国特色社会主义得以扎根的文化沃土,是中华民族赖以生存和发展的根本所在。大学是中华优秀文化传承的重要载体,大学生肩负着传承中华优秀文化、实现中华民族伟大复兴的重任,因此,将中华优秀文化融入大学审美教育,对大学生审美教育

具有十分重要的现实意义。

当前中华民族传统文化艺术教育在高校的积极有序开展，有利于重塑大学生的精神修养与审美素养。"美育的基础立在学校"，教育家蔡元培早就提出了这一论断。❶ 美育与中华民族传统文化艺术教育的归结点最终是一致的，在高校如何行之有效地通过美育教育传承中国文化艺术，可从以下几点着手开展工作。

1. 让高校成为传承弘扬中华优秀传统文化艺术的主阵地

为了确保在高校美育开展中融入中华优秀传统文化的精髓，让高校成为传承弘扬中华优秀传统文化艺术的主阵地。需要把中华优秀传统文化艺术合理有序地纳入我国高校美育教学当中，建议从人才培养方案与计划的制订入手，同时在具体课程安排、课时与学分安排、美育师资队伍的建设与培养、教学效果与成绩评估、美育教材整合等方面进行教育改革与完善。

2. 进一步完善高校美育师资与美育课程建设

（1）美育师资方面：建议在美育教师的选拔与培训方面各高校要认真对待，美育教师要有高度的社会责任心和良好的思想道德品质，真正达到德为人先、行为示范的高校美育教师的要求。

（2）美育课程建设方面：以美育通识选修课为例，通过对部分高校美育课程设置情况的调研发现，"西方美术鉴赏""音乐赏析""艺术鉴赏"等课程往往只注重课程本身的理论性、技能性，而缺乏优秀传统文化艺术元素的有效融合，因此建议增设"中国传统文化""书法鉴赏""国画鉴赏""戏剧鉴赏"等有深厚民族传统文化艺术的优秀课程进课堂。

3. 通过不同方式的校园活动促进传统文化艺术的传承与发展

定期开设中华优秀传统文化艺术进校园活动，促进对中华优秀传统文化艺术的传承与发展。我国人民群众历来喜爱中华优秀传统文化

---

❶ 杨远义. 中华优秀传统文化融入新时代高校美育教育研究［C］// 中国陶行知研究会.2003年第六届生活教育学术论坛论文集，2003：4.

艺术。艺术审美活动"过去是，现在仍然是人类的最普遍、最博大的教师"。因为中华优秀传统文化艺术具有沉甸甸、趣味性、启智性等特点，所以其很容易被当今的大学生接受和喜爱，因此它也成为许多高校将中华民族传统文化引进校园的一种有效途径。大学应该有计划、有步骤地邀请各种高雅艺术进校园，或者邀请各民族的优秀工艺大师，进行艺术交流和学术讲座。让学生现场参与，积极交流，共同互动，感受传统艺术，感受大师的言传身教和各类民间工艺技术，感受中华民族传统文化艺术的魅力。各民族传统文化艺术专题讲座能够提高当代大学生对中华优秀传统文化艺术的认同感，使宝贵的中华优秀传统文化得到很好的传承和弘扬。

4.要借助数字媒体与互联网来推行高校美育发展

新媒体以其超越时间和空间，跨越国度的魅力，以其多样化、个性化、互动和开放的特点，展现出了超乎寻常的优势。各高校应积极主动地对散落在各地的中华优秀传统文化艺术资源进行挖掘和梳理，并利用现代高科技手段将其系统化、数字化和图像化。要对各种行之有效的美育教学案例和教学成果进行整合梳理，利用现代网络信息技术，构建各高校可共享的中华传统文化美术教育资源库，进一步推动高校美育的可持续发展。

在积极利用已有的传统媒体开展美育的同时，要合理地发挥新型媒体的主导作用，为大学生践行社会主义核心价值提供新途径和新渠道，将新型媒体和美育有效地结合和推广起来，逐步改善中国传统文化和艺术在现实中的传播困境，通过传统媒体和新媒体，扩大传统文化和艺术的多方位传播渠道，让数字媒体和网络技术成为促进大学美育发展和践行社会主义核心价值观的重要手段。

5.坚持取其精华、去其糟粕的原则

在具体实施高校美育课程的过程中，要辩证地学习、运用中华传统文化艺术。通过审美教育的"灵性能力的协调，才能创造一个快乐的、完美的人类"。中国历来享有"文明古国""礼仪之邦"的美誉。五千年的灿烂文化中，蕴含着丰富的价值观、哲理、智慧以及民族精神，至今仍然充满着勃勃生机。我们应该坚持挖掘与传承、普及与弘扬并重的原则，对中国优秀的传统文化艺术要有全面的了解和弘扬，取长补短，古为今用。同时，在尊重传统的前提下，各高校要对中华民族传统文化艺术进行选择性的吸收，并进行创造性的继承，用历史与科学的眼光看待中华民族传统文化艺术，这对弘扬中华民族传统文化艺术，推动社会主义现代化建设，有着积极的现实意义和深远的历史意义。

6.制定高校美育教育行之有效的监督和监管制度

高校人才培养督导制度的建立，直接关系到人才培养的成败。要最大限度地发挥监管力度，运用各类教学方法和教学方式，积极健康地传播中华优秀传统文化艺术信息。与此同时，要对传播的方式和内容进行监督，确保传播的方式和内容要与大学生的日常行为和生活需求相符合，赋予中华民族传统文化艺术新的时代命题，从制度上保证将其融入高校美育教学和实践中。让大学生在美育中现学现用，入脑入心，践行社会主义核心价值观。

二、贯彻课程思政与美育融合发展的理念

思政课是大学生接受思想政治教育的主要方式，但当前的思政课建设的协同效应还有待增强，需进一步探索教育课程的德育元素，实现融入式、浸入式、协同发展的育人模式。美育可以通过美好的体验与感知等多种方式教育学生，从而达到课程教学与思政教育的协调统一，提高课程思政的实效性、感染力。

（一）美育与课程思政的背景

1.美育的意义

美育指教师通过一些教学方法提升学生欣赏美、感受美、理解美、认识美、追求美的能力。这些能力的培养可以提升学生的思想品质与基本素养，中西方的教育工作者均强调美育教学的重要性。西方一些教育学者认为美育可以让学生修身养性，保持理性、豁达的态度。因此在西方，美育被看作培养健全人格的基础教育，良好的美育有利于整个社会的和谐发展，是否接受了良好的美育决定了一个人的理性和文明。中国自古以来就有美育。传统的中国礼乐、诗经等，是通过诗歌的形式感受

美，促进人性的形成与发展。中国的教育工作者强调美育日常化，如孩子从幼儿园时期就学习文学、舞蹈、音乐等，陶冶情操。此外，在教学过程中引导学生形成良好的"三观"，帮助学生全面发展。当今，很多优秀的文化作品也无时无刻不显露良好的美育内容，从日常生活中对青少年一代进行美育教学。

2. 美育与课程思政的关系

其一，美育作为教育的重要组成部分，具有涵养心灵、塑造人格、创新思维、价值引领的教化功能。很多教师在教学内容上都添加了美育等人文素材，思政教师也认识到了美育在思政课教学的独特作用，有意识地把二者进行融合。这些都是有政策上的支持和引领的。党中央明确提出要全面加强和改进学校美育的要求，思政育人应该是全方位的、全员的、全过程的，要挖掘其他课程和教学方式中蕴含的思想政治教育资源，实现融入式、嵌入式、渗入式的立德树人协同效应。

其二，美育和课程思政的根本目标是一致的。贯彻以人为本，培养全面发展的社会主义建设者和接班人，二者在育人方法、方式上互为补充，思想政治教育能保证美育坚持正确的政治方向，美育可使课程思政更富有趣味性、感染力。

（二）美育与课程思政融合的现状

由于多种因素，导致现在高校大学生参与美育活动的热情和积极性不高，接下来笔者针对这些原因进行逐一分析、破解，以确保高校美育工作的全面落实。

1. 美育学习氛围不足

一些高校缺乏重视美育课程的教学氛围，教师上课得不到学生的反馈，也无法调动学生的积极性，美育自然无法从书本走进学生心中；部分高校没有美育的教学方案，教学方式和教学方法基本一成不变；一些普通高校只开设了艺术欣赏课程，以介绍简单的艺术知识为主，缺少深入的艺术交流和引导；部分高校存在教师会讲什么就开什么课，间歇性授课或以讲座、活动等形式代替课程等情况，美育没有贯穿学校教育的全过程。

2. 高校美育课程建设与课程设计滞后

有些高校的美育起步较早、基础较好、优势明显，相对在美育上的投入较大，美育的氛围也较浓；有些高校虽然美育的基础并不是很好，但由于学校领导自身的学科背景或研究兴趣，在美育方面也开展了许多探索；有些高校的美育只停留在表层，没有结合学校自身实际出台相应的鼓励、支持举措，处于"说起来重要，忙起来不要"的状态；一些高校并没有把美育列入教学计划和教学大纲，仅把美育作为辅助性工具；还有一些高校把美育简单地看成技艺教育、课外活动教育，没有真正理解美育的精髓和内涵。总体来说，高校美育的不稳定性、随意性问题比较突出。

（三）把握实际贯彻课程思政与美育的融合发展

1. 强化美育与课程思政融合发展的教育理念

高校在贯彻落实党和国家新的教育理念的过程中，应充分认识美育对思想政治教育的重要价值，准确把握二者之间的逻辑关联，以推动二者有机融合、协同发展。一是要将美育意识贯穿教育教学全过程。高校要将美育全面融入思想政治教育，融入高校人才培养的全过程，建立全面、科学、系统的美育工作体系。二是要加大对美育的投入和支持。高校要加强美育课程开发与改革，大力推进校园文化建设，在校园精神文化、物质文化、制度文化、行为文化建设以及美育研究课题资助等方面加大投入力度，为美育育人的深入开展提供坚实保障。三是要推进美育与思想政治教育的协同。高校要着力探索审美教育融入思想政治教育的新思路、新方法，注重挖掘各门课程的美育资源，加强对美育师资的人才引进和素质提升，通过美育教育实践，使课程思政更具实效性。

2. 引导大学生发挥主观能动性进行自我美育

学生要发挥主观能动性，主动提高自身欣赏美和创造美的能力，利用艺术社团开展校园文化艺术节等美育活动，使大学生体验真、善、美的统一。思政教师或辅导员可以设置奖惩规则，激励创造美的行为，惩戒不美的行为和思想。调动大学生审美的兴趣和积极性，应增进其对美的向往，促进从自在自为的美育发展到自主自为的美育发展。

三、加强高校美育人才队伍建设

高校应通过美育人才的引进、发展、激励，加强美育人才队伍建设，以进一步做好美育工作，弘扬中华美育精神，培养德、智、体、美、劳全面发展的社会主义建设者和接班人。

（一）加强人才引进，提高专业水平

加强师资队伍建设，夯实美育育人的基础。在很多综合性高校中，特别是没有设立艺术学院的高校，其美育师资水平参差不齐，缺乏专业师资，因此，如何配备、配齐美育教师，成为美育工作队伍建设的重要问题。

要做好师资队伍规划，应立足学校美育工作发展需求，加强教师人才引进力度，优化师资结构，明晰职责，注重教师艺术专业水平。通过精准引进不同专业方向、不同层次的人才，引进或外聘一流师资，合理规划师资结构，践行"以最优秀的人培养更优秀的人"育人理念，进一步提高美育的专业性。同时，实施教师岗位分类管理，加强以成果质量为评价导向。由于高校学生美育工作的开展有学生社团作为载体，因此，通过选配高水平业务指导教师，以更专业的团队指导专业的社团、专业的学生，也是做好美育工作的重要组成部分。此外，还要深入探索美育教师人才引进工作，全面提高教师思想政治水平及专业教学水平，夯实美育教师队伍建设工作，培养一支教育情怀深厚、专业基础扎实、勇于创新教学、善于综合育人和具有终身学习发展能力的高素质美育工作队伍。

（二）优化激励机制，畅通晋升渠道

要想激发教师参与美育工作的积极性，需不断优化激励机制，畅通教师晋升渠道，增强教师内驱动力。一方面，应完善畅通针对美育教师个人职业发展的晋升渠道，保障教师的个人权益，不断提高美育教师对学校美育工作的认同感、参与感与成就感。对从事美育工作的专职教师与兼职教师，应采取不同但有效的激励机制，以实现工作的协同开展；另一方面，针对教师教学工作的激励，可以通过建立健全美育教学管理责任制,落实艺术社团指导、课外活动、课后服务等第二课堂指导和执教任务等方面的工作量考核标准,确定指导教师每学年工作量指标。同时,应加大相关奖励投入,有针对性地奖励思想新颖、美育教学理念先进、教学手段多样的教师,鼓励教师参与各类美育教材的编写工作。落实奖励性绩效津贴,以超工作量奖励、成果奖励、教学质量奖励等为主要绩效构成,推进教师个人职业发展预期与学校整体发展目标的有效契合。

(三)搭建合作平台,提倡资源共享

美育培养工作的开展,需要通过搭建合作平台实现美育资源的共享,取其精华,不断提高美育队伍中教师的理论实践水平,从而提供更多全面高水平的美育师资与多层次的美育平台。第一,通过与知名交响乐团等建立战略合作关系,开展教学合作、人才培养、艺术实践等的平台建设,形成美育工作上的相互支持、相互依托、共同发展的格局。第二,综合性高校应充分发挥多学科优势,利用"互联网+"技术,整合美育教学资源,搭建开放的美育平台。同时,可以通过依托"国培计划""省培计划"等培训项目,搭建美育教师业务培训与能力提升平台,培养一批思想政治素质高、教育教学能力强、职业道德水平高、能上示范课、能训练社团的全能型教师。第三,鼓励学校与社会公共文化艺术场馆、文艺院团等合作开设美育课程,与校内外各方力量深度合作,建设美育实践基地,搭建艺术实践工作坊,让学生得到一流艺术家指导的同时,拓宽在校美育教师的美育知识面。

(四)完善评价体系提升师资质量

健全教育督导评价制度,把学校美育工作情况纳入教育督导评估范围;把美育工作及其效果作为高校办学评价的重要指标,纳入高校本科教学工作评估和"双一流"建设成效评价指标;完善针对美育教师的评价体系是提升师资质量的前提;针对美育教师的评价体系应包括教学工作的评价和师德师风的考核评价。

一方面,要加强师德师风建设,落实高水平艺术团指导教师的考核工作,强化师德建设,推动常态化发展,坚持价值导向、正向引领,健全师生考核机制。高校需结合师德建设中存在的问题,有针对性地开展师德教育活动，把师德建设贯穿到日常工作中，加强和改进教师思想政治教育、职业理想教育、职业道德教育等，充分发挥师德规范对教学管理的作用，建立道德建设的长效机制。

另一方面，通过改革完善工作质量的相关评价指标，提高美育工作者评价机制的完整性与有效性。综合类高校的美育工作承担者不仅包括业务指导教师，还包括行政指导教师。应积极实施美育师资选聘机制，加大专业教学部分，包括课程设置、教材编写、论文发表、学生获奖情况等方面的评价比例，把艺术社团指导、校园文化建设等美育工作的开展情况作为重要指标纳入教师考评系统。高校可运用考评、学生反馈等多种手段评价教师的美育质量，采用定性与定量相结合的方法列出美育教学评价指标和美育质量测评公式，探索师德建设的科学化、规范化和具体化途径。

第七章　加强劳动教育，培养学生的责任心

第一节　重视高校劳动教育的相关理论

一、劳动及其劳动教育的认知

"劳动"一词在人类的认知中由来已久，国内外许多学者在哲学、经济和法律等方面都有关于"劳动"的论述。在哲学意义上，劳动就是人类为适应自己的需求而改变劳动对象所进行的一种有目的的活动。在不同的社会体系中，劳动具有不同的社会属性。

劳动既是一种自然的过程，又是一种社会的过程。通过劳动，人类可以与外部自然之间进行物质和能量的交换，从而保持和延长人的生命，还可以实现人的自我解放和自我实现。劳动是人类社会赖以生存与发展的基础，也是人类物质财富的源泉。同时，劳动又是连接知识世界、生活世界、工作世界的一座关键的桥梁，是生活认知与生命认知的一条重要途径。

劳动本身就有"教育"的意义，"劳动教育"是指在家庭、职业和社会等领域，基于体力劳动和物质生产性劳动而实施的一种教育性活动。劳动教育是教育和劳动相结合，从个体发展的要求出发，从现实实践的缺失中产生的。

"劳动教育"的内涵可以概括为"劳动 + 教育"。但是，劳动教育并非教育与劳动的简单叠加，而应是两者的结合。从教育性的角度来说，劳动教育是一种劳动的教育，教育者要对学生进行劳动知识、劳动技能、劳动态度和劳动情感的教育；从劳动性的角度来看，劳动教育是一

种教育的劳动，在劳动中，学生的劳动知识、劳动技能、劳动态度以及劳动情感等都在劳动中得到了更深程度的发展。❶

《教育大辞典》对劳动教育进行了一种基于实践的界定，将劳动教育界定为劳动素质、生产素质、技术素质、劳动素质四个方面的教育，着重使学生养成正确的劳动观、劳动态度和劳动习惯，使学生掌握工农业生产所必需的基础知识和技能。

二、新时代劳动教育的特征

（一）强化劳动观教育，弘扬劳动精神

新时代的劳动教育要培养正确的劳动观。通过劳动课程讲清楚劳动理论、培育劳动意识和劳动情感，通过弘扬"劳模精神""工匠精神"等形成对劳动和劳动者的正确价值判断，引导崇尚劳动、尊重劳动，摒弃不劳而获的思想，坚定通过劳动创造幸福美好生活的信念。

（二）强调身心参与，注重手脑并用

新时代的劳动教育强调身心参与，注重手脑并用，从劳动中获得知识、技能与价值观教育，增强职业荣誉感和责任感，提高职业劳动技能水平，培养积极向上的劳动精神和认真负责的劳动态度。

（三）拓展劳动方式，创新教育途径

新时代的劳动教育重视劳动育人、实践育人的优良传统，拓展劳动方式，创新教育途径：结合专业课程学习开展实践活动或参加社团活动；走进社区、走向农村、走上街头等开展志愿服务；利用课余时间或假期做家教和做兼职等。归纳起来，主要有日常生活劳动、社会实践劳动、职业体验劳动、创新创业劳动四种类型。

---

❶ 何卫华，林峰. 大学生劳动教育理论与实践教程［M］. 厦门：厦门大学出版社，2019：5.

第二节　加强高校劳动教育的目标定位

劳动教育一直被看作是促进人的全面发展的重要方式，加强高校劳动教育更应实现德育、智育、体育、美育、劳育的内在统一，引导大学生树立正确的劳动价值观、培养积极的劳动态度、培育优良的劳动品德、养成良好的劳动习惯、掌握扎实的劳动知识技能，促进大学生的全面发展。

一、树立大学生正确的劳动价值观

劳动教育旨在树立大学生正确的劳动价值观，并从内在热情、创造积极性等方面培育大学生的劳动素养，这也是劳动教育最首要、最根本的目标追求。思想决定行动，劳动价值观作为衡量劳动者思想道德品质的重要标准之一，充分反映了劳动者的劳动素养和劳动情怀，在一定程度上决定着劳动者对劳动的认知和在今后劳动实践中的现实表现。对于大学生而言，树立什么样的劳动价值观非常重要，可以说直接影响着他们对劳动的态度和行为，更关系到他们走后的择业观、就业观、创业观的形成。因此，要促进"劳动最光荣、劳动最崇高、劳动最伟大、劳动最美丽"的价值观念在大学生心中生根发芽，并自觉地将思想观念内化为实际行动。

二、培养大学生积极的劳动态度

劳动态度是指在一定的劳动价值观指引下、在长期劳动情感体验基础上形成的一种相对稳定的对待劳动的心理倾向。长期以来，在我国劳动教育进程中，"热爱劳动"一直被视为劳动者培养的基本劳动态度，并被誉为一种美德。辛勤劳动态度的培养对于加强高校劳动教育来讲，具有重要的现实意义，需要不断强化。当前，各种社会思潮风起云涌，青年大学生的思想观念、价值取向正处于形成确立的不稳定期，极易受到拜金主义、享乐主义等不良思潮的消极影响。因此，加强对辛勤劳动态度的培养就显得尤为重要和迫切。

三、培育大学生优良的劳动品德

劳动品德是指劳动者在劳动过程中表现出来的道德素养和行为规范,是一种对他人、对社会较为稳定的心理表现和态度表达。诚实劳动是成就梦想的基石,只有以诚实劳动引领社会风尚,人们才能把为社会发展而劳动作为应尽的职责和神圣的义务。培育大学生优良的劳动品德,首先要引导大学生做诚实的劳动者,以创新、创业、创造激情,积极践行"劳动精神""劳模精神""工匠精神",在诚实劳动中实现自己的人生价值和理想抱负。随着我国经济社会的发展,传统劳动伦理受到消解,劳动异化现象开始显现,部分大学生在价值取向和利益抉择上带有明显的自我倾向,过多地强调依靠劳动实现个人的目标追求和利益诉求,却有意弱化对社会责任和义务的承担。因此,培育大学生优良的劳动品德,还要重视家国情怀的培育。我们要把爱国主义教育作为重中之重,积极引导大学生主动将个人成长、职业规划与国家发展、民族进步联系起来,把个人理想追求与国家兴旺发达融为一体。

四、引导大学生养成良好的劳动习惯

劳动习惯是指在劳动过程中经过反复练习形成,并将劳动发展成为个体需要的一种自主化行为方式。劳动教育不仅要教会大学生如何生活和生存,更重要的是培养学生的创新精神和实践能力,促进人的体力和智力的均衡发展。比如将劳动和体育结合起来,实现体脑结合,帮助大学生养成良好的劳动习惯,进一步提高学习的积极性、主动性和有效性。但也应客观地认识到,良好劳动习惯的养成从来不是一蹴而就的,不是一朝一夕形成的,而是一个循序渐进、持之以恒的劳动实践过程,需要保持好平稳心态,从日常生活中的点滴小事做起,如帮助父母做家务、做好宿舍内务整理、勤工助学等。在大学生劳动过程中还要抓好劳动的开端,尊重学生的自主选择,先从他们感兴趣的劳动做起,让学生充分体悟到劳动的乐趣和意义,以此激发大学生自觉养成热爱劳动的良好习惯。

五、帮助大学生掌握扎实的劳动知识技能

随着知识经济时代的到来,技术进步在经济社会发展中的地位不断

提升,尤其是"创新型国家"战略的实施,更加重视人工智能、机器人等技术的研发应用,由"中国制造"向"中国智造"迈进,知识型、技能型、创新型劳动大军将会发挥更大的作用。在掌握扎实的劳动知识技能过程中,一方面,要强化大学生对学科专业知识的学习。"知识无边界,学问无止境。"加强对学校开设的学科专业知识学习也是获取劳动知识的过程,通过学习实现学科专业知识与劳动知识技能的相辅相成。另一方面,还应加强大学生对劳动学科的了解和认知。掌握劳动及与劳动相关的一系列学科,如劳动关系、劳动与社会保障、劳动经济学等。可以通过双学位、设立在线开放课程等方式进行扩展学习。这些学科是人类对劳动规律的总结和劳动知识的创新,强化了对劳动问题的专业化、规范化、体系化研究,不仅使劳动理论研究和人才培养质量迈向更高水平,而且也深化了学生对劳动的认识,有助于进一步教育、引导大学生懂劳动、爱劳动、会劳动等,全面提升劳动素养。

第三节 构建"四位一体"的劳动教育体系

一、构建"四位一体"劳动教育的课程体系

构建"四位一体"劳动教育的课程体系就是要构建劳动价值观教育、劳动品德教育、劳动技能教育、劳动习惯教育四项内容相融相合、互促互进的课程体系。

劳动价值观教育。劳动价值观教育的核心是"勤奋劳动、勇于创新",它强调要培养学生勤奋劳动的精神,让学生学会珍惜时间,勤奋学习,勤奋劳动,以达到自身的发展目标;另外,它还强调要培养学生勇于创新的精神,让学生学会探索新的知识,勇于接受新的挑战,勇于探索新的领域,以达到自身的发展目标。

劳动品德教育。加强劳动品德教育,养成"淡泊名利,甘于奉献"的社会主义劳动品德,诚实劳动、合理取酬,牺牲小我、成就大我,引导学生自觉投身到中国特色社会主义建设的伟大事业中。

劳动技能教育。把劳动教育与基本生活(如学习、工作等)技能训练、专业实践实训等结合起来,培养学生学会基本的劳动生产技能,促进学生全面发展,为中国特色社会主义建设输送所需的劳动人才。结合

校内的专业课，让学生自己动手制作完成课程设计、毕业设计、见习等增长学生的劳动技能。结合校外的劳动实践活动，让学生通过社会公益活动、社会生产劳动和其他的社会实践类活动，促进学生劳动技能的提升。

劳动习惯教育。加强劳动习惯教育，养成爱惜公物珍惜资源的生活习惯、独立钻研善于思考的学习习惯、锐意探索精益求精的科研习惯、忠于职守讲究效率的工作习惯等基本习惯，形成一种自觉劳动的行为习惯。

二、构建"四位一体"劳动教育的路径体系

构建"四位一体"劳动教育的路径体系就是要构建劳动教育课程主导、学科专业课程融合、校园文化熏陶和实践活动感悟四种途径相融相合、互促互进的路径体系。

（一）劳动教育课程主导

制定劳动教育课程标准，编写劳动教育教材，推进劳动教育示范课程建设；开发线上劳动教育资源教学库，建设线下劳动教育实训场所；积极探索开设"新时代高校劳动教育概论"独立课程，列入培养方案、编入教学计划、记入课程表。课程包括理论课和实践课两类，理论课部分在第一课堂完成，采用混合式教学模式；实践课部分在第二课堂完成，由教务处统筹，各二级学院具体负责，采用值日生和劳动周等方式，借助产教融合、校企合作以及学校资源，创建联合或共享劳动实践基地，指导二级学院开展实践教学；坚持开设"劳动哲学""劳动伦理学""劳动文化学""劳动社会学""劳动经济学""劳动教育学"等一系列"劳动+"课程，深入开展劳动教育的理论探讨，丰富劳动知识，提高劳动理论素养，增强劳动价值认同。

在思想政治理论课开展劳动教育的专题教学，在"思想道德修养与法律基础"课程中，开展"劳动精神""劳模精神"等专题教育，感知劳动魅力；在《中国近现代史纲要》中，开展"大国工匠"等专题教育，感知中国发展"奇迹"；在《形势与政策》中开展"时代楷模"等专题教育，担当新时代重任。

积极打造劳动教育社团品牌，积极开展志愿者活动，鼓励学生学习"劳动精神""劳模精神"和"工匠精神"，培育勤工助学典型，在学生中形成促劳动、爱劳动、善劳动的良好氛围。以座谈会、主题班会、党

团组织生活等形式，结合时代主题和生动案例提升学习效果。

（二）学科专业课程融合

健全完善人才培养设计体系，按照新时代中国特色社会主义建设者和接班人的要求，调整完善人才培养设计体系，充实丰富劳动教育内容，培育德、智、体、美、劳全面发展的新时代社会主义劳动者。

积极挖掘学科专业教学中的劳动教育元素，如文科类专业的社会调查和田野调查、理科专业的实验统计、工科医科专业的实训实操、艺术学科的作品创作等，实现专业教育与劳动教育的有机融合。要将劳动教育渗透到专业课教学中，专业课教师要在课堂上结合专业内容对学生进行劳动教育。深化劳动教育融合专业课程，在课程学习中适时、适当、适度融入专业劳动知识与技能、劳动纪律、劳动法、职业道德等内容，使学生在培养专业素养过程中，锤炼劳动意识、培育劳动情感、提升劳动技能、形成劳动习惯。

（三）校园文化熏陶

将劳动教育融入思想引领和校园文化中，充分挖掘校史校训、校风教风学风中的典型人物和典型案例，整合媒体力量，加大宣扬传播力度，传承大学精神。每一所大学都是在如歌的岁月中发展成长起来的，都有一些可歌可泣的校园故事，担负着大学精神基因的传承，这是不可多得的教育素材。推进楼馆合一，赋予教学楼文化展示功能，如在工科院系张贴"大国工匠""工匠精神"的宣传资料、在理科院系张贴国家科学技术奖获得者的宣传资料等，激发学生的报国热情。组织开展新时代先进人物进校园工作活动，激励广大学生崇尚先进、学习先进、争做先进，教育引导广大学生坚定理想信念。邀请大国工匠、劳动模范、"非遗"传承人开展校园活动，让学生近距离感受"工匠精神"和"劳模精神"，领悟劳动精神和奋斗精神的内涵。

将劳动教育融入社会实践，设定相应主题，采取丰富多彩的教育形式和喜闻乐见的活动方式，以五一劳动节为节点，打造富有特色的劳动文化节，推出"我身边最美劳动者"等先进典型评选活动，激发学生以"劳动为荣"的荣誉感和自豪感。邀请新时代先进人物和专业劳动协会的人员担任校外辅导员或到校开展劳动教育专题讲座，亲身示范，指导学生开展劳动。

（四）实践活动感悟

强化实践教学基地建设，争取社会各方面支持，开发实践教学资源，建立校外实践教学基地，引导学生走出校门，到基层去，到工农群众中去，提高社会实践的质量和效果。加强与校外实践教学基地的交流，充分发挥实践教学基地的育人作用，升华学生对劳动精神的体验感受和认知理解。

结合专业实习、实训。以实验实训课程、技能竞赛和顶岗实习为抓手，在校企融合、产教融合过程中，强化学生专业技能，建立劳动技能证书资格认证制度，让学生获得技能技巧，培养劳动责任感、集体主义精神，增强纪律意识，提升劳动素养。

结合校园环境治理。实行校园卫生责任包干制，在校内道路、食堂、图书馆、公共区域设置卫生责任区，由院系分区包干，配合物业每周对各自包干区域进行卫生清洁，开展爱国卫生运动，共创文明校园。做好"文明宿舍"创建，开展"文明宿舍"评比活动，创造整洁、文明、舒适的生活环境，增强学生劳动意识，养成勤于劳动的良好习惯，建设内务整洁、秩序井然的宿舍育人环境。

结合校内治理。拓宽勤工助学渠道，逐步增加校内勤工助学岗位，加大后勤管理部门、图书馆等部门合作力度，为学生提供力所能及的勤工助学岗位，通过勤工俭学磨炼学生自身意志，增强学生综合素质，培养学生热爱劳动、自强不息的奋斗精神。

结合志愿服务。开设"菜单式"志愿劳动服务项目，每月公布志愿劳动服务项目，由学生根据兴趣选择，并利用学雷锋日、植树节、劳动节等时间节点组织志愿劳动活动，推进学雷锋活动制度化、常态化。

第四节　探索高校劳动教育的其他路径

一、培养大学生的劳动精神

（一）劳动精神的认知

劳动精神的内涵是崇尚劳动、热爱劳动、辛勤劳动、诚实劳动。其中，崇尚劳动指的是要树立正确的劳动价值观，要充分认识到劳动最光荣、劳动最崇高、劳动最伟大、劳动最美丽，劳动创造了物质财富和精神财富，劳动创造了美好生活，要尊重普通劳动者。热爱劳动就是要养成正确的劳动态度，使劳动者自觉、主动地劳动。辛勤劳动指的是对劳动过程及其强度的充分肯定，指的是要充分遵循劳动的客观规律以及要达到的劳动强度，体力劳动需要付出辛劳和汗水，脑力劳动也需要付出智慧和心血。诚实劳动是一种对劳动者道德品质的客观要求，它要求劳动者脚踏实地、求真务实、实事求是。崇尚劳动、热爱劳动、辛勤劳动和诚实劳动，分别蕴含着"劳动价值观""劳动态度""劳动过程"和"劳动道德"四个方面的内涵。从这个意义上说，"劳动精神"指的是正确的劳动观、劳动态度、劳动过程和劳动品德。

大学生劳动精神培育指的是以塑造大学生劳动观念、端正大学生劳动态度、树立大学生劳动品德、培养大学生劳动习惯、培育大学生劳动情怀等为主要内容，以提高大学生的劳动素质为目的，推动大学生以德、智、体、美、劳全面发展为目标的教育活动。劳动精神培养的对象是大学生，他们尚处于大学阶段，还未走出校门、步入社会，具有较高的可塑性。通过对大学生劳动认识、劳动认同、劳动参与等方面本质性的引导，可以帮助大学生在劳动过程中收获知识，获得成长。

新时代的劳动精神，既有从西方思想家那里汲取的理论经验，又有从中华优秀传统文化中汲取的经验教训，有着极为深刻、极为丰富的思想意蕴。

（二）大学生劳动精神的践行路径

1. 突出学校的主导功能

高校承担着培养新一代人才的使命和任务，是对青年学生进行劳动教育的主阵地。高校是知识的发源地，是育才的摇篮，更肩负着对大学生劳动精神的培养责任，为中国社会主义现代化建设提供更多高素质的人才。在培养学生劳动精神方面，学校应在该过程中起到至关重要的作用，要明确培养劳动精神的主体，扩大培养劳动精神的平台，丰富培养劳动精神的内容，创新培养学生劳动精神的方式。学校对学生的教育不应只限于课本知识的传授，而应指导学生的全面发展，也就是让他们在德、智、体、美、劳各方面都得到更为全面的发展。

高校开设劳动课程的目的，就是要使学生树立起参加劳动的自觉意识，因为真实的劳动就在我们身边。劳动是每个人一生中必不可少的一堂课，一刻也不能懈怠。高校要加强对大学生劳动精神的培育，让它存在于每个人的心中，并积极弘扬劳动精神，使其在社会上成为一种风气。要实现这一目标，首先要改变传统的教育观念，对学生进行科学的劳动价值引导，要积极创造有利于培养劳动精神的校园氛围。

此外，学校还要善于利用校内外的各类资源。比如，校内的学生组织、学生会、学生社团等，借助他们的力量，开展丰富多彩的校园活动，提高大学生的参与度。加强企业与学校的联系，充分发挥校外实践基地和教育基地的劳动教育优势，全面开展大学生劳动教育活动。此外，高校要定期组织大学生参加劳动，让他们亲身体验劳动，感念劳动，知道劳动的珍贵，珍惜劳动得来的一切，并学会传承劳动文化，弘扬劳动精神。

总之，创新的劳动形式可以让大学生更加主动地参加劳动，让他们接触更多的新鲜事物，传统的劳动教育方法已不再适用。在当今社会，劳动教育的途径是可以而且应该是多种多样的，劳动精神的培养途径也需要不断地进行创新，高校要高度重视这一问题，不能忽略劳动教育。

2. 重视社会的环境影响

在培养大学生的劳动精神方面，社会应该尽其所能地起到积极的支持作用。社会虽然不是大学生劳动精神培育的主体，但它可以为大学生劳动精神的培育提供必要的支持条件。比如，调动各方面的社会资源，为大学生提供参与劳动实践的场所。有哪些机构能够发挥自己的作用，如利用相关部门的力量，对高校、企业、公司、工厂、家庭农场之间的合作进行协调，激发他们之间互动的积极性，做到互帮互助，这些机构或单位为高校提供实践场所，高校也为这些机构输出大量人才，这样就可以实现"双赢"。

同时，社会也能为大学生的劳动实践提供技术支撑。在对大学生进行劳动精神培养的过程中，社会不仅可以为其提供必要的环境，而且可以为其提供一些技术支持。比如，一些学校没有相应的技术，而有些社会组织却具备，这时就可以加强校企之间的合作，达到相互交流的目的。特别是有些高新技术企业，能够让大学生感受现代化的高科技。而对于某些主修"智能制造"的同学来说，若能有机会接触世界上最先进的科技，将会更好地发挥他们的想象力与创造力。在这里，他们可以感受新的劳动形态，体会新的劳动方式。特别是在新时代，如果能通过这种实践的方式，让学生从中得到一些启发，那么，对于学生来说，无疑是一件非常有意思的事情。由此可以看出，在高校中，借助社会的科技支持，可以为大学生的实践劳动开辟更多的途径。

3. 发挥家庭的熏陶作用

父母对子女的影响是终身的，因此，在培养大学生的劳动精神方面，家庭也是一个不容忽视的因素。在大学生的劳动精神教育中，家庭是重要的教育场所，要注意创造一个美好的家庭环境，营造良好的家庭气氛，使其在大学生劳动精神教育中起到积极的作用。比如，作为家庭的一员，每个成员都应该有一个好的打扫卫生的习惯，而不能将清洁的工作交给某个家庭成员。一家人要自觉打扫卫生，把自己的东西整理好，注意美化、绿化、亮化家庭环境，使家庭环境能够经常保持焕然一新。

创造一个整洁、温馨的家居环境，不但可以让一家人养成良好的劳动意识，也可以让一家人彼此关心、彼此尊重，从而让家庭成员始终保持良好的情绪和身心健康状况。因此，家长要注意把握好在衣食住行等日常生活中的劳动实践机会，让孩子自觉参与，自己动手，随时随地、坚持不懈地进行劳动，掌握洗衣、做饭等基本的家务劳动技能。在假期里，我们应该鼓励大学生参与各种各样的社会实践活动。除此之外，在家庭中要建立起一个崇尚劳动的良好氛围，在平时的生活中，父母应对大学生进行言传身教，以形成潜移默化的教育，让他们养成热爱劳动的好习惯。

4. 增强大学生的自育作用

内因是基础，外因是条件，外因只有通过内因才能起作用。在高校中，要培养学生的劳动精神，首先要发挥大学生的自我培育作用。大学生要树立正确的劳动观念，养成良好的劳动习惯，并培养热爱劳动和热爱劳动人民的思想情感。此外，大学生还应具有良好的道德品质，遵守劳动纪律，爱护劳动工具，尊重劳动成果。大学生应该建立起科学的劳动观念，坚持正确的劳动态度，培养良好的劳动道德和劳动习惯，塑造

崇高的劳动情怀。大学生的自我教育要结合自身的特点，这样才能取得更好的劳动教育成果。❶

二、引导大学生继承劳模精神

（一）劳模与劳模精神概述

中华民族是热爱劳动、善于创新的民族。几千年来，中国人民用勤劳的双手创造了辉煌的历史，取得了辉煌的成就。中华人民共和国成立后，"两弹一星"、三峡工程、南水北调、西气东输、载人航天、月球探测、杂交水稻等激动人心的辉煌成就背后，凝聚了无数劳动者的心血，而在这些生产劳动活动中涌现出来的劳动模范发挥了主力军的作用。在他们身上所体现出来的爱岗敬业的主人翁精神，争创一流的进取精神，艰苦奋斗的拼搏精神，勇于创新的开拓精神，淡泊名利的"老黄牛"精神，甘于奉献的忘我精神等，激励着一代代劳动者奋勇前行，努力争先，发挥了良好的榜样作用。

1. 劳模及劳模精神的概念与内涵

劳模是劳动模范的简称，有广义和狭义之分。广义的劳动模范是指劳动的楷模和榜样，一切用辛勤劳动推动人类社会发展的人们均可称为劳动模范。狭义的劳动模范是指中国共产党在革命、建设和改革的各个历史时期评选出来的在社会主义生产实践中做出巨大贡献并被授予"劳动模范"光荣称号的先进分子。本书中所讲的劳模是指狭义的劳模。

劳模是我国社会主义建设事业中涌现出来的佼佼者，为经济发展和社会进步做出了巨大贡献，他们的优秀品质和思想行为体现出了"爱岗敬业、争创一流，艰苦奋斗、勇于创新，淡泊名利、甘于奉献"的崇高的劳模精神。劳模精神是劳模世界观、人生观和价值观的升华，是国家和人民极其宝贵的精神财富，是推动时代前进的强大精神力量。

---

❶ 彭美娟，金婷，田海涛."五育并举"视域下新时代大学生劳动教育的价值探索及实践路径［J］.学周刊，2023（31）：3-5.

2. 劳模精神的主要特征

劳模精神丰富和发展了我国的民族精神和时代精神，具有鲜明的特征。归纳起来，劳模精神主要有以下几个方面的特征。

（1）时代性：任何理论都是时代的产物，都具有鲜明的时代性。在特定的时代背景下产生的劳模精神同样具有时代性。长期以来，广大劳模以平凡的劳动创造了不平凡的业绩，丰富了民族精神和时代精神的内涵，是我们国家和人民极为宝贵的精神财富。

劳模精神的时代性主要体现在两个方面：一方面，劳模精神不是凭空产生的，也不是一成不变的，它是中国共产党在探索民族独立、人民解放和社会发展的时代背景中，开展大生产运动寻求经济独立的过程中产生和发展起来的，它随国家意识形态、经济社会发展和时代变迁而不断发展；另一方面，劳模精神在不同的时代被赋予了不同的内涵，劳模精神是时代的标杆，是自觉引领时代前进的旗帜，劳模精神丰富了时代精神的内涵，是推动时代向前发展的重要精神力量。

（2）先进性：劳模精神的先进性体现在劳模精神具有与时代的发展相一致的价值取向，它是劳模身上折射出来的优秀品质和优良作风的集中体现。劳模是广大劳动者中先进分子的代表，他们身上所承载的劳模精神具有先进性。如今，劳动者的结构也发生了显著变化，知识分子、民营企业家等都为中国社会经济建设发展贡献了自己的力量，他们中的先进分子身上也闪耀着劳模精神。劳模精神作为一种先进的思想，其先进性也是与时俱进的。

（3）教育性：劳模精神的教育性体现在它是一种可以广泛推崇和学习的价值取向，能够教育和引导人民。广大劳模在平凡的岗位上艰苦奋斗、努力工作、服务人民，是值得人们学习的。劳动模范本身是平凡的，但凝聚在他们身上的劳模精神与社会提倡的社会主义核心价值观是伟大的。因此，要大力弘扬劳模精神，传承好中华优秀传统文化，发展好中华民族最傲人的独特品质，充分发挥劳模精神教育引导作用，让其深入人心，受人尊崇，形成人人争当劳模的时代风尚。

（二）大学生践行劳模精神的路径

1. 营造劳模精神的文化育人氛围

以文化人，以文育人，这是一种与时下大学生特点相结合，展开隐性思想教育的新思路。所以，在对大学生劳模精神进行培养的过程中，家庭、学校、社会要共同发力，形成一种协同育人的格局，将劳模精神的要素融入家风塑造、校园文化建设以及社会宣传中，营造出一种浓郁的育人氛围，让大学生在不知不觉中增强对劳动的认同。

2. 优化劳模精神的培育课程体系

高校是立德树人的主要阵地，在培养和弘扬劳模精神方面发挥着举足轻重的作用。为此，高等学校要以鲜明的旗帜，唱出"为人民服务"的主旋律；要切实树立"劳动育人"的观念，让"劳动"变成大学生的一种自觉；注重对高校劳动课程体系的建设，加强对学生劳动价值观的构建。

3. 细化劳模精神的培育考评机制

要想检验学生在短期内的学习效果，最重要的方法就是建立一套科学、行之有效的教育评估体系，而教育实践是由教育者和教育对象共同组成的，所以，要注意强化对教育主客体的双向评估。一方面，通过对教学目标的评价，可以使学生清楚地认识到自己在教学中存在的不足；同时，通过对学生的学习情况进行评估，可以更好地了解学生在学习中遇到的问题与缺陷，从而更好地改进教学方式与方法。由于缺少劳模精神的培育和考评机制，使大学生对学校进行的劳动教育实践活动缺乏热情，因此，高校应通过构建完善的劳模精神培育和考评机制，来改善大学生敷衍了事的消极劳动心态。

4. 强化劳模精神的实践教育环节

劳模精神的培育并非一种单纯的道德教育，而是一种更偏向劳育的范畴。如果只是单纯地通过理论的学习进行教育，就会使大学生对劳模精神的认识停留在表面上，所以一定要将其与实践相结合，让大学生真正体会到劳动创造的快乐，从而提高他们的劳动能力。任何成果都不可能是一蹴而就的，所以大学生的劳动能力也不可能是一朝一夕就可以培养出来的，这需要家庭、学校以及社会的通力合作，为大学生提供更多的劳动平台和劳动机会，让他们在实践过程中体会劳动的乐趣，从而真正提高他们的劳动参与感，增强他们的劳动能力。

三、构建高校劳动教育保障体系

加强劳动教育的保障体系建设，围绕人才培养目标，遵循大学生成长成才规律，构建机制灵活的保障体系。

（一）组织保障

加强党对学校的全面领导，发挥党委管党治党、办学治校的主体责任，组建党委领导、校长主管、分管领导协调联动的劳动教育工作体制。学校党政会议要制订劳动教育的总体规划与实施计划，定期分析劳动教育工作状况，扎实推进劳动教育工作。各二级教学院系也要成立相关机构，确保劳动教育工作落实落细。

（二）队伍保障

构建专职教师队伍。鉴于目前高校劳动教育刚刚起步的实际，从党政管理干部、思想政治理论课教师、各专业实验实训指导教师、辅导员等校内教师中遴选一批专职负责劳动课程的教师，具体从事劳动知识的讲授、劳动技能的训练等工作。加强专职教师队伍的业务能力培养，按照劳动教育的内容，采取定向培养的方式，开展集中培训，迅速形成高质量的专业师资。加强实验实训教师和专业教师的劳动教育意识，在教学过程中注重培养学生的劳动技能，以使其形成良好的劳动习惯。

（三）制度保障

建立劳动教育工作制度体系，逐步健全劳动教育的规章制度；建立高效的统筹协调机制，整合劳动教育资源；建立完善的评价机制，构建闭环评价反馈体系。

（四）经费保障

加大劳动教育的资金投入，设立专门的预算科目，做到专款专用，确保劳动教育与实践、师资培养与培训、表彰奖励等所需费用。积极拓宽教育资金筹措渠道，引进社会资金，建立持续投入的良性机制。

（五）条件保障

建立校内外劳动教育实践基地，拓展校内劳动实践项目，结合五一等时间节点开展扎实有效的实践锻炼，结合文明校园创建活动等，开展各具特色的劳动锻炼；立足专业特点，结合校外专业实践基地建设，开展具有专业特点的劳动教育活动，拓展劳动教育阵地，形成多渠道、多时空劳动教育体系。

参考文献

[1] 姜岚. 教育同心圆：五育并举视野下的家校共育 [M]. 长春：吉林大学出版社，2023.

[2] 李涛. "五育并举"的课程理论建构与校本实践 [M]. 长春：吉林人民出版社，2021.

[3] 张蕊. 五育并举 以劳树德——23年劳动教育实践展示 [M]. 上海：上海教育出版社，2021.

[4] 胡建明. 全域视角下学校五育并举的实践与创新 [M]. 上海：上海教育出版社，2023.

[5] 王圣春. 五育并举 立德育心 [M]. 上海：华东师范大学出版社，2020.

[6] 付晓秋. 以美育人、五育并举的一体化育人模式 [M]. 北京：清华大学出版社，2022.

[7] 罗先凤. 五育并举的课程体系：致良知课程的旨趣与探索 [M]. 上海：华东师范大学出版社，2021.

[8] 朱博. "五育并举"视域下加强高校辅导员队伍建设研究 [M]. 长春：吉林大学出版社，2022.

[9] 马万成. 森林里的学校：五育并举构建和融课程生态体系 [M]. 北京：北京师范大学出版社，2021.

[10] 罗伟. 体育强国背景下高校特色体育课程体系研究 [M]. 北京：中国纺织出版社有限公司，2023.

[11] 皮连生. 智育心理学 [M]. 2版. 北京：人民教育出版社，2008.

[12] 周玫. 大学生美育问题研究 [M]. 贵阳：贵州科技出版社，2019.

[13] 高平叔. 蔡元培全集（第二卷）[M]. 北京：中华书局，1984.

[14] 李素敏，张思远. 我国"五育"思想的历史脉络、基本特征与未来展望[J]. 北京教育学院学报，2023，37（5）：37-43.

[15] 项贤明. 马克思主义教育学"五育"理论及其时代意义阐释[J]. 南京师大学报（社会科学版），2021（5）：25-34.

[16] 朱宁宁. "五育并举"视域下民办高校的体育文化建设及育人路径[J]. 冰雪体育创新研究，2023（19）：45-49.

[17] 彭美娟，金婷，田海涛. "五育并举"视域下新时代大学生劳动教育的价值探索及实践路径[J]. 学周刊，2023（31）：3-5.

[18] 张俊宗. 努力构建德智体美劳全面培养的教育体系[J]. 中国高等教育，2019（Z3）：70-72.

[19] 吴亚玲. 实践育人理念的哲学分析[J]. 现代大学教育，2010（1）：13-17.

[20] 马晓燕. 基于实践体验的红色文化资源育人功能探究[J]. 思想理论教育，2019（2）：107-111.

[21] 颜怡，冯益平. 高校"五育并举"育人体系构建研究[J]. 学校党建与思想教育，2021（20）：82-84.

[22] 王敏，曾繁仁. 高校大美育体系的现代化建构[J]. 中国高等教育，2017（7）：7-10.

[23] 余清臣. 面向技术时代的学校美育使命与发展路向[J]. 教育研究与实验，2022（1）：23-31.

[24] 王妍，王立杰. "立德树人"视域下高校图书馆文化育人品牌化建设探索[J]. 黑龙江教育（理论与实践），2021（3）：51-52.

[25] 朱华炳，沈鹏，李小蕴. 以实训基地为依托开展劳动教育的探索[J]. 中国大学教学，2022（5）：38-42.

[26] 李政涛，文娟. "五育融合"与新时代"教育新体系"的构建[J]. 中国电化教育，2020（3）：7-16.

[27] 崔永晶，曲倩倩，韩艳梅，等. 基于"五育并举"的高校学生综合能力评价体系探究——以西部地区高校农村籍学生为例[J]. 甘肃教育研究，2024（1）：4-7.

[28] 朱姝. 基于"五育"并举理念下应用型课程体系创新研究[J]. 才智，2024（1）：62-65.

[29] 龚欣雨. 论"五育并举"视域下大学体育课程思政教学体系的构建[J]. 齐齐哈尔大学学报（哲学社会科学版），2023（12）：161-163，172.

[30] 张小钢，李琳，孔嘉昊. 五育并举视域下高校心理育人工作路径探析[J]. 河南理工大学学报（社会科学版），2024，25（1）：97-102.

[31] 孙悦."五育并举"视阈下高校美育教育深度发展现状调查及对策——以天津市为例[J]. 新疆职业大学学报，2023，31（4）：54-61.

[32] 赵海波，易文璐."五育"并举下体育教育专业术科课程思政元素体系的构建研究——以体操课程为例[J]. 当代体育科技，2023，13（34）：137-141.

[33] 邢鹏，梁佳艺."五育并举"视域下的高校教育管理优化途径探究[J]. 中国多媒体与网络教学学报（上旬刊），2023（12）：105-108.

[34] 朱玲玲，郑桂花，包中婷. 三全育人、五育并举背景下大学生特质培养路径[J]. 知识文库，2023，39（22）：167-170.

[35] 薛德升，许浩铭，张启航，等. 新时代"五育并举"下高校学习空间体系构建[J]. 高教学刊，2023，9（33）：33-36，41.

[36] 程鹏."五育并举"视域下高校应用型人才培养路径探析[J]. 教育信息化论坛，2023（11）：72-74.

[37] 张桂欣，姜慧，潘威."五育并举"视域下高校特色育人模式实践分析[J]. 人才资源开发，2023（21）：74-76.

[38] 景韶佳，赵滢."五育并举"视阈下工科类高校美育实践路径研究[J]. 新美域，2023（11）：159-161.

[39] 徐星."五育并举"下高校学风建设工作体系的优化路径研究[J]. 现代职业教育，2023（30）：13-16.

[40] 沈婷婷，刘旭明，周安涛."五育并举"视域下加强地方本科高校大学生劳动教育的价值意蕴和实践路径[J]. 科学咨询（教育科研），2023（10）：78-81.

[41] 周颖."五育并举"融入大学生党史学习教育的路径研究[J]. 文教资料，2023（19）：121-124.

[42] 韩笑，郭蕾."五育并举"视域下红色音乐文化融入高校美育的价值意蕴与实践路径［J］. 艺术研究，2023（5）：139-141.

[43] 朱迁，袁佳."五育并举"背景下优秀传统文化对提升高校思想政治育人实效的作用机制研究［J］. 成都中医药大学学报（教育科学版），2023，25（3）：85-88.

[44] 金英."五育并举"背景下推进高校劳动教育的新维度［J］. 才智，2023（26）：59-62.

[45] 和学新，赵方霞."五育并举"背景下课程融合的经验、问题及改进策略［J］. 课程·教材·教法，2023，43（9）：40-49.

[46] 梁曼."五育并举"视域下高校思想政治工作评价体系构建研究［J］. 黑龙江教育（理论与实践），2023（9）：89-92.

[47] 任科. 五育并举视域下高校志愿服务的目标追求与实践进路［J］. 太原城市职业技术学院学报，2023（7）：26-30.

[48] 魏婷."五育并举"视域下学校体育的价值意蕴论绎［J］. 体育视野，2023（14）：10-12.

[49] 毕雅雯. 体育视角下"五育并举"的内在逻辑、价值意蕴与实现路径［D］. 济南：山东体育学院，2023.

[50] 黄河."五育并举"视域下大学体育课程思政建设研究［J］. 乐山师范学院学报，2022，37（8）：117-124，133.

[51] 朱宏锦，霍楷. 五育并举下高校创新创业教育体系创新与实践研究［J］. 创新创业理论研究与实践，2022，5（15）：94-97.

[52] 罗良清，陶春海，李勇."五育并举"建设统计学一流教学团队的探索与实践［J］. 统计理论与实践，2022（5）：64-67.

[53] 罗譞."五育并举"和新文科建设语境下高校文学概论课程教学强化和改进美育工作思路［J］. 湖南科技学院学报，2022，43（2）：105-108.

[54] 陈步青."五育并举"理念与学生管理工作相融合的策略研究［J］. 江西电力职业技术学院学报，2022，35（4）：70-71.

[55] 孙明英."五育并举"人才培养观念的认同构建［J］. 黑龙江教育（高教研究与评估），2022（4）：75-77.

[56] 陈晓庆，孙秀伟."五育并举"视域下高校教师思想政治工作能力提升研究［J］. 现代职业教育，2022（15）：76-78.

[57] 张红. 新时代高校"五育融合"研究[D]. 银川：宁夏大学，2022.

[58] 盛振文."五育并举"构建创新创业教育体系[J]. 中国高等教育，2022（6）：59-61.

[59] 裴哲."五育并举"的理论意蕴与实践路径[J]. 江西科技师范大学学报，2022（1）：97-103.

[60] 卢丹旭，谢欢."五育并举"背景下新时代高校以体育人的培养体系构建研究[J]. 湖南科技学院学报，2022，43（1）：64-66.

[61] 黄亚鹏，李钢，廖雅琴."五育并举"背景下高校德育进课堂的基本遵循及实现路径[J]. 湖南科技学院学报，2022，43（1）：58-60.

[62] 赵利平."五育"融合下的高校劳动教育：逻辑转向与范式变革[J]. 贵州师范学院学报，2022，38（1）：44-50.

[63] 梁帮龙. 以"德智体美劳"五育并举提升研究生育人质量[J]. 公关世界，2022（2）：66-67.

[64] 苏海泉. 高校开展德智体美劳五育并举课外育人工作探究[J]. 北京青年研究，2022，31（1）：99-105.

[65] 王茂胜，张凡."五育并举"视域下高校思想政治工作的评价要求[J]. 思想理论教育，2021（11）：54-59.

[66] 杨韬嘉，霍楷. 高校德智体美劳"五育"并举育人模式改革研究[J]. 创新创业理论研究与实践，2021，4（16）：86-89.

[67] 李权."新五育并举"人才培养模式构建与实践[J]. 教育教学论坛，2021（32）：99-102.

[68] 马文娟，彭泽洋，黄晓昭."五育"并举背景下高校审美教育的路径探析[J]. 东华大学学报（社会科学版），2021，21（2）：63-66.

[69] 浦爱华."五育并举"视域下高校应用型人才培养问题与对策研究[D]. 大庆：东北石油大学，2021.

[70] 韩君华，许亨洪."五育并举"视域下高校思想政治工作体系创建的机制探析[J]. 思想理论教育，2021（2）：96-100.

[71] 高晓丽."五育并举"背景下加强高校劳动教育的内在依据与策略[J]. 思想理论教育，2020（10）：97-101.

[72] 王菲，刘正杰. 牢牢把握爱国主义教育主线坚持"五育并举"培

养时代新人［J］．教育教学论坛，2020（39）：36-37．

［73］张嘉薇．五育并举构建高职院校综合素质教育体系［J］．产业与科技论坛，2020，19（18）：235-236．

［74］王飞．"五育并举"背景下高校劳动教育的实现路径研究［J］．大学，2020（25）：74-75．

［75］张太权．蔡元培教育思想对当前高校人文素质教育的启示［D］．南京：南京工业大学，2019．

［76］刘媛．蔡元培公民道德思想对高校思想政治教育的启示研究［D］．锦州：辽宁工业大学，2019．

［77］由小野．蔡元培教育伦理思想研究［D］．沈阳：沈阳师范大学，2017．

［78］高飞．"五育并举"理念融入高校学生管理工作研究［J］．经营与管理，2016（6）：152-154．

［79］张淑敏．蔡元培五育并举对当今高校人才培养的启发［J］．科教导刊（中旬刊），2015（32）：1-2．

［80］曾成栋．论蔡元培之"五育"教育观［D］．长沙：湖南师范大学，2015．

［81］吴舸．蔡元培高等教育管理思想研究［D］．重庆：西南大学，2010．

［82］汤广全．自由与和谐——蔡元培"五育并举"观研究［D］．武汉：华中师范大学，2008．